广东省教育厅育苗项目"社会转型视野下民事责任之变迁"（WYM10038）最终成果

社会转型视野下
民事责任之变迁

邱雪梅 著

暨南大学出版社
JINAN UNIVERSITY PRESS

中国·广州

图书在版编目（CIP）数据

社会转型视野下民事责任之变迁/邱雪梅著．—广州：暨南大学出版社，2015.9
ISBN 978 - 7 - 5668 - 1621 - 4

Ⅰ.①社…　Ⅱ.①邱…　Ⅲ.①民事责任—研究—中国　Ⅳ.①D923.04

中国版本图书馆 CIP 数据核字（2015）第 215971 号

出版发行：暨南大学出版社

地　　址：中国广州暨南大学
电　　话：总编室（8620）85221601
　　　　　营销部（8620）85225284　85228291　85228292（邮购）
传　　真：（8620）85221583（办公室）　85223774（营销部）
邮　　编：510630
网　　址：http：//www. jnupress. com　http：//press. jnu. edu. cn

排　　版：广州联图广告有限公司
印　　刷：佛山市浩文彩色印刷有限公司

开　　本：787mm×960mm　1/16
印　　张：12.75
字　　数：210 千
版　　次：2015 年 9 月第 1 版
印　　次：2015 年 9 月第 1 次

定　　价：32.00 元

（暨大版图书如有印装质量问题，请与出版社总编室联系调换）

目　录

引　言

社会转型（social transformation）是一个外来词，我国学者认为该术语的内涵可以界定为传统社会向现代化范型社会结构转换。[①] 传统社会中，民法的责任领域奉行"勿害他人"的原则，立法者将民事责任分为合同责任和侵权责任，赋予两者不同的构成要件及不同的法律效果，期望两者泾渭分明、各司其职。一旦发生民事损害之事实，分别以合同责任和侵权责任的构成要件判断，或为合同责任，或为侵权责任。在以个人主义和自由主义思想为主导的资本主义社会初期，这种二元民事责任结构尚能满足当时的实际生活需要。然而，自20世纪进入传统社会向现代社会转型时期以来，因商品经济日趋发达，交易关系呈多元化和复杂化，同时人们面临着更多因科技进步与社会发展相伴而生的危险，为了防范危险因素的增加对人的侵害，两大法系的判例与学说开始在民法的责任领域倡导"保护他人"的理念，创设了各种旨在维护人身和财产完整性的新类型责任。

大陆法系的法国法一方面通过判例和学说创造出安全义务（Obligation de sécurité）与告知义务（Obligation d'information），[②] 扩大契约责任；另一方面则主要以注意义务为核心扩大侵权责任。德国法则通过判例和学说导出了给付义务外之先契约义务（Vorvertraliche Pflichten）、附随义务

---

① 沈亚平：《社会秩序及其转型研究》，河北大学出版社2002年版，第257页。
② 我国学者刘士国将之翻译为保安债务。根据《法汉大词典》，Obligation也有义务之意。笔者将之翻译成安全义务。参见刘士国：《安全关照义务论》，载《法学研究》1999年第5期。

（Nebenpflichten）和后契约义务（Nachvertragliche Pflichten）等义务群，[①]全面扩张契约责任，并且还利用一般安全注意义务（Verkehrspflichten），[②]扩张侵权责任的适用范围。在当代欧洲私法统一运动中，传统社会所创设的民事责任和二元民事责任结构的发展成为最具争议的问题之一。法国有学者认为因合同法上保护义务的发展，合同责任已经渗透到侵权责任领域，导致了合同责任与侵权责任的趋同。因此，可以废除合同责任，以统一的义务为核心构筑一元化的民事责任。[③]德国法官和学者却持不同的见解，其中以著名学者克劳斯—威廉·卡纳里斯（Claus‐Wilhelm Canaris）提出的"统一保护义务关系"（ein einheitliches Schutzpflichtverhältnis）和"信赖责任"（Vertrauenshaftung）最具代表性。[④] 2002 年德国债法改革，不仅在第 241 条第 2 款肯定了债务关系中的保护义务，[⑤] 而且在第 311 条第 3 款规定了附保护第三人作用契约和缔约上过失的"信赖"要件，[⑥] 一定程度上可以说是卡纳里斯的理论获得了立法上的支持。[⑦]

---

①　在德国，此类义务在学说上已多获承认，但其用语名称仍未统一。本书依照契约发展时间段，将这类义务分为先合同义务、合同履行中的附随义务和后合同义务。这种划分方式主要参考德国学者哈姆·彼得·韦斯特曼（Harm Perter Westermann）主编的《2002 年债法：系统论述债法改革》所采用的划分方式。Harm Perter Westermann. Das Schuldrecht 2002：Systematische Darstellung der Schuldrechtsreform. Berlin：Richard Boorberg Verlag, 2002, S. 45‐46.

②　该词的翻译同我国学者廖焕国的翻译。参见廖焕国：《侵权法上注意义务比较研究》，武汉大学博士学位论文，2005 年，第 25 页。

③　Vincent, Mayr. Schtzpflichten im deutschen und französischen Recht. Berlin：Peter Lang, 2005, S. 15.

④　Claus-Wilhelm Canaris. Ansprüche wegen "positiver Vertragsverletzung" und "Schuzwirkung für Dritte" bei nichtigen Verträgen. Juristenzeitung, 1965, 3（2）：478‐481.

⑤　《德国民法典》第 241 条第 2 款规定："债务关系可以在内容上使任何一方负有顾及另一方的权利、法益和利益的义务。"

⑥　《德国民法典》第 311 条第 3 款规定："类似的交易上的接触。（3）以第 241 条第 2 款所规定的义务为内容的债务关系，也可以对自己不应成为合同当事人的人发生。该第三人特别地要求对自己的信赖，且因此而大大影响合同磋商或合同订立的，尤其发生此种债务关系。"

⑦　Peter Krebs, Manfred G. Lieb, Arnd Arnold. Kodifizierung von Richterrecht. Barbara Dauner-Lieb Hrsg. Das neue Schuldrecht in der anwaltlichen Praxis. Bonn：Deutscher Anwalt Verlag, 2002, S. 121‐141.

英美法系借助高度集权的司法体系一方面在契约法中创设默示条款（implied terms）等制度扩张契约责任，另一方面则主要依赖过失侵权里的注意义务（duty of care）来给予受害人法律救济。由于法官不断扩张侵权责任的适用范围，契约责任的独立性受到动摇。20世纪后期以来，英美法系的民事责任制度经历了深刻的变化，其中最为重要的动向之一，即是英国法将返还请求权（restitution）由单纯的救济方式发展成为独立的请求权。现代英美法系的民事责任主要分为契约责任、侵权责任和恢复原状责任。①

我国正经历着从传统社会到现代社会的全方位转型，民事立法在继受西方民法的基础上经历着深刻的本土化变革，民事责任也在继受传统社会创设的民事责任和二元民事责任结构的基础上进行本土化变革。20世纪90年代以来，我国合同立法者和司法者主要借鉴德国法，《中华人民共和国合同法》第40条、第60条、第92条的规定，引入先合同义务、合同履行中的附随义务（以下简称"附随义务"）和后合同义务，最高人民法院颁布的《关于买卖合同司法解释理解与适用》第2条肯定了预约合同的违约责任，扩张原有的合同责任。侵权法的立法者也借鉴了德国法，《中华人民共和国侵权责任法》第37条规定了安全保障义务和第五章规定了产品责任（第41条至第47条），扩张了既有的侵权责任。但这些新类型的责任尚属在形成与发展中，无论在用语上、体系的构成上、正当化的基础上，甚至法律性质上，无不具有高度争议性。因此，如何界定这些新型民事责任，在体系上它们的归属又应是什么？究竟是将它们肯定为合同责任，抑或是将它们纳入侵权法，从而扩张侵权责任，还是承认它们的独立性，在合同责任和侵权责任之外构建新的民事责任？正如著名学者王泽鉴先生所言，新类型的民事责任"介于侵权责任和契约责任之间，涉及民事责任制度的变革与发展，如何调整现行民法的概念和体系，实有赖于判例学说的协力，达成共识，期能在法之发现过程上更向前迈进一步"②。

本书的研究目的是探寻社会转型下民事责任的发展轨迹以及未来的发

---

① Andrew Robetrtson. *The Law of Obligations：Connections and Boundaries*. Great Britain：UCL Press，2004，p. 15.

② 王泽鉴：《法律思维与民法实例》，中国政法大学出版社2001年版，第285页。

展方向。因此在此研究的基本思路上，将突破传统社会建构的二元民事责任的结构，从论证保护性责任的统一性和独立性的角度，来探讨民事责任从二元结构转变成合同责任、侵权责任和保护责任的可行性。此外，需要说明的是，文中"契约"与"合同"作相同意义使用。在新中国建立之前，立法和著述中一般都使用"契约"表示当事人互相意思表示一致，而"合同"主要指当事人同一方向的意思表示一致。目前，我国台湾地区立法和著述依然沿用这种用语方式。① 新中国成立之后，特别是 20 世纪 70 年代以后，"合同"的应用渐广，而很少人采用"契约"，其后则逐渐演变为只用"合同"。究其原因，与我国实施计划经济体制有直接关系。因为在计划经济的背景下，大多体现了同一方向的意思表示，即共同实现达成国家的计划经济，以国家要求的目标为宗旨。但随着我国改革开放的推进，市场经济比重的增加，合同中意思表示方向的对立性色彩趋浓。不过，由于已经约定俗成，仍继续沿用"合同"的名称，实际上现在"合同"的内涵与我国台湾地区所使用的"契约"相同。

---

① 许伯仁：《大陆地区合同法之研究——总则部分为中心》，台湾中国文化大学硕士学位论文，2001 年，第 18～19 页。

第一章

社会转型和我国民事立法之进程

第一节　社会转型基本理论

一、社会转型的概念

　　"转型"本是一个生物学概念，原意指"微生物细胞之间以'裸露'的脱氧核糖核酸的形式转移遗传物质的过程"。① 后来被移植到社会学中，用来借喻社会的变迁。台湾社会学家蔡明哲在其所著的《社会发展理论——人性与乡村发展取向》一书中首次把"social transformation"译为"社会转型"，并表达了"发展"就是由传统社会走向现代社会的一种社会转型与成长过程的思想。② 西方社会学家借用此概念来描述社会结构具有进化（或演化）的意义和性变，通常是指传统的原型社会的规范结构向"发展逻辑"的更高层次的演化。Wilbert Moore 将社会转型定义为"社会结构的显著变化"，③ L. 弗里德曼和 J. 兰廷斯基则认为，"社会转型是指社会中已建立的行为模式的任何非重复性变更"，④ 这两种定义将社会转型界定为社会结构的重大的非常态的变化。而 Robert H. Lauer 则将社会转型视为"包括各种概念的、涉及从个体到全球的人类生活的不同阶段的社会现象的变化"。⑤ Lauer 的观点代表着对社会转型的相当宽泛的理解，即将社会转型看成是社会生活中每日都在发生的一种常态的、连续的变化过程。按照这一观点，社会转型存在于任何社会和社会的每一阶段，不管这一变化是社会制度的显著变化还是人们态度与看法的转变，也不管社会是向前发展还是向后倒退，是处于急剧冲突与裂变之中，还是呈现出停滞与

---

　　① 《简明大不列颠百科全书》，中国大百科全书出版社 1986 年版，第 513 页。

　　② 蔡明哲：《社会发展理论——人性与乡村发展取向》，台湾巨流图书公司 1987 年版，第 66、189 页。

　　③ 参见尹伊君：《社会转型的法律解释》，商务印书馆 2003 年版，第 30 页。

　　④ 参见［英］罗杰·科特威尔著，潘大松等译：《法律社会学导论》，华夏出版社 1989 年版，第 54 页。

　　⑤ 参见尹伊君：《社会转型的法律解释》，商务印书馆 2003 年版，第 31 页。

凝固的状态，它们无一例外都是社会现象的变化，因而是社会转型的一种形式。

在中国，"转型"这一概念大致是从 20 世纪 80 年代以后开始流行的。我国社会学学者李培林认为，经过十几年的改革开放，中国已进入了一个新的社会转型期，主要表现为社会结构的转型。该转型的标志是：中国社会正在从产品经济社会向商品经济社会转型，从农业社会向工业社会转型，从乡村社会向城镇社会转型，从封闭半封闭社会向开放社会转型等等。从理论上简单地来界定社会转型就可以说，社会转型是一种整体性发展，也是一种特殊的结构性。① 由于研究的角度不同，对社会转型这一概念的理解也存在差异。社会学家们多用"转型社会学"来表达对转型期的各种理论和现实问题的热衷与关切，经济学家们用市场转型来形容转型过程中的各种经济学问题，而一贯用词严谨、缜密的法学家们研究的兴趣和重点也放在转型期的法学基本理论及各部门法理论和实际问题上。这些不同学科的学术用词同时使用"转型"这两个字进行社会背景分析，容易导致"转型"所承载的含义混淆。其实"转型"不应存在歧义，用词一贯严谨的社会学科对于"转型"更不应当语意含糊。关于中国社会的"转型"，一般是指中国社会从传统社会向现代社会、从农业社会向工业社会、从封闭性社会向开放性社会的社会变迁和发展。② 而转型的主体是社会结构。③

我国法学界也有不同的认识。付子堂教授从转型时期社会治理方式转变的角度，认为随着计划经济向市场经济的转轨，中国开始踏上了由人治社会向法治社会转型的漫漫征途。④ 马长山教授则强调社会整体转型，他认为社会转型是整个中国社会实现着从政治社会到经济社会，从伦理社会到法理社会，从异体同质社会到多元异质社会，从集权规划社会到市场自

---

① 袁方等：《社会学家的眼光：中国社会结构转型》，中国社会出版社 1998 年版，第 30~31 页。

② 陆学艺：《农民问题：中国社会现代化的最大问题》，见韩明谟等：《社会学家的视野：中国社会与现代化》，中国社会出版社 1998 年版，第 67 页。

③ 李培林：《另一只看不见的手：社会结构转型、发展战略及企业组织创新》，见袁方等：《社会学家的眼光：中国社会结构转型》，中国社会出版社 1998 年版，第 30 页。

④ 付子堂：《转型时期中国的法律与社会论纲》，载《现代法学》2003 年第 2 期。

主社会等的转换。① 也有学者在费孝通先生将社会类型划分为礼俗社会与法理社会的基础上认为，我国社会转型意味着法理社会对礼俗社会的取代。②

本书赋予社会转型以广义的解释，即一切社会制度（包括社会的根本制度和各种具体的社会制度）、社会结构、社会组织以及道德、法律、哲学、宗教、文学艺术、风俗习惯、时尚等一切社会现象的突发的、急剧的变化，或演进的、缓慢的变化，都叫作社会转型。这样的定义，其可取之处在于既能有效地解释社会现实又能和其他相关的概念有效地区分。社会转型，是社会转型中的显著的根本性的变化，是社会和文明形态演进过程中质的变化，是连续性的中断。社会转型通常表现为社会制度或体制的根本性的变化，道德伦理规范的嬗变，社会阶层分化的加剧和新阶层的兴起等等。社会转型通常伴随着巨大的社会动荡，原有的社会秩序、规范解体、失调；统治与权威受到颠覆；社会结构破坏；社会行为、道德准则及其认识发生变化甚至发生紊乱。社会变革，指通过结构的部分性或全面性改造和重新组合来解决社会危机，进而按照一定理想来形成新秩序的有目的的社会变动过程。具体地说，社会学意义上的社会转型主要包括以下两层含义：

第一，社会发展的阶段性转变。将社会转型纳入现代化过程，是许多社会学者的一种研究取向。比如，刘祖云认为，社会转型是一种特定的社会发展过程，它包括三个方面：一是指社会从传统型向现代型转变的过渡过程；二是指社会中的传统因素与现代因素此消彼长的过程，是社会的结构性变革和整体性发展；三是指一种整体性的社会发展过程。他认为，社会转型"一般表现为社会从以自然经济为基础的社会向以商品经济乃至市场经济为基础的社会的转化，从农业社会向工业社会的转化，从农村社会向城市社会的转化，从同质单一性社会向异质多样性社会的转化，从伦理

① 马长山：《社会转型与法治根基的构筑》，载《浙江社会科学》2003 年第4 期。

② 熊毅军：《关于当代中国社会转型研究的法哲学立场——从"礼俗社会"与"法理社会"之划分谈起》，载《法制与社会发展》2005 年第4 期。

社会向法理社会的转化，从封闭社会向开放社会的转化"。① 可以看出，在这里，"社会转型"和"社会现代化"是重合的，几乎是同义的。②

第二，社会结构的重大转变。李培林认为，社会转型的主体是社会结构，因此，它也是一种特殊的结构性变动，这有三层基本含义：一是指它不仅意味着经济结构的转换，还意味着其他社会结构层面的转换，是一种全面的结构性过渡，可以说，这是一种历时性过程中社会的共时性全方位过渡；二是指它是持续发展中的一种阶段性特征，是在持续的结构性变动中从一种状态过渡到另一种状态；三是指一个数量关系的分析概念，是由一组结构变化的参数来说明的，而不仅仅是一般的宏观描述和抽象分析。③这种观点有一定的代表性，社会转型实际上已成为描述和解释中国改革开放以来社会结构变迁的重要理论范式，同时也成为其他学科经常使用的分析框架。许多学者认为，中国当今建设社会主义市场经济的改革已不再仅仅局限于体制变革的狭隘领域，它已经同发展中国家的现代化进程一道融入了世界范围内后发国家的社会转型潮流之中，是一场全面的、整体性的社会结构变革。社会转型的具体内容包括结构转换、机制转轨、利益调整和观念转变等。在社会转型时期，人们的行为方式、生活方式、价值体系都会发生明显的变化。

二、影响社会转型的因素分析

（一）自然环境

自然环境是人类生存的自然条件，包括地理位置、气候、自然资源、生态环境等方面。自然环境提供了社会生存和发展所必需的自然资源和外部条件的外围环境，各个地区自然环境的差异性和自然环境的发展变化肯定会影响到社会结构的变化。首先，不同地区自然环境的差异性造成了不

---

① 刘祖云：《社会转型：一种特定社会发展过程》，载《华中师范大学学报》（哲学社会科学版）1997 年第 6 期。

② 郑杭生、李强：《当代中国社会结构和社会关系研究》，首都师范大学出版社1987 年版，第 132 页。

③ 袁方等：《社会学家的眼光：中国社会结构转型》，中国社会出版社 1998 年版，第 34 页。

同的社会文化和社会结构，例如，我国沿海地区与内陆地区的社会结构就不尽相同。其次，纯粹自发的自然力量也会引起社会的巨大变化，例如，公元前1500年爱琴海的火山爆发使克里特岛上的米诺斯文明毁于一旦，洪水泛滥造成的自然条件变化影响当地人口布局和经济发展等等。同时，一些不容易被人察觉的缓慢的自然环境的变化也会影响社会结构变化。再次，人类参与而形成的"人化的自然"也会引发社会结构的变化，随着人类征服自然能力的提高，人类对自然环境的干预不断深入，纯粹自然条件的变化对社会变化的影响越来越小，自然环境对社会的影响更多地表现为人类活动的结果，例如，三峡移民以及三峡工程建设就在很大程度上改变了当地的人文社会结构，人类活动对生态环境的污染与破坏严重制约了社会的进步与发展。总之，随着社会的不断发展，人类与环境相互作用关系的不断加深，"人化自然环境"对社会的影响将越来越大。

（二）人口

人口是社会结构的基本要素。人口状况主要指人口数量、素质、组成、分布及迁徙等。人口变动包括两个方面，即自然变动和社会变动。其中，自然变动主要是指人口的出生、增长、死亡及人口的年龄、性别构成等方面的变动，这些都有可能直接引起社会结构的变化。如果人口数量过多或者增长过快，超过了当前自然资源的承载力，则社会的经济发展水平和人们的生活水平就会降低，社会就业、保健、教育压力增大，社会不稳定因素就会增多。反之，就有可能造成劳动力短缺、人口比例失调、人口老化等一系列社会问题。人口的社会变动主要是指人口的迁移，大规模的人口迁移必然会给迁出地和迁入地带来很大的影响，例如，住房的短缺、社会每个阶层中人员数量的增减等等。

（三）科学技术

我们都知道"科学技术是第一生产力"，这充分说明了科技在社会发展中的重要性。科学技术的发明创造和推广应用，不但是引起社会变迁的重要因素，而且是带动社会变迁的先导力量。科学技术的发明及在社会中的应用，能大大地刺激社会生产力，从而直接或间接地造成社会物质财富的增加，使人们的物质生活得到提高；同时，科学技术把人们的理想甚至是一些想都没想过的东西变成了现实，人们的价值观念和人际关系也会由此受到影响，发生变化。例如，过去的企业多数是家族式管理模式，而随着科学技术的不断发展变化，社会生产力的不断提高，讲求效率、用人唯贤、适应竞争成了现代企业的基本要求。这就必然会使过去一些家族式管理模式被淘汰，从而形成一种新的人际互动方式。

（四）文化

文化包含的内容极其广泛，相应地，文化的变迁也就有其丰富的内涵，主要包括意识形态的变迁、生活方式的变迁、社会制度的变迁、文化的传播、文化的融合等等。其中，意识形态的变迁包括指导思想、道德观念、价值观念、风俗习惯等方面的变化，它通过人们在社会中的行为模式表现出来。意识形态的发展变化与经济、政治的发展变化有密切的联系，意义重大。

（五）经济

经济的发展是社会发展变化的最重要的因素和主要内容，对社会结构变化转型具有决定性的作用。马克思主义认为，在诸多社会变迁的因素当中最根本的是社会生产力的发展。从原始社会到当代社会，人类经历了剧烈的经济变化，由狩猎、采集到刀耕火种，从农业生产和畜牧业生产到18世纪的英国工业革命，以至今天以信息技术和信息产业为先导的新技术群和新产业群的出现。这一系列的发展变化改变了整个人类历史的面貌。因此，经济是社会的基础，经济变化对社会结构的变化影响最大，也是最根本的。

（六）政治制度

政治制度可以区分为广义的政治制度和狭义的政治制度，广义的政治制度涵盖狭义的政治制度和法律制度。国体和政体是政治制度的核心，即一个国家的根本体制是怎么样的，不同阶级、阶层在社会政治生活中所处的地位如何，以及政府采取什么样的形式来实现国体所设定的不同阶级、阶层的利益。政治制度是社会制度中一项十分重要的部分，政治制度是以经济制度为基础的，它是社会发展变化的结果，同时它也能直接引发社会的变动，引起社会结构的变化转型。如果一种政治制度能有效地进行自我调节，能很好地适应社会的变化，则这种政治制度就有利于社会的发展变迁。此外，政治制度可以通过其执行机构直接制定相关宏观经济政策来干预经济发展，从而直接引发社会的变化，带来社会结构的改变，例如，调整产业结构、促进第三产业发展等。

三、社会转型与民事立法的关系

（一）社会转型是立法的动力与源泉

法律内容的形成依赖于社会，是社会对国家产生深刻影响的结果。"因为立法的发展从来就不是自发的，而是在一定的社会力量的推动下和一定的社会需求催化下所产生的结果。"① 社会转型作为社会发展的一种状态，必然会影响国家立法，促使立法顺应社会转型的趋势。

法律的产生，就是因为社会结构发生变化，私有制和阶级出现，使原有的维护氏族成员之间平等、民主的原始公社组织的习惯被逐步否定的结果。在这一过程之中，法律现象的产生是与私有制、阶级和国家的出现这一社会变动的图景分不开的。法律是人们从日积月累的生活经验中逐步提炼出来的一套调整相互之间关系的行为规范，在需要对争议、纠纷的解决确定相关依据时发挥权威性作用，是社会内部多种因素共同作用的结果。社会发展"逐渐积淀出某些有形无形的规则体系，制约着人们的具体行为"② 具有历史的必然性。同样，在法律产生之后，也正是由于社会变迁而否定了原有的政治制度或规则、价值体系，必定要求建立另一套政治制度或规则、价值体系，从而导致一种全新的法律及其制度和价值追求的形成的过程。在这个过程中旧的形式即便得到了保留，也往往被注入了新的内涵，原有的形式只不过是为新的社会变迁的目的而服务的，其内容和价值旨趣均与过去有本质的区别。

---

① 张善恭主编：《立法学原理》，上海社会科学院出版社 1991 年版，第 44 页。
② 胡玉鸿、彭东：《试论法律社会渊源的理论基本》，载《中国法学》2000 年第 3 期。

"法律既为社会力，则社会变迁，法现象不能不与之俱变。"① 作为社会内在需求反映的法律应该与社会转型的内在要求相适应。劳伦恩·弗里德曼曾精辟地论述道，"法律史不是也不应该是研究古代的化石，而是研究那些展现于所有时代的社会发展"。② 葛洪义教授用生成的概念来分析法律的形成过程，以揭示社会对立法的影响。没有任何一个时代、一个国家的掌握政权者能随心所欲地制定法律，在一般情况下，法律是随着社会的改变而改变的，是社会变革的需要推动了立法。立法者制定的法与在社会生活中实际实施的法之间从来都是有相当距离的。我们唯有真正洞悉展现于我们眼前的社会结构变迁的历史脉络，才有可能了解、揭示法律变革与发展的历史，进而才能保证当代的立法与社会转型的方向相一致，并形成二者的良性互动。

（二）法律是社会转型的反映

经济基础决定上层建筑，国家与法律的各种制度必须与生产力和生产关系的发展阶段以及具体的构成相适应，这是马克思主义的基本观点。这一观点的合理演绎必然得出如下结论：作为政治上层建筑的法律，是建立在经济基础之上并为经济基础所决定的。包括经济基础在内的现实社会是法律生产的现实土壤，社会的变迁也是法律变化的决定原因。美国威斯康辛学派的法社会史学也很强调经济因素对法制，特别是地区性私法的影响。根据这些研究成果，法是反映经济结构的镜子，法的发展和变动都可以作为社会转型的函数关系来描述和理解。法律对社会转型的反映主要从三个层面表现出来：

（1）制度和规范形态的层面。例如，公害的扩散导致了环境保护法的发达和国际化。又如，制造业经济比较优势和大规模生产的机制所形成的后发者利益会压抑承担开发风险的动机，开发者要维护既得利益，必然会竭力加强对知识产权的保护，其结果是知识产权在法律体系中的重要度急剧上升。

---

① ［日］穗积陈重著，黄尊三等译：《法律进化论》，中国政法大学出版社 1997年版，第 53 页。

② Lawrence M. Friedman. *A History of American Law*. New York：Simon and Schuster, 1973, p. 9.

（2）法律观念和意识形态的层面。事实上，正是机械文明带来社会风险的增大为涉及企业行为的归责原理从过失主义转变到无过失主义提供了前提条件，正是工人阶级的组织化和利益诉求导致了社会法观念的普及。

（3）应用和研究法律现象的方法论的层面。具体的实例有：政策型纠纷和团体争议的增加使得司法参与命题成为制度设计的基本标准，国际交流的日常化提高了对法律制度与文化之间关系的认识水平，等等。①

（三）法律推动社会转型

长期以来，在法律与社会转型的关系问题上，人们常常只看到法律要适应社会转型的方面，而法律在促进社会转型以及塑造社会转型方面的作用却被忽视了。造成这一现象的主要原因可能在于经济基础与上层建筑的二分法并且视经济基础为决定性作用的观念，按照这种观念，作为上层建筑的法律只能是经济基础的消极反映，它自身没有能动作用，更遑论在推动社会变化中所具有的主导作用。近代以来，法律在型塑现代社会中的重大作用渐渐被人们所认识。比如马克斯·韦伯就认为，只有建立在理性国家基础之上，现代资本主义才能发展，而"理性的国家是建立在专业官员制度和理性的法律之上的"。② 以法制来变革社会是法律工具论的主旨。可以说，法国的科学法学派、德国的利益法学派、奥地利的"法律家社会主义"学派以及美国的现实主义法学都具有法律工具论的倾向。这些研究都强调通过法制手段来调整社会中存在的各种利害关系和对立，试图更积极、更有效率地实现社会福利以及社会正义等公共目的。在这些研究中，法制日益被理解为能够影响甚至决定社会转型的自变量而不仅仅是个因变量。

法与社会转型研究的先驱者弗里德曼（Wolfgang Friedman）教授曾经提出过如下命题：相对于社会转型而言，法既是反应装置又是推动装置；在这两种功能中，尽管法对社会的被动反映得到了更普遍的认知，但法对

---

① 参见季卫东：《社会变革与法的作用》，载《开放时代》2002 年第 1 期。
② ［德］马克斯·韦伯著，林荣远译：《经济与社会》（下卷），商务印书馆 1997 年版，第 720 页。

社会的积极推动作用正在逐步加强。① 立法并不仅仅是回应社会的需求，它具有相对的独立性和能动的反作用，能够成为影响社会转型的积极力量。按照劳伦恩·弗里德曼的看法，立法除了可以能动地反映经济基础的法权要求外，作为推动社会变迁的装置，其对转型过程中纷繁复杂的各种现象的整合可归结于两大主要功能，即拒否和规划。② 所谓拒否，是指通过立法的指挥棒，甚至霹雳手段来破坏或者变更特定的行为方式和行为预期。拒否走到极端就是革命的法，即根据社会转型的要求，引导社会主体力图走出传统的法律世界，挣脱传统法律观念的束缚，获得新的法权要求，从而构建新的法律秩序。当然这并不意味着主体同一切传统的法律观念决裂，而只是与某些阻碍社会进步和法律秩序成长的制度和意识诀别，进而在新的历史水平上更深入地理解传统遗产的价值，积极主动地赋予传统法律观念以新的形式和生命力。简言之，进行自身结构（包括制度和意识）的再造和改革。所谓规划，是指通过制度设计和社会关系的调整来使集体活动定向或者转向，从而实现社会转型，即利用其整体优势和强制手段促使新的体系在社会调整过程中发挥作用，保证主体新的权利义务的落实，为新的社会秩序服务，即保证法律秩序的有效实现。

第二节　传统社会形态和民事立法

一、清末至民国时期的社会形态

（一）保留传统封建统治的政治背景

在长达两千多年的中国封建社会里，一直实行君主专制的中央集权体制。随着封建社会固有矛盾的不断深化，皇权也日益强化。于是，清朝统

---

① W. Friedman. *Law in a Changing Society* (2nd ed.). New York：Columbia University Press，1972，p. 11.

② 参见季卫东：《宪政新论》，北京大学出版社 2002 年版，第 12 页。

治者坚持"祖宗之法"不可变的政治信条，竭力维护封建王朝的统治地位，在相当长的一段时间里，顽固地拒绝一切变革。但是，在鸦片战争以后，面对西方列强的军事侵略，无能的清政府与贪婪的西方列强形成了鲜明的对比，这对中国的传统政治统治产生了强烈的冲击，并从根本上动摇了封建统治的政治基础，清政府再也不能按照原来统治模式来维持岌岌可危的封建王朝大厦。

（二）国际社会迫使改革的压力较大

经过中日甲午战争和八国联军侵华战争，西方列强进一步加紧对中国的侵略步伐。但是，1900 年爆发的义和团运动粉碎了帝国主义瓜分中国的企图，这就迫使他们改变侵略的策略，转而采取一种"保全"的措施，通过扶持清政府并把它当作一个傀儡，实行"以华治华"的政策。因此，西方列强从维护自身的殖民利益着眼，也要求清政府能够进行"改革"，以披上"民主"或"共和"的统治外衣，以适应进一步维护其统治的需要。

（三）国内革命形势的变化所致

19 世纪晚期，中国经济结构和阶级结构已经发生了明显的变化，资产阶级旧民主主义革命正在兴起，封建主义制度与发展资本主义生产关系、封建正统统治思想与不断高涨的民主革命思潮的矛盾都已经十分尖锐。孙中山先生领导的反清民主革命蓬勃开展，封建统治集团内部的一部分地主官僚企图通过立宪活动来重新分配国家的权力。

（四）日本的参照和影响

日本原本属于传统的中国文化圈，在当时的清廷统治者看来，日本还只是大清王朝的一个属国。但是 1895 年的甲午战争，无能的清政府被曾经是自己属国的日本打败。尤其是 1904 年的日俄战争，日本以君主立宪这样的小国战胜了俄国这一超级大国，这些都给清政府上下很大的震动。日本自从明治维新以来，经过短短三十年的改革，确立君主立宪的政治体制，并一举成为亚洲强国，这对清末的社会变革产生了很大的影响。

二、清末至民国时期的民事立法

(一) 民事立法概况

清末坚持民商分离的理念，先立商法后立民法。清末的商事立法，大致可以分为前后两个阶段：1903—1907 年为第一阶段，1907—1911 年为第二阶段。第一阶段的商事立法主要由新设立的商部负责，至 1904 年完成的《钦定大清商律》，是清朝第一部商律。第二阶段改由修订法律馆主持起草，单行法规仍由各有关机关拟订，经宪政编查馆和资政院审议后请旨颁行。在此期间，修订法律馆于 1908 年 9 月起草了《大清商律草案》，1911 年 9 月农工商部起草了《改订大清商律草案》，此外还草拟了《交易行律草案》、《保险规则草案》、《破产律草案》等等，但均未正式颁行。民事立法紧随其后，也是由沈家本、伍廷芳、俞廉三等人主持的修订法律馆着力进行。自 1907 年正式着手，一方面聘请时为法律学堂教习的日本法学家松冈正义等外国法律专家参与起草工作，另一方面则派员赴全国各省进行民事习惯的调查。经过两年多时间的起草工作，修订法律馆于 1911 年 8 月完成全部草案。该《大清民律草案》共分总则、债、物权、亲属、继承等五编，共 1 569 条。在《大清民律草案》完成后仅 2 个多月，辛亥革命武昌起义爆发，清王朝统治迅速崩溃，导致这部民律草案并未正式颁布与施行。

北洋政府和南京国民政府继续清末以来未尽的历史使命，于 1925 年至 1926 年完成了《民律第二次草案》，1927 年南京国民政府加快了民事立法的步伐，于 1929 年至 1930 年间先后颁布了《民法》、《公司法》、《票据法》、《保险法》、《海商法》等民商事单行法，形成了较为完整的私法体系。

(二) 民事立法的特点

清末和民国时期的民事立法，既有"拿来主义"，也有"本土文化"。清末之"变法"，意在"参酌各国法律"，订立"中外通行"之法律，所采取的是"拿来主义"策略，基本照搬德国、瑞士等国的私法，无论是《大清民律草案》还是民国时期的《民法》，除了亲属、继承以及物权的个别制度（如典权）外，大多数内容移植于大陆法系国家私法。如 1903 年完成的《钦定大清商律》包括"商人通例"和"公司律"两部分，前者主要效仿日本商法典，后者则为德日和英美公司法的借鉴。1911 年完成的《大清民律草案》前三编由日本学者松冈正义主持起草，借鉴的是德、日和瑞士民法。① 梅仲协先生也指出："现行民法，采德立法例者，十之六七，瑞士立法例者，十之三四，而法、日、苏之成规，亦尝截取一二，集现代各国民法之精英。"② 此外，亦有借用大陆法系私法制度规范本土制度，将本土制度纳入大陆法系私法体系的，如对典权之改造。"典"为中国古代特有的制度，清末起草民法时，受聘起草的日本学者定其为"不动产质"，之后另定"典权"，将其纳入用益物权体系，民国时期的民法最终定为典权。这是借用大陆法系私法制度规范本土制度的典范。③

第三节　改革开放前的社会形态和民事立法

一、改革开放前的社会形态

虽然本书将现代社会形态界定为新中国成立后，但又以改革开放作为分割点，将现代社会进行区分，是因为改革开放影响深远，形成改革前后两种截然不同的社会形态，且与相应时期的民事立法紧密相关。新中国成立后，由于当时的特殊情况，国家这个主体在政治、经济及社会生活的各个方面起着主导作用。从经济上说，由于原来的工业化基础很薄弱，国家或政府不得不扮演直接的经济组织者和管理者的角色，通过直接的计划和行政指令最大限度地集中资源，进行资源配置，以推进工业化进程。这在当时的历史条件下是一种合理的选择。加之苏联模式的影响，形成了计划经济体制。在这种高度集中统一的以行政直接控制和调节为根本特征的计

① 柳经纬：《当代中国民法学的理论转型》，中国法制出版社 2010 年版，第 10 页。
② 梅仲协：《民法要义》（初版序），中国政法大学出版社 1998 年版。
③ 柳经纬：《当代中国私法进程》，中国法制出版社 2013 年版，第 195 页。

划经济体制下，由于国家享有至高无上的权力和几乎无所不包的渗透力量，造成了作为社会生活基础的企业或个人只是国家计划的执行者，缺乏自主性和独立性，现在意义上的"市民社会"是缺失的。

（一）社会生活全面政治化

在阶级斗争为纲的纲领下，人民民主制度遭到践踏，尤其是在十年动乱期间，不仅大肆践踏法制，肆意侵犯公民的民主权利，还竭力否定以所有权为代表的私权观念以及该观念所衍生的私有财产的正当性。作为以保护私人利益和私人财产为根本己任的私法立法，完全无法越过政治正确这根红线，当然也就不可能在立法上有任何发展和进步。可以说，以阶级斗争为纲的政治纲领的盛行，从根子上就堵塞了私法发展的可能。它所造成的后果便是中国公民对奠基于私有财产权基础上的私法秩序的陌生，对公权力的膜拜以及由此而必然带来的对个体私权利的漠视。

（二）经济生活彻底公有化

除了政治纲领层面的阻碍，新中国成立后长时期采取的高度计划经济体制也在经济制度层面摒弃了私法的用武之地，很长一段时间内中国社会唯一残存的体现私法精神的立法被局限在两性婚姻关系领域（实际上即便这个领域之内也有若干政治干涉），并且还不包括婚姻关系必然引起的财产继承关系。我国是一个具有深厚小农经济传统的农业大国，商品经济从来都不占据经济生活的主流。新中国成立以后，我们在经济领域深受苏联否认公法、私法划分的影响，列宁的一段话长期以来被包括我国在内的社会主义国家作为否认公私法划分的依据："我们不承认任何私人性质的东西，在我们看来，经济领域内的一切都属于公法范围，而不是私人性质的东西，因此必须对私人关系更广泛地应用国家干预，扩大国家废除'私人契约'的权力，不是把罗马法典，而是把我们革命的法律意识运用到民事法律关系上去。"① 在此种错误观念的影响下，我国理论界长期将商品经济

---

① 《列宁全集》（第4卷），人民出版社1988年版，第231页。

制度简单地等同于资本主义的专有制度，认为商品经济理论与社会主义制度水火不容，把商品经济看成是与社会主义制度的对立物，企图跨越商品经济阶段而直接进入产品经济阶段，由此根本否定商品经济可以在不同社会经济制度中存在和发展的可能性。

由此，新中国成立后三十年中形成了一整套与商品经济格格不入的计划经济体制，并相应地建立起了一种行政权力协调控制下的计划经济秩序，该秩序使得一切经济活动都围绕政府部门的行政权力运行，经济生活中出现的一切问题都用行政手段来解决，市民社会下自发的复杂的经济关系也就被人为地简单化和政治化了，私法调整手段被行政干预手段所取代。相当长一段时期内，商品交换一度在我国社会生活中消失，生产资料的配置只能由国家实行统一分配，产品的价格一律由相关部门实行统一定价，这些举措彻底否定了企业和个人间的商品交换，否定了以民法为代表的私法制度存在的客观依据，最终也就否定了私法主体和私法关系存在的必要性，私法关系也就在事实上成了行政法律关系。作为大陆法系私法发展之根基的公法与私法划分的原则也在此基础上失去了正当性，私法更是顺理成章地被部分学者认定为公法。如果说公法是保护资产阶级的国家利益和公共利益的，那么，私法就是完全保护资本家利益的法律，也就是保护单个资本家私人利益的法律。而在社会主义国家，实行的是生产资料公有制，公民的个人利益和国家的整体利益是一致的，因而不必区分为公法和私法，因为公法和私法并不是对立的。由此导致了 1978 年以前，我国的私法立法在上述政治、经济两方面的夹击之下失去了存在的空间。

二、民事立法的缺失

新中国成立伊始，我国废除了国民政府的"六法全书"，标志着私法建设从零开始。经过六十多年的发展，我国建立起了较为完整的私法体系，当然其历程也是一波三折。除了上述旧有的政治观念和经济理念之外，新中国成立很长一段时间内，我国还受到来自苏联经济政策的影响，其中尤以苏联"纵横经济关系统一调整论"的影响最为显著。① 在苏联"纵横经济关系统一调整论"思想的影响下，经济法也以部门法的姿态出现在我们的法律体系中，经济法在很长一段时间内取代私法成了调整社会主体之间经济关系的主要法律，而"纵横经济关系统一调整论"也成了我国经济法理论的主要渊源。

即便如此，由于我国客观的社会现实，对于苏联民法理论的学习和借鉴也是一波三折。在政治正确的前提性指导思想影响下，我国在50、60年代时期内的私法立法工作主要参考苏联的经验，立法模式也参考苏联模式。60年代以后由于中苏关系破裂，又完全否定了苏联模式，把这个私法立法唯一的"老师"也打入冷宫而自搞一套。苏联私法立法对新中国1978年以前的私法立法而言，可谓"成也萧何败也萧何"。60年代中期和70年代中期中国经历了文化大革命，这场倒退彻底打断了我国正常的法治发展，这种情况下自然不可能在私法制度的建设上有任何建树，我国社会私法关系的发展、私法制度的建设可以说跌入了历史的最低谷。

虽然这段时期民事立法成果微乎其微，但至少还是取得了零的突破。在新中国成立前的1949年2月，中共中央发布了《关于废除国民党的六法全书与确定解放区的司法原则的指示》。1950年5月颁布了《婚姻法》，这是新中国成立以后颁布的第一部私法典，但调整财产关系的其他私法立法一直没有正常开展起来，调整财产关系的私法规则长期主要以行政规章的形式出现。1954年我国制定了新中国第一部社会主义宪法，该宪法为新中国的法制建设奠定了基础，在此以后全国人大常委会办公厅立即开始了研究民法典的起草工作，并成立了民法起草小组。1955—1956年，民法起草小组在借鉴苏联民事立法的指导思想和经验的基础上，分别起草了民法总

————————

① 在20年代末30年代初，苏联社会主义经济成分已经巩固，私有经济成分已完全接近消灭的时候，苏联社会中产生了一种经济法理论的萌芽，并最终发展成50年代末以 B. B. 拉普捷夫为代表的新经济法理论。他认为经济法是调整国家社会主义经济中形成的经济关系的独立的法律部门，并反对把经济关系分隔在私法和行政法中，认为经济法既可以调整横的经济关系，又可以调整纵的经济关系，因此称为"纵横经济关系统一调整论"。此处所谓横的经济关系，实质就是指市民社会中平等主体间的财产关系，因其是发生在横向的平等主体之间，没有行政上的隶属关系，因此称为横的经济关系；所谓纵的经济关系，则是指以行政权力为依托，存在于某种行政隶属关系下的经济关系，因其主要发生在有行政级别差异的上下级之间，因此称为纵的经济关系。

则、所有权篇、债篇、继承篇，加之新中国成立初期制定的《婚姻法》，我国私法体系的基本雏形已见端倪，但 1956 年结束的社会主义改造使我国经济体制中的所有制结构发生了重大变化，紧接着 1957 年"反右"、"整风"运动的兴起，致使我国已经起步的民法典的起草工作和民事法律制度的制定被迫陷于停顿，第一次民法典起草工作也告中止。

1961 年，中共中央在总结和纠正"大跃进"以来"左倾"思潮及其带来的严重后果，并总结社会主义经济建设的经验教训时提出了"调整、巩固、充实、提高"的方针，毛泽东指出，"不仅刑法要搞，民法也要搞"，随后，全国人大常委会办公厅又一次提出民法的起草工作。这时的中苏关系已经恶化，而当时的政治形势也让我国民法学界没有机会借鉴欧美国家的私法理论和立法经验，在这种情况下，民法起草委员会希望摆脱国外民事理论和立法技术的影响，根据本国具体国情起草一部有中国自己的体系和特色的民法典，但这一简单的且缺乏理论根基的民事立法指导思想也被当时盛行的法律虚无主义的客观环境所制约而未能付诸实践。在 1964 年 11 月 1 日出台的《中华人民共和国民法草案试拟稿》中，不仅在法条数量上极为缩水（只有 283 条，根本无法满足社会生活对民法规则的需求），而且在篇名上回避了私法制度里极其重要的如"所有权"、"债权"等基本概念，几乎把私法最根本的特征和精神给抽掉了。随后不久我国开始了"社会主义教育"运动，并于 1966 年开始了史无前例的文化大革命，民法典的起草工作遂告中止，整个"文革"期间，我国的法制建设遭到前所未有的破坏，国家各项法律工作都陷入停滞状态，民法典的起草工作当然也就无法再提上议程，第二次民法典起草工作就此结束。

总之，从 1949 年 10 月中华人民共和国成立到 1978 年 12 月十一届三中全会的召开这一段时期，是中国社会在法治建设上出现大倒退的时期，各种政治口号、政治纲领成为社会发展的主导动力，以市民社会为调整对象、以商品经济快速良性发展为重要目的的私法，也随同商品经济关系的铲除和市民社会在中国的缺失而被打入冷宫。这一时期，尽管也有零星私法立法出台，也有偶尔的私法理论研讨，但这毕竟是一个政治当头的社会，私法所需要的生存空间，私法发挥作用的社会基础，也就随着政治斗争而湮灭，这是新中国私法史上极为惨淡的一段时期。

第四节　改革开放后的社会形态和民事立法

一、改革开放初期的社会形态和民事立法

（一）改革开放初期的社会形态

1. 经济体制改革和商品经济的发展为民事立法奠定了必要的经济条件

十一届三中全会总结了新中国成立以来我国经济建设的经验和教训，决定将党的工作重点"转移到社会主义现代化建设上来"，并提出要"改变同生产力发展不相适应的生产关系和上层建筑、活动方式和思想方式"。为明确改革的方向，会议进一步指出："现在我国经济管理体制的一个严重缺点是权力过于集中，应该有领导地大胆下放，让地方和工农业企业在国家统一计划的指导下有更多的经营管理自主权；应该着手大力精简各种经济行政机构，把他们的大部分职权转交给企业性的专业公司或联合公司；应该坚持实行按经济规律办事，重视价值规律的作用。"[1]

虽然改革之初并没有确定改革的目标是建立市场经济体制，但是在改革者看来，改革应适应经济发展的管理体制，扩大企业自主权，重视市场调节对计划经济的辅助作用，一定程度上允许商品经济的发展，却是明确的。早在1978年7月至9月国务院召开的务虚会上，有代表提出"计划经济与市场经济相结合"的口号。[2] 1979年3月，陈云在谈到计划和市场的问题时说，我国的计划制度中一个明确的缺点是"只有有计划按比例这一条，没有社会主义制度下还必须有市场调节这一条"。他提出："整个社会主义时期必须有两个部分：（1）计划经济部分（有计划按比例的部分）；

---

[1] 《中国共产党第十一届中央委员会第三次全体会议公报》，中共中央文献研究室编：《三中全会以来重要文献选编》（上），人民出版社1982年版，第89页。

[2] 刘勇、高化民：《大论争——建国以来重要论争实录》（下册），珠海出版社2001年版，第312页。

（2）市场调节部分（即不作计划，让它根据市场供求的变化进行生产，即带有盲目调节的部分）。"① 1981 年 6 月，中共十一届六中全会通过的《关于建国以来党的若干历史问题的决议》进一步提出，"要发挥失常调节的辅助作用"，"要大力发展社会主义的商品生产和商品交换"。② 改革的实践也证明，我国的经济体制改革始终是朝着商品经济的方向发展的。

经济体制改革首先在农村取得突破性的进展。1977 年，安徽省委制定了《关于当前农村经济政策几个问题的规定（试行草案）》，内容包括建立生产责任制、允许独立社员经营自留地、家庭副业、开放集市贸易等。1978 年，四川省委制定了《关于目前农村经济改革的几个主要问题的规定》，内容包括开展多种经营、兴办社队企业、允许和鼓励社员经营自留地和家庭副业等。其后，以土地承包为主要形式的联产承包责任制逐步扩展到全国。1982 年 1 月，中共中央批转《全国农村工作会议纪要》（第一个中央 1 号文件），③ 肯定了包产到户等农业生产责任制的社会主义性质。1985 年 1 月，中共中央、国务院发布的《关于进一步活跃农村经济的十项政策》，基本取消了我国延续三十多年的农副产品统购统销制度，标志着我国农村进入商品经济发展的新阶段。

城市的经济体制改革主要是从扩大企业自主权开始。早在十一届三中全会召开前的 1978 年 10 月，国务院就在四川省选择了 6 家企业进行扩大企业自主权的试点。三中全会后，四川省进一步扩大试点企业的自主权，取得了显著效益。1979 年 4 月召开的中央工作会议确定了城市经济体制改革的重点是扩大企业自主权。同年 7 月，国务院连续发布了《关于扩大企业自主权的规定》等扩大企业自主权的文件，要求各部门各地区选择少数

---

① 中共中央文献研究室编：《三中全会以来重要文献选编》（上），人民出版社 1982 年版，第 66 页。

② 中共中央文献研究室编：《三中全会以来重要文献选编》（上），人民出版社 1982 年版，第 787 页。

③ 从 1982 年开始，中共中央连续五年在每年之初发布一个关于农村经济改革的文件，俗称 1 号文件。1983 年的 1 号文件是《当前农村经济政策的若干问题》，1984 年的 1 号文件是《中共中央关于 1984 年农村工作的通知》，1985 年的 1 号文件是《关于进一步活跃农村经济的十项政策》，1986 年的 1 号文件是《关于 1986 年农村工作的部署》。这些文件对于促进和稳定以土地承包为主要内容的农村经济体制改革具有重要意义。

企业进行扩权的试点。到 1981 年，扩大企业自主权的改革在全国国营工业企业中全面展开。1984 年国务院发布《关于进一步扩大国营工业企业自主权的暂行规定》，标志着以扩大企业自主权和计划体制改革为内容的城市经济体制改革全面展开。

2. 对人治的批判和法制目标的确立为民事立法的恢复提供了政治条件

十一届三中全会召开前的 1978 年 12 月 13 日，邓小平在中央工作会议上发表了"解放思想，实事求是，团结一致向前看"的讲话。这次讲话对我国的法制状况进行了深刻的反思，并对法制工作提出具体的意见。讲话指出："为了保障人民民主，必须加强法制。必须使民主制度化、法律化，使这种制度和法律不因领导人的改变而改变，不因领导人的看法和注意力的改变而改变。"还指出："修改补充法律，成熟一条就修改补充一条，不要等待'成套设备'。总之，有比没有好，快搞比慢搞好。"之后十一届三中全会对民主和法制问题进行了认真的讨论，邓小平的讲话精神被写入三中全会公报。公报指出："必须加强社会主义法制，使民主制度化、法律化，使这种制度和法律具有稳定性、连续性和极大的权威性，做到有法可依、有法必依、执法必严、违法必究。"并提出"从现在起，应当把立法工作摆到全国人民代表大会及其常务委员会的重要议程上来"[1]。对新中国成立 30 年法制建设的反思，对人治的批判，法制工作得到应有的重视，为民事立法的恢复创造了良好的政治条件。

（二）民事立法的恢复

十一届三中全会使我国的法制建设重新提上了议程，特别是使得长期以来被误解和压制的民事立法进程开始复苏。运用法律的手段调整社会生活的方方面面成了社会各界的共识，在这样的背景之下，民事立法工作开始迈出了应有的步伐，取得了较为突出的立法成就。

自 80 年代初社会转型以来，随着民间经济生活的活跃，一批调整相关领域内私法关系的法律相继颁布，其中包括 1979 年颁布的《中外合资经营企业法》、1984 年颁布的《专利法》、1982 年颁布的《商标法》、1985

---

[1]　中共中央文献研究室编：《三中全会以来重要文献选编》（上），人民出版社 1982 年版，第 787 页。

年颁布的《继承法》、1986 年颁布的《矿产资源法》和《外资企业法》，还有 1981 年颁布的《经济合同法》、1985 年颁布的《涉外经济合同法》，这些单行法规分别涉及民事主体、债权、物权、知识产权、婚姻、继承等私法基本问题，这些法典的出台在一定程度上改变了单纯由行政规章来调整经济生活的局面，对我国日后大量私法的制定乃至私法理念的树立都具有巨大的推动作用。

上述这一批调整私法关系的法律，在一定程度上填补了我国特定私法领域的立法漏洞，但对于长达几十年的民事立法和民事理论研究空白的社会状况，这批法规仍不能满足私法领域社会关系调整的要求。囿于私法理论发展的滞后，这些法规无论是在立法指导思想上还是在立法技术上，都具有强烈的计划经济色彩，对于社会发展过程中必定会出现的新型私法关系更是缺乏应有的前瞻性，社会上大量存在的私法上的财产关系和人身关系被排除在了法规调整的范围以外，对民法的基本原则、功能、民事主体、民事法律行为、民事代理、时效制度等私法上重要的理论和实践问题都没有科学详尽的规定。同时，对个体工商户、农村承包经营户、合伙等其他私法主体没有作出法律上的明确界定，与这些私法主体相关的私法上的权利义务当然也就无从谈起。在现代私法领域中占据重要地位的诸如名誉权、人身权等制度基本没有涉及，对于传统债权和物权以外的大量知识产权、侵权行为等私法制度都没有具体的规定。

更为严重的不足在于，上述很多立法只是针对某个特定私法领域内法律关系的调整，而没有将私法调整的对象，即平等主体间的财产关系和人身关系作为一个整体来进行研究，更无从谈起各部单行法之间的冲突和磨合。这些法规要么针对特定的群体，要么针对特定的事项，并没有将私法秩序中的平等主体放在平等的法律框架下进行保护。例如《经济合同法》第 3 条规定："经济合同是法人之间为实现一定的经济目的，明确相互权利义务关系的协议。"这一对经济合同主体的规定显然过于狭隘，它直接把市民社会中大量的个体之间的经济关系排除出了法规的调整范围。同时，将合同直接定位在经济合同上，也使经济合同与其他大量的民事合同之间的关系难以厘清，尽管有的学者在当时的理论研究现状下力图论证经济合同与民事合同的统一性，但很显然现实生活中平等主体之间发生的合同关系并不能完全归在经济合同的名下，这造成了在法律适用范围上的模糊，当然也就不能有效调整相关的私法关系。

总而言之，这一时期的私法立法虽然很不完善，但在探索市民社会中有关私人之间财产关系和人身关系的法律调整问题的起始阶段，这些法律的颁布却在理论上和实践上为日后我国比较完善的私法立法打下了基础，它们的存在至少从法律上证明了商品经济存在的合法性以及调整的必要性，其在使用过程中出现的问题更是激发理论界和实务界真正从整体私法理论的高度和社会发展的客观要求两方面出发去着手完善立法。1984 年中共中央十二届三中全会通过了《关于经济体制改革的决定》，《决定》指出，我国经济是公有制基础上有计划的商品经济，要突破把计划经济同商品经济对立起来的传统观念。民法学界的学者抓住这一历史机遇，以佟柔为代表的新中国转型时期第一代民法学者很清楚地看到了迅速启动我国私法体系的建立和完善对我国社会主义现代化建设的巨大意义，在同经济法的论战中取得主动以后，便着手开始了全面的私法体系的建设工作，而此后《民法通则》的出台则意味着迈出了重要一步。

二、改革开放中期的社会形态和民事立法

（一）改革开放中期的社会形态

我国经济体制改革之初，由于改革目标尚未确定，商品经济虽然得到一定程度的发展，但并没有被作为社会主义经济的本质来认识。对于社会主义经济的本质究竟是商品经济还是计划经济，无论在理论界还是在决策者内部都存在着激烈的争论。

一些经济学家认为，我国社会主义经济应当是商品经济。例如，经济学家何伟指出：“商品经济是人类社会发展到一定历史阶段的产物。如果人类社会的经济发展可以划分为自然经济、商品经济和计划经济的话，那么，目前全世界还处于商品经济阶段。自然经济已经落后了，过时了，计划经济的条件还不很具备，尤其是在一些发展中国家，更是如此。”他还指出：“废除资本主义所有制时，不能同时废除商品经济，不能把商品经

济和资本主义等同起来，就像不能把货币和资本等同一样。"① 他认为，"在整个社会主义时期，可以划分为商品社会主义和产品社会主义两大阶段。商品社会主义是社会主义的低级阶段，是一些经济落后的国家在进行必经的阶段。"② 有一些经济学家则指出，"社会主义经济是有计划的商品经济。计划经济和商品经济从不同方面共同反映了社会主义生产方式的本质"，"有计划的商品经济，如同生产资料所有制和按劳分配一样，是社会主义制度不可缺少的基本特征"。③

随着改革的发展和理论探讨的深入，在社会主义商品经济问题上人们逐渐有了较为清晰的认识。中共十二大确立了"计划经济为主，市场调节为辅"的改革原则，允许对部分产品不作计划，实行市场调节，并提出"今后，要继续注意发挥市场调节的作用"。虽然没有明确地提出社会主义商品经济，但在市场调节的范围内实行商品经济则是明确的。1984 年 10 月召开的中共十二届三中全会通过的《中共中央关于经济体制改革的决定》，提出改革的目标是建立"有计划的商品经济"，对社会主义商品经济给予了进一步的肯定。《决定》指出："改革计划体制，首先要突破把计划经济同商品经济对立起来的传统观念，明确认识社会主义计划经济必须自觉依据和运用价值规律，是在公有制基础上的有计划的商品经济。"《决定》还指出："商品经济的充分发展，是社会经济发展的不可逾越的阶段，是实现我国经济现代化的必要条件。" 在计划经济和商品经济的关系问题上，《决定》指出："实行计划经济同运用价值规律、发展商品经济，不是互相排斥的，而是统一的，把它们对立起来是错误的。" 在商品经济是姓"社"还是姓"资"的问题上，《决定》指出，是否存在商品经济不是社会主义经济同资本主义经济的区别。④

《决定》关于社会主义经济是"有计划的商品经济"的论述，理论上

---

① 何伟：《论社会主义制度下的商品经济兼论企业的独立性》，载《经济研究》1979 年第 3 期。

② 何伟：《试论社会主义社会的商品发展阶段》，载《经济研究》1980 年第 10 期。

③ 刘勇、高化民：《大论争——建国以来重要论争实录》（下册），珠海出版社 2001 年版，第 326 页。

④ 中共中央文献研究室编：《十二大以来重要文献选编》（中），人民出版社 1986 年版，第 568 页。

突破了将计划经济与商品经济对立起来的传统观念，明确了社会主义经济的商品经济属性，围绕着社会主义经济本质属性的争论也暂时告一段落。而且，《决定》关于建立"有计划的商品经济"的目标的提出，也确定了在社会主义经济建设时期的一项重要任务，就是要大力发展商品经济，发挥市场的调节作用。此后，随着我国以增强企业活力为中心环节的各项改革事业的深入和发展，我国商品经济呈现出较明显的发展趋势。

（二）民事立法的发展

这一时期，我国社会的实际情况是刚刚经历了政治思想上的"拨乱反正"，农村的集体经济改革初见成效，但城市经济体制改革尚未全面展开，对外开放还在尝试阶段，因此在前进道路上究竟会遇到一些什么样的难关、新形势下社会主义建设和发展会出现什么样的新情况都还没有可资借鉴的历史经验，超前或滞后的立法都可能破坏或束缚社会的稳定和发展。面对这种情况，民法草案完成以后就民法典的制定问题在学术界产生了分歧，有的学者赞同马上制定统一完善的民法典，但更多的学者认为应该根据我国的实际情况先制定民事法律中的各种单行法，在运用单行法的基础之上等时机成熟了再制定统一的民法典。党中央从实际情况出发采纳了第二种更为稳健的立法指导思想，最终促成了由民法典的制定向《民法通则》制定的转变。《民法通则》的颁布划清了民法和经济法各自调整的社会关系的范围，从立法上解决了多年来学界围绕着民法调整对象而展开的争论，也为此后的民事立法确定了基本的方向。同时，《民法通则》初步确立了主体平等、当事人自愿、权利不可侵犯和诚实信用的民法理念，并以民事权利为中心构建民法体系，体现了民法的权利本位理念，标志着我国民事立法开始走向体系化。

可以说，《民法通则》是中国私法立法一个时期内的结晶，是我国私法立法向纵深发展的里程碑，促进了我国立法战略重点的转移，私法的制定从此成了我国立法的重心。1986年《民法通则》的颁布，使改革开放以后我国的立法重点首次向私法制定的方向转移，为即将开始的私法体系的建立和完善奠定了基础。自1986年起，一系列重要的民事单行法规陆续出台，其中包括1986年的《外资企业法》、1987年的《技术合同法》、1992年的《全民所有制工业企业法》、1993年的《消费者权益保护法》等，我国民事立法进入了高速发展阶段。

三、改革开放深化期的社会形态和民事立法

（一）社会主义市场经济体制的确立

十二届三中全会确立了有计划的商品经济目标，但未从根本上解决社会主义经济的本质是"计划"还是"市场"的争论，"有计划的商品经济"这一提法本身就是一种调和"计划"和"市场"的产物。随着改革事业的发展，这一争论被重新提了出来。1990 年 2 月 2 日，《人民日报》发表了《关于反对资产阶级自由化》一文。文章说："他们的经济体制改革，说到底：一个是取消公有制为主体，实行私有化；一个是取消计划经济，实行市场化。"① 一时间，围绕着计划与市场、姓"资"与姓"社"的问题引发了一场新的争论。

邓小平于 1990 年 12 月 4 日在与几位中央领导谈话时发表了自己的看法，他指出："我们必须从理论上搞懂，资本主义与社会主义的区分不在于是计划还是市场这样的问题。社会主义也有市场经济，资本主义也有计划控制。"② 1992 年春，邓小平在著名的"南方讲话"中进一步阐述了这一看法。他首先提出了判断改革中存在的姓"资"还是姓"社"的"三个有利于"的标准，即"是否有利于发展社会主义社会的生产力，是否有利于增强社会主义国家的综合国力，是否有利于提高人民的生活水平"。对于市场和计划问题，他指出："计划多一点还是市场多一点，不是社会主义与资本主义的本质区别。计划经济不等于社会主义，资本主义也有计划；市场经济不等于资本主义，社会主义也有市场。计划和市场都是经济手段。"③

邓小平的"南方讲话"犹如"黄钟大吕"，立即在党内外、国内外引起强烈反响和巨大震动，人们对市场经济有了更深刻的认识。1992 年 10

---

① 刘勇、高化民：《大论争——建国以来重要论争实录》（下册），珠海出版社 2001 年版，第 326 页。

② 《邓小平文选》（第 3 卷），人民出版社 1993 年版，第 364 页。

③ 《邓小平文选》（第 3 卷），人民出版社 1993 年版，第 372 ~ 373 页。

月，中共十四大召开，确立了经济体制改革的目标是建立社会主义市场经济体制。1993 年 3 月 29 日，八届全国人大一次会议通过宪法修正案，将"国家实行社会主义市场经济"写进宪法（修正案第 7 条、宪法第 15 条）。1993 年 11 月，中共十四届三中全会通过《中共中央关于建立社会主义市场经济体制若干问题的决定》，对社会主义市场经济体制的内涵以及建立现代企业制度、培育和发展市场体系、转变政府职能等体制改革的重大问题，做了全面系统的阐述。至此，社会主义市场经济体制得以正式确立。

（二）民事立法的蓬勃发展

《中共中央关于建立社会主义市场经济体制若干问题的决定》指出："社会主义市场经济体制的建立和完善，必须有完备的法制来规范和保障。"社会主义市场经济体制的确立，市场经济法律体系目标的提出，要求我国私法发展必须从真正的市场要求出发，遵守市场规律，在市场秩序下彻底摒除计划经济的交换模式，为正在兴起的我国私人个体和企业的市场行为设立一个科学的行为模式，并保障在此模式下民事主体所获得的合法利益。

这一时期的民事立法有一个显著的特点就是对国际惯例和国际条约的尊重与移植。全球化的经济浪潮在 20 世纪信息化产业的带领下对每个国家对内的经济政策和对外的经济交往产生了重大影响，包括中国在内的各个现代化进程中的国家，已经不可能关起门来独自发展国内的私法；相反，包括民事立法后发型国家在内的所有世界经济一体化的参与者，都必须把自己的经济发展放到全球经济一体化的背景下。因此，重新梳理这些颁布的法规并在此基础之上进行大规模的修改甚至重新制定，就是私法学界必须完成的任务了。鉴于我国私法发展的具体情况，面对任务繁重的中国立法工作，对国外及我国台湾地区民法理论的大量引进和研究，也就成了这一时期私法发展最重要的特征。

《民法通则》出台以后的中国私法的发展，除了在立法背景上有较大变化外，在法律功能方面也呈现出与已往民事立法较大的差别。促使私法功能转向的一个重要原因便是市民社会理论研究在我国的兴起。进入 20 世纪 90 年代以后，我国社会开始从理论上和实践上接受并研究市民社会理论，私法上的市民社会是一个和政治国家相分离的、自生自发的社会实体。只要一个社会还存在多元化的个体利益，还需要用市场规则来调节私人利益的交换，并且这种调节只要不受到来自政治国家层面的有意识的打击，市民社会的自生自发就是不可避免的。这一时期的民事立法或修法大多反映了这一社会需求，其中较具有代表性的有 1993 年颁布的《公司法》，1994 年颁布的《国家赔偿法》，1995 年制定的《担保法》、《票据法》、《保险法》，1996 年出台的《合伙企业法》、《信托法》、《海商法》三个单行法规，1997 年出台的担保法司法解释，1999 年新制定的统一《合同法》并同时取代了 80 年代制定的三部经济合同法，还有 2007 年的《物权法》和 2009 年的《侵权责任法》，其中以 1999 年《合同法》、2007年《物权法》和 2009 年《侵权责任法》的颁布最为重要，标志着我国的改革开放和社会转型进入了一个新的历史阶段。

　　统一《合同法》本着市场经济体制下的私法自治原则，由过去在很大程度上将合同视为贯彻执行国家计划的经济形式，转变为把合同视为市场条件下的基本交易形式，极大地消减了国家干预的色彩。同时，《合同法》还废止了一些过时的、不适应市场经济体制要求的规范，如改变了原来立法中对无效合同过于宽泛的规定，明确将欠缺有效要件的合同分为无效合同、可撤销合同与效力待定合同，并对合同的撤销以及合同效力的追认等制度作出了较为科学的规定。这些制度的改进既避免了财产不必要的损失和浪费，又有利于尊重和保护当事人的意志，极大地推动了市场经济条件下各种交易目标的实现，为 20 世纪我国转型阶段的私法发展画上了一个令人满意的句号，也开启了中国私法学界和社会大众对新世纪中国私法立法新的关注。在中国社会的市场经济高速发展的背景下，《合同法》立足于整个社会平等主体之间的财产交易，通过对财产流通关系的系统规制，为我国市民社会财富资源的流动、利用以及更有效的配置打下了良好的基础。

　　《物权法》是规范民事财产关系的基本法律，在法律体系中起基础作用，是社会主义法律体系中重要的组成部分。《物权法》以基本原则的形式确认了我国基本经济制度，对国家、集体和私人所有权进行了系统规定，强化和完善了我国基本经济制度的具体内容，有利于各种所有制经济充分发挥各自优势，相互促进，共同发展。《物权法》有关国家所有权和集体所有权的规定，使与公有制经济相对应的这一我国现阶段基本经济制度中占主导地位的所有权，得以在《物权法》中充分体现。《物权法》有关私人所有权的规定，使与我国基本经济制度相适应的所有权的内容得到了充分完善。《物权法》作为规范市场经济发展的基本法律，实现了对不同所有制的财产权实行平等保护，完全契合市场经济的内在要求。通过一系列所有权规则，明确了民事主体对自己所有的物享有排斥非法干涉的支配性权利，实现民事主体"有恒产者有恒心"的信心。同时，《物权法》通过对所有权、用益物权和担保物权的规定，形成了比较完善的物权体系，扩大了民事主体享有的民事权利范围，既是对改革开放成果的肯定，也为中国社会未来的长治久安奠定了更坚实的基础。

《侵权责任法》是继《合同法》、《物权法》之后又一支柱性的基本法律，标志着民事法律的进一步完善，至少有四个方面的意义：第一，它标志着中国民法典的主体部分已经完成，中国特色社会主义法律体系初见雏形。第二，有益于增强群体的权利意识。第三，进一步调动人民群众维权的自觉性和规范化。第四，全面规范民事审判活动，实现法律适用的统一化。《侵权责任法》对侵权责任有关问题做了全面系统的规定，尤其是在很多制度上有所创新。如第一次明确了精神损害赔偿制度，规定了同命同价原则等，这些对公民权利的保障起到了非常重要的作用，更重要的是彰显了公民的权利意识，同时也强化了责任意识、义务意识，对保障人权、明确侵权责任、预防并制裁侵权行为具有重要意义。

综合上述分析可以看出，我国的民事立法进程与社会转型密切关联。我国现代意义上的私法始于清末以来对西方国家（地区）私法的继受，迄今已逾百年。如果以年代特征论，大体上可分为两个时期：一是清末至民国时期的传统社会形态，其标志性成果是20世纪20年代末期颁行的民法以及公司法、票据法等商事特别法；二是新中国成立后至今的现代社会形态，这一时期大体上又可分为四个阶段：新中国成立后至改革开放前的三十年，囿于建立在公有制基础上的计划经济体制和法律虚无主义的盛行，我国私法体系建设几乎处于空白状态；改革开放初期，基于改革不适应经济发展的高度集中的经济体制达成共识，民事立法开始恢复，但收效甚微；随着有计划商品经济目标的确立以及商品经济的发展，我国民事立法进入了发展阶段；十二届三中全会确立了社会主义市场经济体制的改革目标后，我国民事立法迎来了新的发展阶段，并由此启动统一《民法典》的立法进程。

从我国私法体系的变迁过程来看，清末民国时期特殊的历史背景促就了私法的一度繁荣；而新中国成立半个多世纪以来，我国的民事立法随着经济体制的变迁和社会结构的转变走过了一条曲折的发展道路。新中国民事立法的艰难过程既准确体现了 1949 年以来我国在社会发展与经济制度上所进行的曲折而艰难的探索，同时也反映了中国社会在改革开放乃至全球化背景之下所选择的一条符合基本国情的正确道路。民事立法从沉寂到复苏再到今天的勃兴，深刻揭示了当代中国社会在整个社会变革中，在不断纠正错误观念的基础上，重新回到关注民权、民生、民利的法治之路这一必然的发展历程。由此检视转型时期社会转型与民事立法的内在关联，进而研究如何进一步提高民事立法水平、完善制度设计，这是值得重视并实践的课题。

第二章

传统社会民事责任和二元民事责任结构之形成

第一节　古代社会民事责任和二元民事责任结构

一、罗马法的民事责任

（一）民事责任：从复仇到金钱赔偿

　　罗马法是大陆法系之根基，民事责任之渊源也应追溯至罗马法。[①] 远在罗马法时期，责任和债的概念是融为一体的。据罗马法学者考证，拉丁文"obligatio"（债）既有债权、债务、债之关系的内涵，[②] 又有责任的意义。[③] 债（obligatio）一词可追溯到著名的罗马法学家西塞罗（Cicero，前106—前43），该概念的形成是古典罗马法学的伟大成就之一，学者 Fritz Schulz 明确指出债的概念是"人类文明史上独一无二的成就"。[④] 事实上，"债"这一概念是非常先进和简练的，它不仅是古代罗马法纯朴的思考模式之一，而且是经历了漫长的时间演变而来。

　　债的概念起源于私犯（ex delicto）责任，我们今天将之称为"侵权行为（delict）"所产生的责任。最初这种责任以"复仇"为特征。在原始社会，家族是最基本的社会单位，对外享有特定的权利义务关系，对内则以维持荣誉及和平为主要任务，对侵权行为的反应就是复仇。任何人对他人的身体或财产实施了侵权行为，应承受受害人的复仇。为了实施复仇，受害人取得了拘禁（扣押）侵权人人身的权利。这种复仇一开始出现最严酷

---

　　① ［美］约翰·亨利·梅利曼著，顾培东、禄正平译：《大陆法系》，法律出版社2004年版，第6页。

　　② 陈朝璧：《罗马法原理》，法律出版社2006年版，第111页。

　　③ 黄风：《罗马私法导论》，中国政法大学出版社2003年版，第253页。

　　④ Reinhrad Zimmermann. *The Law of Obligations-Roman Foundations of the Civil Tradition*. Oxford：Oxford University Press，1996，p. 2.

的可能形式，即处以死刑。① 早期罗马法与希腊法或日耳曼法相似，国家权威太弱不足以实施法令和维持秩序，或多或少是由体现古代乡村共同体精神的家庭组织法构成。意大利学者朱塞佩·格罗索认为早期的罗马家庭是个"政治组织"，其被界定为对家父（pater familias）的服从；家父的权力是终身的，范围广泛，区分为不同的支配权和权利。② 当一家庭的自然人侵害了另一家庭的自然人的人身或财产，受侵害人被赋予向侵权人家庭的家父行使法律上的权力，运用复仇的方式惩罚侵权行为，包括杀死侵权人。但这种复仇的方式对于整个共同体而言破坏了秩序，不符合团体利益。这时，国家干预出现了，一方面拘禁（扣押）侵权人的人身与正式的程序相关联；另一方面，削弱了受害人的权力。在断肢的情形中，同态复仇法取代了杀戮：如果侵权人打断了受害人的肢体，只允许受害人以打断侵权人的肢体作为对其的复仇。然而，同态复仇，即所谓"以牙还牙，以眼还眼"，仍然是一种相对粗暴的解决侵权行为后果的方式。农业社会需要和平，于是理智逐渐控制感情，早在《十二铜表法》起草之前，为了让受害人放弃复仇，首先允许他，接着期待他，最后间接命令他接受侵权人自己或者他人（常常是亲戚）提供的一笔金钱赔偿（早期可能是牛）。③这是国家试图将各种侵权行为的赔偿数量标准化，罗马法上的侵权责任开始以金钱赔偿的方式而不是以同态复仇的方式。

罗马最古老的成文法是《十二铜表法》（相传制定于公元前 450 年），其第八表为"私犯"，虽然第 2 条规定了毁伤他人肢体不能和解的，他人亦得依"同态复仇"（talio）而毁伤其肢体，但是其后数条以古老简明的文字规定，凡因特定行为侵害他人时，应支付赎罪金，一方面作为刑罚，一方面用以慰抚受害人，作为受害人放弃复仇的一种代偿。④ 例如，第八表第 3 条规定："折断自由人一骨的，处 300 阿司的罚金；如被害者为奴

① 参见［美］孟罗·斯密著，姚梅镇译：《欧陆法律发达史》，中国政法大学出版社 2002 年版，第 53 ~ 60 页。

② ［意］朱塞佩·格罗索著，黄风译：《罗马法史》，中国政法大学出版社 2009 年版，第 9 页。

③ Reinhrad Zimmermann. *The Law of Obligations-Roman Foundations of the Civil Tradition*. Oxford：Oxford University Press，1996，p. 3.

④ 王泽鉴：《侵权行为》，北京大学出版社 2009 年版，第 39 页。

隶，处 150 阿司的罚金。"第 4 条规定："对人施行其他暴行的，处 25 阿司的罚金。"第 5 条规定："对他人的偶然侵害，应负赔偿之责。"第 6 条规定："牲畜损害他人的，由其所有人把该牲畜委付被害人处理，或赔偿所致的损失。"① 公元前 286 年制定的《阿奎利亚法》，其重要性仅次于《十二铜表法》。该法不仅是罗马法上成熟的法典，而且建立了侵权行为法的体系。该法第一章规定："凡不法杀害属于他人的男奴隶或他人的女奴隶或他人之四足牲畜者，须依被害物当年的最高价值向其所有主以金钱赔偿。"正如意大利著名学者桑德罗·斯奇巴尼所说："在所有关于私犯之债的论述中，《阿奎利亚法》确立的原则是对私法、对损害赔偿原则的重大突破。《阿奎利亚法》不仅规定了私犯行为的事实种类，而且基于这些事实引导出罗马法债法体系中独立于契约之债赔偿原则的另外一项一般性赔偿原则，即'过失要求对它所造成的损失进行赔偿'的原则。"②

罗马人迅速发现没有理由仅在私犯情形适用强制支付金钱赔偿，将金钱赔偿的方式扩展到了契约领域。最古老的契约之一是有高度争议的债务口约（nexum）。在债务口约中，"须规定关于债务人自我买卖的条款，这意味着为保障债的履行而对人实行可予解除的拘押"。③ 可见，债务口约的效力是极为严厉的人身执行。私犯领域以财产取代拘禁人身的做法影响了债务口约，在负债期间禁止给债务人或为他负债的人戴枷锁，换言之，债务口约（或对人的要式买卖）受到禁止，因此契约之债关系的刑罚特色消失了。罗马人摈弃了以债务人的人身作为契约责任承担方式的古老模式。契约之债被解释为单纯财产性的关系，它的标的是给付，以债务人的财产作为担保。罗马法上民事责任由人身、财产混合责任到单纯的财产责任的历史性转变宣告完成。④

---

① 周枏：《罗马法原论》，商务印书馆 1996 年版，第 938 页。

② ［意］桑德罗·斯奇巴尼编，米健译：《债·私犯·阿奎利亚法》，中国政法大学出版社 1992 年版，第 1 页。

③ ［意］朱塞佩·格罗索著，黄风译：《罗马法史》，中国政法大学出版社 2009 年版，第 87 页。

④ 丁玫：《罗马法契约责任》，中国政法大学出版社 1998 年版，第 88～89 页。

（二）民事责任概念的界定

虽然罗马社会生活存在民事责任的事实，但当时的民事责任未能抽象为独立的概念，而是被债的概念所包含。我国著名民法学者史尚宽先生曾经指出，在罗马法上"债务与责任合而成为债务之观念，责任常随债务而生，二者有不可分离之关系"①。关于债的概念的界定，东罗马帝国皇帝优士丁尼（Justinianuns，483—565）主持编纂的《民法大全》（*Corpus Juris civilis*）在不同的场合均有阐述。

《法学阶梯》（*Institutiones*）I. 3. 13pr. 明确给债下了定义："现在朕转向债。债为法锁，约束我们根据我们城邦的法偿付某物。"② 根据《学说汇纂》（*Digesta*）D. 44,7,3pr.，法学家保罗针对债与物权关系的区别提出："债的实质不是带给我们某物或某役权，而是要他人给予某物、做某事或履行某项义务。"③ 从上述两个定义来看，可知债具有双重含义：一方面债权人得据此请求他人为一定给付（债权），另一方面则是债务人应据此请求而为一定给付（债务）。其时债的本质在于依法使他人为一定给付的"法锁"（juris vinculum）。④ 上文已述，在早期的罗马法中，债权人完全可以根据这种"法锁"的效力而对债务人的人身具有"管束权"，在债务得不到清偿时，债务人将沦为债权人的奴隶或者处于受役状态。随着公元前326 年《博德尔法》（*Lex Poetelia*）解放了债务奴隶，并宣布废除该制度，以财产拍卖（bonorum venditio）的形式取代了早期人身执行。换言之，财产性罚金形式逐渐取代了人身上的管束，"法锁"方获得了财产性的意义。⑤ 债务所具有的这种法律强制拘束力，被后世学者视为具有近现代法上的责任之意。

---

① 史尚宽：《债法总论》，中国政法大学出版社 2000 年版，第 3 页。

② ［古罗马］优士丁尼著，徐国栋译：《法学阶梯》（第 2 版），中国政法大学出版社 2005 年版，第 343 页。

③ ［意］桑德罗·斯契巴尼选编，丁玫译：《契约之债与准契约之债》，中国政法大学出版社 1998 年版，第 3 页。

④ 江平、米健：《罗马法基础》（第 3 版），中国政法大学出版社 2004 年版，第 279~280 页。

⑤ ［意］朱塞佩·格罗索著，黄风译：《罗马法史》，中国政法大学出版社 2009 年版，第 87 页。

根据现有的文献，在德国法系，关于罗马法上的债的概念与责任概念相同，最早应为德国学者阿洛里斯·冯·布里茨（Aloris von Brinz）所倡。我国学者李宜琛持相似见解。他认为，如果以今天所谓债务与责任的观念，解释罗马法上债的意义，则或与责任更相近似。① 另外，在拉丁语中表示法律拘束的术语，主要有 nexum, teneri 和 vinculum 等。我国罗马法学者在翻译优士丁尼《民法大全》时，一般都将这些术语译为"责任"。例如，丁玫教授在翻译 D.18,1,45时，就将"teneri"译为"责任"。②

二、罗马法的二元民事责任结构

（一）盖尤斯的债的分类法

公元 2 世纪，罗马帝政前期著名法学家盖尤斯（Gaius，约 130—180）堪称后世优士丁尼大帝的《民法大全》债法体系化的奠基人。③ 为了教学之目的，盖尤斯对市民法上的债进行了体系化的整理。④ 关于债的分类，他提出了一种以债的发生原因为标准的划分方式。这种方式体现在其所著的《法学阶梯》之中。他在《法学阶梯》Gai. Ⅲ,88这样阐述："现在我们来谈谈债，它划分为两个最基本的种类：每个债或者产生于契约，或者产生于私犯。"⑤ 由此可知，以债的产生原因为根据，债主要分为契约之债和私犯之债。应当指出的是，罗马法上的契约与近现代意义的契约有所不同。要对罗马法上契约的概念进行界定是颇为艰巨的任务。根据盖尤斯在《法学阶梯》对契约之债的分类或许能对其时契约的内涵的了解有所助益。盖尤斯认为契约之债有四种：其一，产生于物（re），即通过物的移转的

---

① 参见李宜琛：《日耳曼法概说》，中国政法大学出版社 2003 年版，第 101 页。

② ［意］桑德罗·斯契巴尼选编，丁玫译：《契约之债与准契约之债》，中国政法大学出版社 1998 年版，第 30～31 页。

③ Reinhrad Zimmermann. *The Law of Obligations-Roman Foundations of the Civil Tradition.* Oxford：Oxford University Press，1996，p. 10.

④ 参见徐涤宇：《原因理论研究：关于合同（法律行为）效力正当性的一种说明模式》，中国政法大学出版社 2005 年版，第 52 页。

⑤ ［古罗马］盖尤斯著，黄风译：《法学阶梯》，中国政法大学出版社 1996 年版，第 226 页。

要物契约；其二，产生于言辞（verbis），即口头契约；其三，产生于文字（literis），即文书契约；其四，产生于合意（consensu），即合意契约。① 在《民法大全》中，根据《学说汇纂》D. 44, 7, 1pr. 的叙述，盖尤斯在《法学阶梯精选》第2编提出："债或是产生于契约，或是产生于不法行为，或是产生于法律规定的其他原因。"② 依此规定来看，盖尤斯又提出了新的债的"三分法"，即将债划分为契约之债、私犯（不法行为）之债和法律规定的其他原因之债。

（二）优士丁尼的债的分类法

在优士丁尼《学说汇纂》D. 44, 7, 52pr. 中，记载了莫德斯汀关于债的分类。根据《学说汇纂》，莫德斯汀在《论规则》第2编中提出："我们要么以要物方式、要么以口头方式、要么以要物和口头的混合方式、要么以合意方式，或基于法律、或基于荣誉法、或因必然、或因私犯承担债务责任。"③ 但是优士丁尼没有选择莫德斯汀的分类法，在其所著的《法学阶梯》中则是以盖尤斯最初提出的债的"两分法"为基础，对债做了进一步的细分，形成了著名的优士丁尼的债的"四分法"。

首先，优士丁尼在《法学阶梯》第三卷第13题中对债和契约之债进行了分类。I. 3. 13. 2 如此规定："接下来的划分是分成四种：事实上，债要么是出于契约的；要么是出于准契约的；要么是出于非行的；要么是出于准非行的。首先朕探讨出于契约之债。其中有四种类型。事实上，契约或通过物、或通过言辞、或通过文书、或通过合意订立。让朕一一地探讨它们。"④据此可知，优士丁尼认为债的发生根据为四大类：契约、准契约、私犯（非行）和准私犯（准非行）。相应地，债分为契约之债、准契

---

① W. F. Harvey. *A Brief Digest of the Roman Law of Contracts*. New Jersey：Fred B. Rothman & Company，1984，pp. 15 – 74.

② ［意］桑德罗·斯契巴尼选编，丁玫译：《契约之债与准契约之债》，中国政法大学出版社1998年版，第3页。

③ ［意］桑德罗·斯契巴尼选编，丁玫译：《契约之债与准契约之债》，中国政法大学出版社1998年版，第5页。

④ ［古罗马］优士丁尼著，徐国栋译：《法学阶梯》（第2版），中国政法大学出版社2005年版，第343页。

约之债、私犯之债和准私犯之债。其中契约之债产生的原因又有四种：物、言辞、文书和合意。

接着，优士丁尼在《法学阶梯》第三卷第 27 题中对准契约之债作出解释。I. 3. 27pr. 规定："在列举了契约的种类后，朕也探讨确实不被严格地认为产生于契约，但由于其存在不是产生于非行，被认为是产生于准契约的债。"①所谓准契约之债，是指既不是产生于契约，也不是产生于私犯的一种债。这类债有：无因管理之债（I. 3. 27.1）、监护人与被监护人之间的债（I. 3. 27.2）、共同所有主之间的债（I. 3. 27.3）、共同继承人之间的债（I. 3. 27.4）、继承人与受遗赠人之间的债（I. 3. 27.5）和做出错误偿付了债的人与受领错误偿付了债的人之间的债（I. 3. 27.5）。② 同时，准契约之债适用契约之债的有关规定。③

最后，优士丁尼在《法学阶梯》第四卷中从第 1 题到第 5 题对私犯之债和准私犯之债予以规定。关于私犯之债，他未做一般概括性界定，而是按产生的不同原因分别说明。I. 4. 1pr. 规定："在前一卷中已论述了契约之债和准契约之债，接下来朕要探讨非行之债。而前者如朕在关于它们的章节所讲授的，分为四种，但非行之债只有一种，事实上，所有的非行之债都产生于事件，换言之，产生于非行本身，例如产生于盗窃、抢劫、损害或侵辱。"④ 由此可知，私犯之债主要产生于盗窃、抢劫、非法损害和侵辱。虽然优士丁尼没有对私犯之债进行一般性概括，但他明确肯定了不法侵害的一般归责原则——过错原则。⑤ 早在《阿奎利亚法》就提出了

---

① ［古罗马］优士丁尼著，徐国栋译：《法学阶梯》（第 2 版），中国政法大学出版社 2005 年版，第 405 页。

② ［英］巴里·尼古拉斯著，黄风译：《罗马法概论》，法律出版社 2000 年版，第 238~244 页。

③ 周枏：《罗马法原论》，商务印书馆 1994 年版，第 768 页。

④ ［古罗马］优士丁尼著，徐国栋译：《法学阶梯》（第 2 版），中国政法大学出版社 2005 年版，第 419 页。

⑤ 王卫国：《过错责任原则：第三次勃兴》，中国法制出版社 2000 年版，第 31~41 页。

"injuria"（不法）概念，即不具正当防卫或法所容许的自助行为等违法阻却事由，并以此概念为基础建立了关于物的侵害较为一般的原则。① 这一原则在《法学阶梯》第四卷第4题"不法侵害"中得到了进一步的确立和完善，即对于不法侵害，有过错就要被惩罚。② 至于准私犯之债，也按其产生的不同原因分别说明。准私犯之债有：承审员误判之债（I. 4. 5pr.）、建筑物占有人悬挂物致害之债（I. 4. 5. 1）、建筑物占有人的投掷物或倒倾物致害之债（I. 4. 5. 2）和旅馆主人、马厩主人及船主因其雇员诈欺或盗窃之债（I. 4. 5. 3）。③ 由于准私犯之债与私犯之债性质相同，只不过前者其归责不问行为人是否有过错，以造成或者可能造成损害的事实为依据，后者的归责却以过错为原则，所以可视为对某些例外情况的特殊规定。④

从总体上来看，优士丁尼《民法大全》采用的债的分类法，依然是以盖尤斯债的"两分法"为母体，即以契约和私犯作为债的两大发生原因，其他债因可视为被这两大原始发生原因所吸收（准契约如同产生于契约，准私犯如同产生于私犯）。这种"契约—私犯"债的两分法，对后世民法理论和民事立法产生深刻的影响。德国学者彼得·克雷斯（Peter Krebs）明确提出："现代民事责任体系以契约责任与侵权责任为两大支柱，这种区分方式源自盖尤斯债的'契约—私犯'两分法（Dichotomie）。"⑤

---

① 王泽鉴：《侵权行为法》，北京大学出版社2009年版，第40页。

② ［意］桑德罗·斯奇巴尼著，费安玲、张礼宏译：《罗马法律制度中的契约外责任：过错和类型》，见杨振山、［意］桑德罗·斯奇巴尼主编：《罗马法·中国法与民法法典化》，中国政法大学出版社1997年版，第440页。

③ ［英］巴里·尼古拉斯著，黄风译：《罗马法概论》，法律出版社2000年版，第220~232页。

④ 黄风：《罗马私法导论》，中国政法大学出版社2003年版，第343~345页。

⑤ Peter Krebs. Sonderverbindung und auβerdeliktische Schutzpflichten. München：Beck Schriften des Instituts für Arbeits-und Wirtschaftsrecht der Universität Köln, 2000, S. 586.

第二节　近代社会民事责任和二元民事责任结构

一、近代民法的民事责任

（一）罗马法系的民事责任

大陆法系大体可分为罗马法系和德意志法系。① 在罗马法系，法语中首先出现了责任（Responsabiliteit）一词。但是，直到法国大革命时才出现了真正意义上的法律术语"责任"（Responsabilité）。1798 年，法国科学院词典正式收入了这一术语。依照该词典的解释，所谓"责任"有两种含义：其一，一种对自己行为所承担的法定义务；其二，为某物提供的担保。② 1804 年，《法国民法典》谨慎地在有关监护人（第 454 条第 2 款和第 2137 条）、受任人（第 1384 条第 5 款）、消费借贷中的出借人（第 1898条第 2 款）的规定中使用了"责任"（Responsabilité）这一术语。③ 虽然《法国民法典》已经出现了私法意义上的"责任"一词，但仍然沿袭了罗马法上债务与责任概念不予区分之观念。例如，《法国民法典》在第四编"非经约定而发生的债"中，第 1370 条第 4 款规定："由于债务人本人的行为而发生的债务是指，由准契约、侵权行为或准侵权行为而发生的债务。"而第 1383 条又规定："任何人不仅对因其行为造成的损害负赔偿责任，而且还因其懈怠或疏忽大意造成的损害负赔偿责任。"④ 显而易见，在

---

① ［德］K. 茨威格特、H. 克茨著，潘汉典、米健等译：《比较法总论》，法律出版社 2003 年版，第 204 页。

② 丁玫：《罗马法契约责任》，中国政法大学出版社 1998 年版，第 4~5 页。

③ Édition Originale ET Seule Officielle. Code civil des Francais. Pairs：De L'imprimerie la République，1804. 1 - 555.

④ 从第 1383 条原文来看，该条并未使用名词"责任"（Responsabilité），而是使用了形容词"responsable"。我国学者按中文用语习惯将之翻译成责任。参见罗结珍译：《法国民法典》，法律出版社 2005 年版，第 1073 页。

《法国民法典》的语境下，侵权行为产生的结果既是一种债务又是一种责任。

（二）德意志法系的民事责任

德国在普通法时代，完全继受罗马法思想，对债务与责任概念也未予以区分。例如，当时的大法学家费里德里希·卡尔·冯·萨维尼（Friedrich Carl von Savigny）在其著作中提出，所谓债（Obligation）就是对他人的强制（Herrschaft），但并非对正在履行给付之人的强制，而是对不履行给付之人的自由的限制。① 这一债的定义中，债具有强制拘束力之意，将债务与责任融为一体，有责任者即负债务，负债务者就有责任。最早以罗马法上的"obligatio"（债）为基础，探讨德语中相对应的概念，并谈及债务与责任区别观念者，首推德国学者阿洛里斯·冯·布里茨（Aloris von Brinz）。② 1874 年，他在《格林哈茨杂志》（*Grünhuts Zeitschrift*）上发表了一篇关于《债的概念》（*Begriff der obligatio*）的文章。该文根据古罗马时代的各种琐碎资料，对罗马法上的"obligatio"概念的界定提出了新的观点。③ 从 1879 年布里茨所著的《潘德克吞教科书》（第 2 版）来看，他主要从债权的效果出发，认为拉丁文 obligatio（债）是指完全赔偿，与德语中的 Haftung（责任）相当，并且责任产生之后才有所谓的债务（Schuld）。④ 在债法理论方面，布里茨是潘德克吞学派的代表人物，⑤ 但他有关债务与责任区分的见解并未获得学界充分的重视。

从 1896 年的《德国民法典》原文来看，相较于《法国民法典》有关责任的规定，该法典广泛地使用了"责任"（Haftung 或 Verantwortlichkeit）

---

① Friedrich Carl Von Savigny. Das Obligationrecht als Theil des heutigen römischen Rechts（Band 1）. Berlin：Deit und Comp，1851，S. 4.

② Wolfgang Wiegand Bern. Zur Entwicklung der Pfandrechtstheorien im 19. Jahrhundert. Zeitschrift für Neuere Rechtsgeschichte，1981，23（1）：12.

③ 参见李宜琛：《日耳曼法概说》，中国政法大学出版社 2003 年版，第 102 页。

④ Aloris Von Brinz. Lehrbuch der Pandekten（Band 2）. Erlangen：Verlag von Andrems Dciwert，1879，S. 1.

⑤ 参见戴东雄：《中世纪意大利法学与德国的继受罗马法》，中国政法大学出版社 2003 年版，第 321 页。

这一术语。例如，在第二编"债务关系法"中，① 规定了债务人的责任（第276条）、债务人对第三人而担负的责任（第278条）、在返还义务下的责任（第292条）、物的瑕疵的责任（第459条）、原买受人的责任（第498条）和权利瑕疵的责任（第523条）等诸多责任。② 但是，《德国民法典》尚未对"责任"一词进行界定，依然秉承了罗马法上债务与责任概念融合之观念。从其第二编第二十七节"侵权行为"的规定来看，不难看出侵权行为产生的结果，同样既是一种债务又是一种责任。

在概念上，对债务与责任进行明确区分，是德国研究日耳曼法学者的贡献。日耳曼法学者卡尔·冯·阿米哈（Karl von Amira）在1882年的《北部日耳曼债务法》（第1卷）和1895年的《北部日耳曼债务法》（第2卷）中，以丰富的历史材料，详细论证了在日耳曼法上债务（Schuld）和责任（Haftung）之间有明确的区分。这两部著作一出，引发了学界研究中世纪法上债务与责任理论之热情。1896年，学者普赫塔（Punchta）研究中世纪撒克逊法，获得与阿米哈相同的结论。其后，学者埃格尔（Egger）研究法国中世纪法，哈茨里提那（Hazelitine）研究英国质权法，证明了英法各国都有债务与责任的区别。③

二、近代大陆法系的二元民事责任结构

（一）《法国民法典》创设的二元民事责任结构

1804年的《法国民法典》是"优士丁尼法典以后的第一部完全的民

---

① 人们对《德国民法典》第二编的名称"Recht der Schuldverhältnisse"有不同的译法。根据陈卫佐先生的解释，在德国民法典的语境下，"债务关系法"、"债权法"或"债务法"是同义词。另外，从债权和债务两个方面来看，广义的债务关系可指债权债务关系，即汉语里所说的债，所以，"债务关系法"、"债权法"或"债务法"在汉语里也可以叫作"债法"。但没有必要说成"债的关系法"，因为"债"字本身就表示一种特定的权利和义务关系。参见陈卫佐译：《德国民法典》（第3版），法律出版社2010年版，第83页。

② 上述《德国民法典》中的法条是2002年《债法现代化法》施行之前的《德国民法典》中的条文。参见郑冲、贾红梅译：《德国民法典》，法律出版社1999年版，第49～202页。

③ 李宜琛：《日耳曼法概说》，中国政法大学出版社2003年版，第103页。

法典"。① 它堪称传承罗马法精髓的经典，不仅延续了罗马法债务与责任不作区分的立法方式，而且基本采纳了盖尤斯债的"两分法"。

该法典第三卷"取得财产的各种方式"第三编和第四编分别规定了债的发生原因，即"契约或约定之债"以及"非因约定而发生的债"，其中非因约定而发生的债包括准契约、侵权行为和准侵权行为。我国学者罗结珍认为，法国法上的"侵权行为"（delict）是指一般意义的故意侵权行为，而"准侵权行为"（quasi-delict）是指非故意的侵权行为。但张新宝教授主张，法国法上的侵权行为是指第 1382 条和第 1383 条规定的情况，准侵权行为则体现为第 1384 条下的特殊侵权行为。实际上，《法国民法典》中的"侵权行为"和"准侵权行为"分别源自罗马法中的"私犯"和"准私犯"的概念，但又与罗马法中的"私犯"和"准私犯"不同。法国学者罗伯特—约瑟夫·波蒂埃（Robert－Joseph Pothier）认为，侵权行为是指行为人以欺骗或故意的方法给他人造成损害和错误，准侵权行为是指行为人虽无故意但由于不能原谅的粗心大意给他人造成损害和错误。因此，《法国民法典》第 1382 条包括了对侵权行为和准侵权行为的规定。② 虽然法国民法典将债分为契约之债、准契约之债、侵权行为之债和准侵权行为之债，但总体上还是采纳了盖尤斯的"两分法"，即债主要分为契约之债（包括准契约之债）和侵权行为之债（包括准侵权之债）。③ 相应地，民事责任分别在不同的债的部分加以规定。第三编第三章"债的效果"中规定了因不履行债务而发生的损害赔偿（契约责任），其中第 1147 条确认了债务不履行责任的一般规则："债务人凡是不能证明其不履行债务系由于不能归咎于其本人的外来原因时，即使其本人方面并无任何恶意，如有必要，均因债务不履行或者迟延履行而被判支付损害赔偿。"第四编第二章"侵权行为与准侵权行为"中规定了因侵权行为而发生的民事责任，其中第 1382 条和第 1383 条规定了侵权责任的一般规则。

然而，法国民法典确立的二元民事责任结构绝不是对罗马法内容的简

---

① 杨幼炯：《比较民法学导论》，见郑玉波、刁玉华：《现代民法基本问题》，台湾汉林出版社 1981 年版，第 17 页。

② 参见李昊：《纯经济上损失赔偿制度研究》，北京大学出版社 2004 年版，第 61 页。

③ 易继明：《私法精神与制度选择——大陆法私法古典模式的历史含义》，中国政法大学出版社 2003 年版，第 150～151 页。

单复制。编纂者是用当时的法律知识去解读契约和侵权行为的概念，并根据时代的需要赋予它们新的内涵。

其一，《法国民法典》第 1101 条将契约定义为："一种合意，依此合意，一人或数人对于其他一人或数人负担给付、作为或不作为的债务。"由此可知，法国法上契约概念，除合意是其首要构成要素之外，还要求以债的关系发生作为其效果意思。① 这一定义主要受法国大法学家罗伯特—约瑟夫·波蒂埃理论的影响。② 1761 年，波蒂埃在其著作《论债法或契约法》中，以德国学者萨穆埃尔·普芬多夫（Samuel Pufendorf）和 17 世纪自然法学的理论为基础，③认为契约是"双方或多方当事人同意达成约定或撤销或修改已达成约定之协议"，④即契约来自于双方当事人相互的合意。《法国民法典》不仅肯定契约的首要构成要素为"合意"，而且还保护这样的"合意"。其第 1134 条规定："依法成立的契约，在缔结契约的当事人之间有相当于法律的效力。前项契约，仅得依当事人的相互同意或法律规定的原因取消之。前项契约，应以善意履行之。"注释学者将该条文解释为"契约自由原则"，一夜之间该原则成为 19 世纪契约法的基本原则。⑤

其二，《法国民法典》关于侵权行为仅设 5 条规定（第 1382 条到 1386 条）。这种立法方式，也是深受 17 世纪自然法学的影响，认为侵权行为法可以基于一项自然法理念——"不得损害他人"（neminem laedere）演绎而来。⑥因此，法国立法者超越罗马法传统的列举各种私犯类型的立法方式，而采用一般条款来规范任何致人损害的行为。另外，法国民法典明确肯定了侵权行为的一般归责原则为过错责任原则。早在 1652 年，荷兰法学

---

① 参见徐涤宇：《合同概念的历史变迁及其解释》，载《法学研究》2004 年第 2 期。

② 参见［美］艾伦·沃森著，李静冰、姚新华译：《民法法系的演变及形成》，中国政法大学出版社 1997 年版，第 172 页。

③ Janes Gordley. Myths of the French Civil Code. *The American Journal of Comparative Law*, 1994, 42: 469 – 479.

④ Robert Joseph Pothier. *A Treatise on the Law of Obligations*, or *Contracts*. New Jersey: The Lawbook Exchange, LTD, 2005, p. 3.

⑤ 傅静坤：《二十世纪契约法》，法律出版社 1998 年版，第 3 页。

⑥ 黄海峰：《违法性、过错与侵权责任的成立》，见梁慧星：《民商法论丛》（第 17 卷），金桥文化出版有限公司 2000 年版，第 40 页。

家格罗齐乌斯（Grotius）就已指出，所谓不法行为，无论是作为或不作为，意味着违反人类当为的过错，且不问当为者是源自于一般利益或特殊本质。如果因为此种过错，而造成损害，则依照法的本质，即成立责任，易言之，损害应被填补。①1689 年法国法学家让·多马（Jean Domat）在其《自然秩序中的民法》中主张，如果损害是作为一个无害行为的结果产生，那么鉴于行为人没有过错，他就不应当对这一结果承担责任。在此基础上，过错不仅是产生责任的充分条件，而且也是构成责任的必要条件。到了 18 世纪，著名法学家罗伯特—约瑟夫·波蒂埃对此做了进一步肯定和发挥，行为人主观上具有过错才能承担民事责任的思想在法学界得到普遍的承认。②因此，《法国民法典》第 1382 条规定："人的任何行为致他人受到损害时，因其过错致行为发生之人，应对该他人负赔偿之责任。"其第 1383 条规定："任何人不仅对因其行为所引起的损害，而且对因其过失或懈怠所造成的损害，负赔偿的责任。"由此可知，在过错责任原则下，侵权责任的构成要件有三：损害、过错和因果关系。③ 值得注意的是，《法国民法典》对第 1382 条出现的"faute"没有作出明确的界定，因此争议非常大。法国民法学界一般认为，"faute"一词是指过失，同时也包括故意在内，因此可将其翻译成"过错"。同时，由于在现代法国民法学者看来，"faute"一词包含了"违法性"与"可非难性"，王泽鉴教授将"faute"翻译为"过咎"。④

　　概括来说，法国民法典深受当时自然法思潮之影响，将契约建立在"合意主义"之上，将"不得损害他人"理念概括为一般条款，奉"过错责任原则"为契约责任和侵权责任的一般归责原则，责任的承担方式主要为损害赔偿。随着法国民法典在世界范围内的广泛传播，法国式的二元民事责任结构对各国的民事立法和实践产生了深远影响。

（二）《德国民法典》创设的二元民事责任结构

　　1896 年的《德国民法典》是师从罗马法的又一典范，不但创设了

---

①　邱琦：《纯粹经济上损失之研究》，台湾大学博士学位论文，2001 年，第 152 页。

②　王卫国：《过错责任原则：第三次勃兴》，中国法制出版社 2000 年版，第 66 页。

③　邱聪智：《民法研究（一）》，中国人民大学出版社 2002 年版，第 135 页。

④　程啸：《侵权法中"违法性"概念的产生原因》，载《法律科学》2004 年第 4 期。

"潘德克吞式"的民法典模式，而且将抽象化法典编纂技术发挥得淋漓尽致。①相较于法国民法典有关债的规定，德国民法典完成了债法的概念化和体系化。该法典专设债法编（第二编"债务关系法"第 241 条至第 853 条），并且按债的发生原因，将债区分为"因契约而产生的债的关系"（第二编第二章）、无因管理之债（第二编第七章第十一节）、不当得利之债（第二编第七章第二十四节）和侵权行为之债（第二编第七章第二十四节）。总体而言，债的分类仍未脱离盖尤斯的"两分法"，将契约和侵权行为作为债的两大发生原因。②与法国民法典一样，德国民法典将民事责任分散在不同债的部分加以规定。但是，因受潘德克吞法学理论的影响，加之国民对法官造法的不信任，德国民法典确立了有别于法国式的"契约—侵权"民事责任体系。

首先，《德国民法典》建立了以"给付不能"（Unmäglichkeit）概念为中心的契约责任。③这种立法方式主要受潘德克吞学派的影响。该学派在研究罗马法时，放弃了将过错与债务不履行行为相结合的模式，改采以给付不能作为承担契约责任的前提，并以这一术语涵盖一切债务不履行形态。④1794 年的《普鲁士普通联邦法》就采纳了这一学术成果，以给付不能为核心进行规定。1853 年德国学者弗里德里希·蒙森（Friedrich Mommsen）在其著作《给付不能》中，对给付不能问题进行了更为深入细致的研究。他首次将给付不能区分为：自始不能与嗣后不能、客观不能与主观不能、永久不能与一时不能以及完全不能与部分不能。蒙森的给付不能学说得到《德国民法典》第一草案起草委员会委员长伯恩哈德·温德沙依德（Bernhard Windscheid）的支持，最终《德国民法典》的制定者们接受了该学说，

---

① 参见［德］卡尔·拉伦茨著，王晓晔、邵建东译：《德国民法通论》（上册），法律出版社 2003 年版，第 21 ~ 38 页。

② Reinhrad Zimmermann. *The Law of Obligations-Roman Foundations of the Civil Tradition.* Oxford：Oxford University Press，1996，pp. 18 – 22.

③ 1896 年的德国民法典中并无契约责任（Vertraghaftung）的概念。一般认为，给付障碍（Leistungsstörungen）法包含了有关契约责任的规定。Markesinis & Lorenz & Danemann. *The German Law of Obligations*（Volume I）*The Law of Contracts and Restitution：A Comparative Introduction.* Oxford：Clarendon Press，1997，pp. 398 – 401.

④ 丁玫：《大陆法系合同责任领域的"共同法"——罗马法》，载《比较法研究》1996 年第 3 期。

并转化为法律规定。①在以给付不能为核心的契约责任体系中，②当契约有效成立后，因可归责于债务人的事由而构成给付不能（第 275 条）或给付迟延（第 284 条、第 285 条）时，先是允许请求给付（第 281 条），后才允许损害赔偿（第 280 条、第 286 条）或解除契约（第 346 条至第 356 条）。契约责任的主观构成要件统一为过错主义（第 276 条）。③在《德国民法典》颁布之前，主观过错理论曾一度占据主导地位，著名的法学家萨维尼（Savigny）、哈塞（Hasse）等均采此观点。但是，进入 19 世纪中后期遇到的诸多困境使得理论上开始逐渐放弃主观过失理论而改采客观过失理论。著名的学者温德沙依德等通过吸收借鉴罗马法中的善良家父理论而提出了客观过失理论。他们认为，应当以一种客观的抽象的注意义务作为判断过失是否存在的要素。这种观点在《德国民法典》制定中产生极大影响。《德国民法典》第 276 条第 2 款规定："疏于尽到社会生活上的必要注意的，即属于有过失。"

其次，《德国民法典》侵权行为法不采法国民法典概括式规定，而分别于第 823 条第 1 款、第 2 款和第 826 条就被害法益的种类及侵权行为的样态加以规定。这种立法方式与当时德国国民普遍对司法不信任有关。《德国民法典》第一草案深受法国民法典之影响，认为不可能列举侵权行为的所有形态，对侵权行为法采取概括立法方式。但第二次起草会议的委员们认为，概括侵权行为条款，将使得法官在认定事实、适用法律时，享有极大的自由裁量权，此种方式会引起国民的疑虑。因此，《德国民法典》最终放弃了对侵权行为法采概括式规定。④另外，19 世纪后半叶，德国议

---

①　Volker Emmerich. Das Recht der Leistungsstörungen. München：C. H. Beck，2005，S. 3.

②　参见齐晓琨：《德国新、旧债法比较研究——观念的转变和立法技术的提升》，法律出版社 2006 年版，第 16 页。

③　程啸、张发靖：《现代侵权行为法中过错责任原则的发展》，载《当代法学》2006 年第 1 期。

④　Horst Heinrich Jakobs Und Werner Schubert. Die Beratung des Bürgerlichen Gesetzbuchs in systematischer Zusammenstellung der unveröffentlichen Quellen. Berlin：Walter de Gruyter，2000，S. 27 – 64.

会开始制定大量的特别法，引入了危险责任（Gefährdungshaftung）。①虽然立法者认为制定一部原则上有利于个人行为自由的侵权行为法相当重要，在侵权责任归责原则上依然坚持过错责任原则为主导，体现为三个小的一般条款，即第823条第1款规定的侵害绝对权的行为、第2款规定违反保护他人的法律的行为和第826条规定的故意违背公序良俗的行为，②但《德国民法典》第833条第1句规定了动物占有人危险责任，并大量运用"过错推定"的方式（第831条、第832条、第833条第2句、第834条、第836条至第838条）统摄许多与危险活动有关而成为特殊侵权行为的规定。③因此，德国民法典中的侵权责任采二元制归责原则，可分为一般侵权责任和特殊侵权责任。同时，受意志自由哲学和大法学家鲁道夫·冯·耶林（Rudolf von Jhering）"客观违法"理论的影响，德国民法典明显区分违法性和过错的概念，将一般侵权责任的构成要件规定为过错、不法、损害和因果关系。

总而言之，潘德克吞学派对《德国民法典》的编纂影响甚剧，同时立法者根据当时德国的国情，创设了德国式的二元民事责任结构。然而，正如拉德布鲁赫（Radbruch）所言，《德国民法典》"与其说是20世纪的序曲，毋宁说是19世纪的尾声"④。较之法国式的二元民事责任结构，德国式在不同形式设计的背后，两者蕴含了同样的实质精神，均奉契约自由原则和过错责任原则为基本原则。值得一提的是，大陆法系两个典型国家分别以法典化的方式确立了各自的民事责任体系，英美法系则在契约之诉与侵权之诉彼此分离的基础上，也逐渐形成了二元民事责任结构。

---

① "Gefährdungshaftung"一词，由德国学者M. 鲁梅林（M. Rümelin）所创。参见邱聪智：《从侵权行为归责原理之变动论危险责任之构成》，中国人民大学出版社2006年版，第128～214页。

② 参见［德］马克西米利安·福克斯著，齐晓坤译：《侵权行为法》，法律出版社2006年版，第1～4页。

③ 参见李昊：《交易安全义务制度研究》，清华大学博士学位论文，2005年，第21～22页。

④ ［德］K. 茨威格特、H. 克茨著，潘汉典、米健等译：《比较法总论》，法律出版社2003年版，第225页。

三、近代英美法系的二元民事责任结构

（一）侵害令状的演变

美国学者格兰特·吉尔莫说："在 19 世纪晚期契约一般理论迅速形成之前，侵权行为一直是引起民事责任的主要因素。此时，契约与侵权之责呈融合状态。"①因此，要追溯英美法民事责任和二元民事责任结构，不得不从"诉讼形式"（forms of action）开始。

"令状制度"（the writ system）是英美法中非常独特的诉讼方式与制度。令状制度，就是控制司法管辖权的制度。而"令状"则是一种加盖君主名衔的文书指令，指示法院之执达员（sheriff）命令被告出庭，并就原告起诉的内容提出答辩。②自 12 世纪初亨利一世（Henry Ⅰ）在位，直到 1852 年英国颁布《普通法程序法令》（*Common Law Procedure Act*）废除该制度，令状主宰了整个英国法律，并逐步产生了我们今天所看到的普通法制度。早期英国法中的契约诉讼原来有清偿债务（debt）之诉和违反契约（covenant）之诉。前者出现于 12 世纪，是最早发布的具有契约特征的令状，其为一方请求他方清偿一定金额债务的一种诉讼形式；后者出现于 12 世纪末，最初该诉讼是用来保护处于劣势的承租人（lessees）或租地人，有时也可引致土地之返还，一般而言，是对支付金钱之诉讼。但这两种诉讼形式都无法克服自身的种种弊端，最终无法发展成为契约之诉的一般模式。而现代英美契约法和侵权行为法，均来自侵害令状（writ of trespass）的演变。③

侵害令状最早出现于 13 世纪中叶，原本是处罚未及重罪的罪行所进行的诉讼，本质上属于"准刑事"性质。凡是对原告身体、物品或不动产作直接体质（direct physical）上之侵害者，原告均得提起侵害赔偿之诉。例

---

① ［美］格兰特·吉尔莫著，曹士兵、姚建宗、吴巍译：《契约的死亡》，见梁慧星：《民商法论丛》（第 3 卷），法律出版社 1995 年版，第 280 页。

② 参见［英］S. F. C. 密尔松著，李显冬等译：《普通法的历史基础》，中国大百科全书出版社 1999 年版，第 24～27 页。

③ D. J. Ibbetson. *A Historical Introduction to the Law of Obligations*. Oxford：Oxford University Press，1999，pp. 24－38.

如，被告夺走原告持有物品时，可提起侵害物品之诉讼，其所获得的救济，为损害赔偿而非返还原物。14 世纪爱德华三世（Edward Ⅲ）在位期间，通过侵害令状的扩张而发展出了著名的"循案（援例）侵害赔偿令状"（writs of trespass on the case）。①依照 1275 年《威斯敏特斯特法二》（Statute of Westminste Ⅱ）对大法官的授权，允许其在类似的案件里创设新的令状，依这种新令状提起的诉讼，称为"循案诉讼"（actions on the case）。循案侵害赔偿之诉的灵活性在于，允许原告依类似侵害的理由提出诉讼方式来扩张侵害令状的适用和保护范围，从而产生新的与原来的侵害令状所不同的令状。②违诺损害赔偿之诉（assumpsit）由此而诞生。

违诺损害赔偿之诉最早的判例是"1348 年的洪伯摆渡案"（Case of the Humber Ferryman in 1348）。③该案事实是：被告允诺原告将其一匹母马安全运过河，但因被告渡船超载致船翻覆，原告的母马也因之淹死。法院以被告渡船超载，即为侵害行为（trespass in overloading the boat）为由，判决被告应赔偿原告所受之损害。该案虽然尚未将"违反允诺"作为判决之理由，但已为日后违诺损害赔偿之诉的发展奠定了基础。直到 1602 年，具有里程碑意义的"斯莱德案"（Slade's case），④统一的契约诉讼模式的雏形才告真正完成。此案的事实为：原告应被告的特定要求，将一定数量的尚未收获的粮食卖给被告，同时被告允诺在特定日期付给原告 16 英镑。但是，被告蓄意欺诈原告而未履行付款义务，导致原告因此损失了 40 英镑。法院最终判决，允诺给付可以被推定构成违诺赔偿之诉，被告应对原告损害承担赔偿之责。"斯莱德案"标志着从侵权行为的救济方式中发展出来的新的契约诉讼之顶峰，为现代契约法之滥觞也。⑤

侵害令状和循案侵害赔偿令状的另一部分则发展成为侵权行为法的范

---

① 参见潘维大、刘文琦：《英美法导读》，法律出版社 2002 年版，第 19～20 页。

② 刘承韪：《英美法对价原则研究：解读英美合同法王国中的"理论与规则之王"》，法律出版社 2006 年版，第 64 页。

③ De B. v. De. F. (1348) 22 Lib ASS, fo. 94 pl. 41. 转引自杨桢：《英美契约论》，北京大学出版社 1998 年版，第 366 页。

④ Slade's Case (1602) 4 co Rep 92. D. J. Ibbetson. *A Historical Introduction to the Law of Obligations*. Oxford：Oxford University Press, 1999, p. 138.

⑤ 参见［英］S. F. C. 密尔松著，李显冬等译：《普通法的历史基础》，中国大百科全书出版社 1999 年版，第 336 页。

畴。前者以直接暴力的侵害为特征，主要适用于不动产侵害（trespass to the land）、动产侵害（trespass to chattels）和人的侵害（trespass to persons）。①之后，这三种侵害令状逐渐发展为故意侵权行为类型。而循案侵害赔偿令状则不以直接侵害为要件，过失侵权行为（negligence）的萌芽始于此令状。18 世纪末，由于道路交通事故之增加，诉讼案件日益增多。对于此类诉讼，法院运用"循案侵害赔偿令状"提出，如果原告能够证明被告之过失，侵害原告人身或所有权，则被告应负损害赔偿责任。但直到 19 世纪前半叶，"过失"方成为一种独立的侵权行为类型。1842 年，英国财产法院（Exchequer Chamber）判决了温特波特诉赖特（Winterbottom v. Wright）一案。此案的基本事实是：因马车出租人即被告疏于维修保养，致原告（马车承租人之受雇人）于驾车时，因马车瑕疵而受伤。由于原告与被告之间并无契约关系，原告不得向被告主张契约责任；又因为已往之判例于认定被告对原告之侵权注意义务时，从未曾以被告对第三人之契约义务为依据，因此法院认为被告也不得主张侵权责任。法院如此叙述："当事人之间并无契约关系；若原告可以起诉，则每一个行人，或者甚至任何一个经过该马路之人，因马车翻覆而受伤时，均可提起损害赔偿之诉。除非我们将行使契约权利，限于当事人之间，否则最荒谬的结果将不断发生。"②虽然法官对注意义务（duty of care）的判断是以当事人间是否存在契约关系为基础，③但此判例的里程碑式的意义在于法院明确提出了以注意义务为过失侵权行为的构成要件。之后，过失侵权行为摆脱令状制度的束缚，成为侵权行为法最重要的一种侵权行为类型。

（二）合同责任

英国著名学者 P. S. 阿狄亚说过："虽然很多英国合同法的根源可以

---

①　何勤华：《外国民商法导论》，复旦大学出版社 2000 年版，第 59 页。

②　Winterbottom v. Wright（1842）. 10 M. & W. 109, 152. Richard A. Epstein. *Cases and Materials on Torts*. Beijing：Citic Publishing House, 2003, pp. 719 – 720.

③　英美过失侵权行为法上的注意义务的源头可追溯到违诺损害赔偿令状（Assumpsit）。而该令状是现代契约法之鼻祖。因此部分英国学者直接称"注意义务起源于契约"。参见廖焕国：《侵权法上注意义务比较研究》，武汉大学博士学位论文，2005 年，第 10 页。

追溯到中世纪，但现代法律的基本原则大部分在 18 和 19 世纪才得到发展和阐释。这种基本原则，或许更多的是法院对合同问题的普遍处理方法，可以确切地说被认为是合同法的传统或古典理论。"①前文已述，英美古典契约法（classical contract law）始于诉讼形式，在此制度漫长的发展过程中，形成了对价（consideration）和契约相对性（privity of contract）两个核心原则。由于对价和契约相对性原则紧密结合的结果，决定了英美古典契约法具有一个特殊的契约责任，并严格限制了契约责任的适用范围。

对价原则的存在决定了违约归责原则方面采取严格责任原则。②对价主要是从违诺损害赔偿之诉（assumpsit）的程序基础上发展而来的，最初用以表达违诺损害赔偿之诉的构成要件。③在以允诺（promise）为中心的古典契约理论形成之后，普遍认为契约是法律给予执行的一个允诺或一组允诺，对价则是决定允诺是否具有法律约束力的核心要素。④换言之，对价原则要求，允诺必须获得某程度相对给付，始具有法律约束力。传统上英国法学家经常将对价描述为对允诺人的某种利益或受诺人的某种损害。与利益、损害的词语相关的是这样一种观念：对价必须具有某种经济价值。⑤由于对价旨在当事人间的利益对等，其本质是一种典型的客观原则，所以它从来就不关心行为人的主观意思状态的界定。只要受诺人为允诺人的允诺提供了相应的对价，不管允诺人违反允诺时是否主观上有过错，都要承担相应的契约责任。这就是对价原则基础上的严格责任的归责原则。⑥

契约相对性原则的存在则严格限制了契约责任的适用范围。契约相对性原则也是源于违诺损害赔偿之诉，但当时契约的效力常常可及于受益第

---

①　[英] P. S. 阿狄亚著，赵旭东、何帅领、邓晓霞译：《合同法导论》，法律出版社 2002 年版，第 7 页。

②　刘承韪：《英美法对价原则研究：解读英美合同法王国中的"理论与规则之王"》，法律出版社 2006 年版，第 269 页。

③　D. J. Ibbetson. *A Historical Introduction to the Law of Obligations*. Oxford：Oxford University Press，1999，p. 138.

④　[英] A. G. 盖斯特著，张文镇等译：《英国合同法和案例》，中国大百科全书出版社 1998 年版，第 15 页。

⑤　[英] 约翰·史密斯著，张昕译：《合同法》，法律出版社 2004 年版，第 65 页。

⑥　刘承韪：《英美法对价原则研究：解读英美合同法王国中的"理论与规则之王"》，法律出版社 2006 年版，第 269 页。

三人。①直到 1861 年，标志性判例特威德尔诉阿特金森（Tweddle v. Atkinson）才初步确立了现代意义上契约相对性原则。该案的事实是：原告与某女结婚，他们各自的父亲订立一契约，相互允诺将给予原告一笔钱，并规定原告有权为这笔钱提起诉讼。缔约双方去世之后，原告起诉其岳父的遗产执行人（被告），请求支付该价款。法院认为，原告不仅是非契约当事人，而且也不能提出对价，因此允诺乃是无偿允诺，驳回了原告之诉。②但该案判断契约效力的范围实际上仍是对价原则，尚未明确表述"只有契约的缔约人才享有诉权的"这个契约相对性原则。1915 年，邓洛普充气轮胎有限公司诉塞尔里奇有限公司（Dunlop Pneumatic Tyre Co. Ltd. v. Selfridge）一案正式地确认了该原则。霍尔丹大法官在判决意见说："在英国法中，有些原则是基础性的。其中之一就是只有契约当事人才能就该契约提起诉讼。"③这就意味着，除契约当事人外谁也不能根据契约获得权利，或受它的约束。契约责任主观范围仅适用于契约当事人，客观范围仅限于契约履行阶段。

（三）侵权责任

与英美古典契约法相同，英美侵权行为法带有先前诉讼形式的印记。当时，以各种侵害令状确定了具体侵权行为，这是些因各类诉讼程序而异的分散规则，很难从中抽象出一项适用于各种案件的有关侵权责任的发生或后果的一般原则。④因此，在英美侵权行为法中，没有关于侵权行为一般条款的规定，有的只是各种各样特定侵权行为的规定。换言之，英美侵权行为法就是判例积累的经验，这些经验经过分析、归纳，对所有的侵权行为划分了不同的侵权行为类型，按照这些不同类型侵权行为，分别规定诉

---

① 杨丽：《论英美法合同相对性原则》，见梁慧星：《民商法论丛》（第 12 卷），法律出版社 1999 年版，第 368 页。

② Tweddle v. Atkinson（1861）1 B. & S. 393. ［英］A. G. 盖斯特著，张文镇等译：《英国合同法和案例》，中国大百科全书出版社 1998 年版，第 90 页。

③ ［英］A. G. 盖斯特著，张文镇等译：《英国合同法和案例》，中国大百科全书出版社 1998 年版，第 376 页。

④ ［法］勒内·达维著，潘华仿、高鸿均、贺卫方译：《英国法与法国法：一种实质性的比较》，清华大学出版社 2002 年版，第 179 页。

讼中的对策和方法。①这种以类型化为基本特点的侵权行为法决定了侵权责任的多元化。法国学者勒内·达维曾经评价："在英国，侵权行为法是除违约外其他所有可以获得损害赔偿的情况的大杂烩。"②在英国侵权行为法中主要有七种基本类型的有名侵权行为，包括非法侵入、恶意告发、欺诈、加害性欺骗和冒充、其他经济侵权、私人侵扰、公共侵扰、对名誉和各种人格权的保护，以及一种无名侵权行为，即过失侵权行为。③

美国侵权行为法是直接继受英国侵权行为法而发展起来的，但这种继受却是革命性的继受。1848 年，纽约州率先废除了令状制度，开始了美国侵权行为法的独立发展时期，在其发展过程中，除了保留了传统的侵权行为类型外，还创设了许多新的侵权行为制度。④例如，侵害的虚伪不实、侵害隐私权、产品责任等等。根据侵权行为的类型，美国侵权行为法学者文森特·R. 约翰逊将侵权责任概括为三种：故意侵权（intentionally inflicted injuries）责任、未尽注意义务（failure to exercise care）责任和严格责任（strict liability）。⑤虽然英美侵权行为法中侵权行为类型多样，但传统侵权责任的保护范围是有限制的，即仅保护他人的人格利益和有形财产利益的损失。至于与人身和有形财产损害无关的纯粹经济损失，传统上被认为是契约法保护的范围，而不属于侵权行为法保护之范畴。⑥

综上所述，英美契约法和侵权行为法均源于侵害令状制度，英美法二元民事责任结构是建立在契约法与侵权行为法彼此分离独立的基础之上。由于英美古典契约法以对价原则和相对性原则为其核心原则，契约责任奉

---

① 杨立新主编：《类型侵权行为法研究》，人民法院出版社 2006 年版，第 13 页。

② ［法］勒内·达维著，潘华仿、高鸿均、贺卫方译：《英国法与法国法：一种实质性的比较》，清华大学出版社 2002 年版，第 180 页。

③ ［德］克雷斯蒂安·冯·巴尔著，张新宝译：《欧洲比较侵权行为法》（上卷），法律出版社 2004 年版，第 337 ~ 355 页。

④ G. Edward White. *Tort Law in America: An Intellectual History*. Oxford: Oxford University Press, 1985, pp. 4 – 20.

⑤ ［美］文森特·R. 约翰逊著，赵秀文等译：《美国侵权法》，中国人民大学出版社 2004 年版，第 4 ~ 10 页。

⑥ ［意］毛罗·布萨尼、［美］弗农·瓦伦丁·帕尔默主编，张小义、钟洪明译：《欧洲责任体系——表象及内部构造》，见《欧洲法中的纯粹经济损失》，法律出版社 2005 年版，第 103 页。

严格责任为一般归责原则，并严格限制其主客观的适用范围。英美侵权行为法则以类型化为基本特点，基于各种具体侵权行为产生的侵权责任相对多样。但传统上侵权责任只保护当事人的固有利益，而不保护期待利益以及纯粹经济损失。

第三节　我国民法对民事责任和二元民事责任结构的继受

一、我国民法对民事责任概念的继受

我国民法诸多概念（包括民事责任概念）是清末以日本为中介，从欧洲大陆法系引进而来。受德国法的影响，我国近代民法认为民事责任有狭义的民事责任和广义的民事责任。狭义的民事责任仅指侵权责任；广义的民事责任则包括了侵权责任和债务不履行责任。在个人主义和合同自由原则下，社会上的各种活动都以合同关系为枢纽，绝大多数债务均基于合同而产生，因此债务不履行责任也可称为合同不履行责任或合同责任。①

关于民事责任概念的界定，在我国民法学论著中，产生过重要影响的民事责任释义主要是担保说。该说主要受日耳曼法"责任是债务担保"观念之影响。在德国民法（包括债法）教科书中，一般认为民事责任（Haftung）是债务履行的担保。②我国民法学者多持相同看法。例如，诸葛鲁先生认为："责任云者，言对于债务履行之担保也。"③林诚二先生亦认为："责任者，乃义务不履行之一种担保。言于债者，即债务不履行之担保，债务人之一般财产系债务不履行对债权之总的担保。"④他还根据责任的演进指出："早期以人（人格、身体）作为担保，是为人责。发展后以物

---

① 刘春堂：《缔约上过失之研究》，台湾大学博士学位论文，1983 年，第 15 页。
② 参见［德］迪特尔·施瓦布著，郑冲译：《民法导论》，法律出版社 2006 年版，第 168～169 页。
③ 诸葛鲁：《债务与责任》，见郑玉波：《民法债编论文选辑》（上），台湾五南图书出版公司 1984 年版，第 20 页。
④ 林诚二：《民法理论与问题研究》，中国政法大学出版社 2000 年版，第 219 页。

（财产）作为担保，是为物责。从而产生债法上一项基本原则即债务人之所有财产，是为所有债权人之总担保。而所谓物责，即以债务人之财产，担保债权之实现。"①

制裁说为民法学者李宜琛先生所倡，他认为："责任盖处于违反义务而受制裁之地位。"②郑玉波先生则将"制裁说"和"担保说"相结合，认为有第一种意义的民事责任和第二种意义的民事责任。第一种意义的民事责任，是指某人对于他人之权利或利益，不法地加以侵害，而应受民事上的制裁。这种民事责任，又有广义与狭义之分。广义的民事责任，除侵权行为责任外，还包括债务不履行责任在内。狭义的民事责任，仅指侵权行为责任。第二种意义的民事责任，是指债务人就其债务，应以其财产为之担保。两种意义的民事责任的区别在于，第一种意义的民事责任为债务（损害赔偿）成立的原因；而第二种意义的民事责任为债务成立的后果。③王伯琦先生倡导"法律后果说"，他认为："义务之履行即为权利之实现，义务之不履行即生责任。故责任者，又为不履行义务时在法律上所处之状态也。"④这一定义中虽不含有后果二字，但"所处之状态"却蕴含"后果"的意思。

二、我国民法对二元民事责任结构的继受

就民事责任立法体例来看，我国近代社会先后产生的 1911 年《大清民律草案》、1925 年《民初民律草案》和 1931 年《中华民国民法》，基本沿袭德国、瑞士和日本的民法典的模式，将民事责任分别在不同性质的债的部分加以规定。尤其是，至今仍在我国台湾地区实施的《中华民国民法》，其所确立的民事责任体系几乎是德国式民事责任体系的翻版。

在二元民事责任结构中，侵权责任与契约责任，有其不同的规范功能，立法者根据两者不同的构成要件，赋予不同的法律效果（《中华民国

---

① 林诚二：《民法债编总则——体系化解说》，中国人民大学出版社 2003 年版，第 14～15 页。

② 李宜琛：《民法总则》，正中书局 1943 年版，第 53 页。

③ 郑玉波：《民事责任之分析》，见《民法债编论文选辑》（上），台湾五南图书出版公司 1984 年版，第 60～62 页。

④ 王伯琦：《民法总则》，台湾编译馆 1979 年版，第 30 页。

民法》第 184 条至第 198 条、第 220 条至第 241 条）。如果发生民事损害赔偿的事实，就分别用不同的构成要件进行判断。一个事实可能只是单纯构成侵权责任，如打伤他人；一个事实有可能仅构成契约责任，如借用人不返还借用物；一个事实还有可能构成侵权责任和契约责任的竞合，如出卖人因其过失，以患有传染病之牛交付给买受人，导致买受人原有的牛群因患传染病而死亡，除构成契约责任外，还构成侵权责任。①

　　立法者泾渭分明地将侵权责任和契约责任作一分为二的处理。就责任的成立而言，侵权责任是解决以未存有任何契约关系或其他此类关系的一般市民间的损害赔偿问题，因侵权行为所产生的侵权损害赔偿请求权，与侵权行为的成立同时发生，自始以损害赔偿为目的；契约责任则解决以因合同关系而互相结合的特定市民间的损害赔偿问题，责任的成立则现有其他目的之债，因债的不履行而转化成损害赔偿请求权，仅在代替契约履行请求权。②在保护的客体范围方面，侵权责任保护的客体包括权利及权利以外的法益，就权利而言，以绝对权的保护为中心，至于权利以外的法益保护，如纯粹经济损失，必须由故意违背善良风俗的加害行为所致或违反保护他人之法律所致；契约责任则保护合同的履行利益，此项履行利益包括了权利及纯粹财产损害，换言之，因故意、过失违反合同义务导致相对人遭受损害，无论所侵害的是权利或利益，被害人均可以请求损害赔偿，契约责任保护的客体范围比侵权责任广。关于归责原则和举证责任，侵权责任和契约责任原则上均采过错原则，以故意过失作为主观归责事由。侵权行为的受害人应证明行为人的故意或过失；而合同责任则受害方只需证明存在给付义务和损害，加害方如果主张非因自己的故意或过失造成损害，那么必须证明自己有不可归责的事由存在。③

---

　　①　詹文馨：《契约法上之附随义务——以德国法契约责任扩大为中心》，台湾大学硕士学位论文，1990 年，第 33 ~ 34 页。
　　②　刘春堂：《缔约上过失之研究》，台湾大学博士学位论文，1983 年，第 20 页。
　　③　詹文馨：《契约法上之附随义务——以德国法契约责任扩大为中心》，台湾大学硕士学位论文，1990 年，第 36 ~ 39 页。

三、我国民法继受二元民事责任结构的正当化基础

传统社会民事责任和二元民事责任结构的形成具有深厚的历史基础。在大陆法系典型国家，民事责任是罗马法上债务概念的演变结果，二元民事责任结构则是继受盖尤斯关于债的两分法的直接产物。而在英美法系国家，民事责任和二元民事责任结构则是基于契约诉讼和侵权诉讼的分离形成的。那么，我国民法继受传统社会二元民事责任结构的理论基础是什么呢？罗马法时期，盖尤斯为什么将债分为契约之债和私犯之债，原因不明。有学者推测，亚里士多德曾提出"自愿之债与不自愿之债"的划分方式，盖尤斯可能是受此说之影响。[①]后世学者已不再局限在债的分类范畴，而多从民事权利、民事义务和法律目的的角度，来讨论契约责任和侵权责任二元区分的理论基础。

民法的所有制度都是以权利为轴心建立起来的。[②]从根本上看，民事责任是民事权利的一种法律救济手段，也是以满足权利人的利益要求为其价值目标。[③]因此，不少学者选取从民事权利的角度，讨论民事责任的划分问题。根据传统民法关于民事权利的分类，民事权利可分为相对权和绝对权。相对权指对于特定人请求其为一定行为的权利，如债权。绝对权指对于一般人请求不作为的权利，如人格权和物权等。因此，民事责任可按其保护权利的不同，分为契约责任和侵权责任。契约责任是以相对权为保护对象，侵权责任则是以绝对权为保护对象。[④]

义务说是英美法系大多数学者采用的学说。早在 1931 年，珀西·H.温费尔德（Percy H. Winfield）就指出，侵权责任主要源于违反法律规定

---

① Reinhrad Zimmermann. *The Law of Obligations-Roman Foundations of the Civil Tradition.* Oxford：Oxford University Press，1996，pp. 10 – 11.

② 丁海俊：《私权救济论——以民事责任制度为中心》，西南政法大学博士学位论文，2005 年，第 67 页。

③ 柳经纬：《民法总论》，厦门大学出版社 2000 年版，第 16 页。

④ 王利明：《违约责任和侵权责任的区分标准》，载《法学杂志》2002 年第 5 期，第 48 页。

的义务，契约责任则产生于违反当事人自己加以确定的义务。①温费尔德此种学说受到普遍的认可，不仅诸多学者将之视为契约责任与侵权责任区别的经典论述，而且英美判例法也采纳这一经典论述。在马克费尔松和凯里诉凯文·J. 普鲁蒂（Macpherson & Kelley v. Kevin J. Prunty & Associates）一案中，②默菲（Murphy）法官认为："侵权或者违法行为是违反了对其他人所承担的义务，此种义务是由法律加以规定，而不是由当事人自己所确定的。"③

关于契约责任和侵权责任区分的基础，有的英美法系学者摒弃传统的义务说，采取一种新的分析方法。这种方法注重法律的功能和目的。尽管各个学者采取的方法并不相同，但主要都是从保护利益的角度出发。他们认为，契约责任是法律为保护一个单独的、有限的利益而强加的，这种责任已经包含在他人做出履行允诺之中。而侵权责任是在法律认为补偿必要时，直接对个人（而非公众）的一切利益（而非仅仅一种利益）所受的损害提供补偿。我国有学者认可此种学说。④张民安教授就采纳了这种分析方法。他认为，在民法中，人们论及法律所保护的利益时，往往指三种利益，即返还利益、信赖利益和期待利益。契约责任和侵权责任区分的基础在于，契约责任主要保护期待利益（履行利益），侵权责任侧重保护现存利益。⑤

上述三种主要学说，分别以不同判断标准说明了契约责任和侵权责任之不同。其中，权利说和法律目的说都是从保护对象的不同，来划分契约责任和侵权责任。这是契约责任和侵权责任产生后，两者在结果上所呈现的不同。如果将这两种学说作为划分契约责任和侵权责任的理论基础，那

---

① Charles L. B. Lowndes. The Province of the Law of Tort. *Verginia Law Review*, 1932, 18（6）：700.

② ［1983］1 VR 573, 587（FC）.

③ R. P. Balkin J. L. R. Davis. *Law of Torts*. Butterworths, 1991, p. 4. 转引自张民安：《过错侵权责任制度研究》，中国政法大学出版社2002年版，第163页。

④ William L. Prosser. *Handbook of the Law of Torts*. St. Paul：West Publishing Co., 1971, pp. 5－6. 转引自王卫国：《过错责任原则：第三次勃兴》，中国法制出版社2000年版，第213～214页。

⑤ 张民安：《过错侵权责任制度研究》，中国政法大学出版社2002年版，第174～184页。

么在逻辑上这两种学说存在倒果为因之错误。从根源上来看，义务的不同决定责任的不同。故而，笔者赞同将"义务说"作为二元民事责任结构的理论基础。根据义务说，契约责任与侵权责任之所以不同，根本在于前者违反的是当事人约定的义务，而后者违反的是法定的义务。

约定义务，又称自我设定义务，是基于当事人意思表示而产生的义务。自19世纪以来，无论是在大陆法系还是在英美法系，私法自治始终是支撑现代民法的基础，它的经济意义可上溯到亚当·斯密的国富论，伦理内涵则又源于康德理性哲学中的自由意志。[①]所谓私法自治，依德国学者W. 弗卢梅（W. Flume）的著名定义，指的是："个人得依自己意志形成法律关系的原则。"[②]依此原则，民事主体得依自己的意志在特定当事人之间创设具有法律效力的权利义务关系。因此，私法自治原则不仅是解释当事人意志能够产生义务的根本依据，而且是解释约定义务具有法律约束力的根本依据。

既然约定义务是源于当事人的自由意志，那么其具有如下特征：一是该义务基于双方当事人平等协商所达成，义务的相对方是确定的。二是该义务具有任意性，双方当事人在协商一致的基础上可以更改。但是，如果义务的内容违反法律的禁止性规定，那么法律就不承认其效力。三是该义务内容是为对方的利益而为一定给付。尽管当事人约定义务的具体内容千差万别，但根本上都是约定相互之间为对方的利益而为一定给付。给付主要是积极作为，当然也可以是不作为。[③]四是该义务是为了实现个人利益而设定的。换言之，约定义务的目的是当事人为了实现个人利益而向对方承诺作为或不作为，即是为了实现自己的利益而为自己选择的法律负担。[④]

法定义务，又称外部施加的义务，是基于法律的直接规定而产生的义务。它不仅与当事人的自由意志毫无关系，而且是对自由意志的约束。因

---

① 李军：《法律行为理论研究》，山东大学博士学位论文，2005年，第66~79页。

② Claus-Wilhelm Canaris. Grundgedanken und Entwicklung des deutschen Vertragsrechts，载《台大法学论义》1999年第3期。

③ 参见［德］迪特尔·梅迪库斯著，杜景林、卢谌译：《德国债法总论》，法律出版社2004年版，第4~5页。

④ 李玉林：《民事义务论——以法定义务的变化、扩张及确立为中心》，北京大学博士学位论文，2005年，第32页。

此，相较于约定义务，法定义务具有如下不同的特征：一是该义务源于法律的规定，义务的主体是不特定的；二是义务具有确定性，当事人不得协商更改；三是该义务的内容是由法律确定的作为或不作为；四是该义务是为民法价值的和谐而设定的。法定义务的主要功能体现在，维护正常的私法秩序以及实现民法基本理念。①具体而言，侵权行为法所确认的义务主要可以分为如下几类：第一类，任何人不得侵害他人财产和人身的义务，即所谓"不得损害他人"的义务。这种义务是针对所有人而设定的普遍性义务。第二类，侵权行为法上规定的具体的作为或不作为的强行性义务。第三类，侵权行为法之外的其他法律、法规所规定的作为或不作为的强行性义务。②

概括来说，约定义务和法定义务各自产生的原因不同，导致两者在义务的承担主体、义务的内容以及义务的目的各方面存在不同。一言以蔽之，约定义务和法定义务是两种截然不同的民事义务。因此，当事人之间约定的义务（主要是积极的作为义务）和法定的义务（主要是消极的不得损害他人义务）的不同，就成为契约责任和侵权责任的根本区别所在，也成为二元民事责任结构正当化的基础。

第四节　传统社会民事责任和二元民事责任结构的漏洞

一、缔约上过失理论的提出

1861年，德国学者耶林在其主编的《耶林法学年报》第4卷中发表了著名论文《缔约上过失、契约无效或未臻完成时之损害赔偿》。③关于缔约

---

① 李玉林：《民事义务论——以法定义务的变化、扩张及确立为中心》，北京大学博士学位论文，2005年，第33页。

② 参见王利明：《违约责任和侵权责任的区分标准》，载《法学杂志》2002年第5期。

③ Rudolf von Jering. Culpa in contrahendo oder Schdensersatz bei nichtigen oder nicht zur Perfection gelangten Verträgen. Jahrbücher für die Dogmatik des heutigen römischen und deutschen Rechts, 1861, 4: 1.

上过失（Culpa in contrahendo），在耶林之前，就已有学者触及该问题。但这些学者多仅简单表示肯定或否定的见解。采肯定见解的学者，认为契约无效虽排除履行的诉权，但不能排除基于过失的损害赔偿诉权；采否定见解的学者，多认为既然契约未成立，就无法适用契约过失原则而克予责任，此外该情形也不符合契约外之阿奎利亚法诉讼之要件。耶林的论文首次对缔约上过失问题进行较完整的论述，研究了错误、无权代理或出卖不存在之物等具缔约外观的损害赔偿问题，为以后学说的发展奠定重要基础。①汉斯·德勒（Hans Dölle）教授誉之为"法学上的发现"。

在耶林所处的普通法时代，关于契约的成立，盛行萨维尼倡导的意思理论（Willenstheorie）。依意思理论，当事人的意思具有决定性的意义，若当事人所为之表示与其意思不符，契约即属无效。②耶林以该理论为出发点，在文中列举了诸如要约或承诺传达失实、相对人或标的物错误等情形，契约均可能归于无效。他认为，在这些契约无效的情形，如果无过失的相对人须负担因此所支出的费用，则无疑使其成为他方过失之牺牲品。从利益衡量的观点来看，这种结果显然不公平。因此，他说："于此情形，谁不觉得需要有一损害赔偿的诉权呢？"③然而，由于契约无效，当事人无法直接依契约提起损害赔偿之诉。依当时的法制，唯有恶意诉讼（actio doli）和阿奎利亚法诉讼可供选择。但是，恶意诉讼须以加害人主观上具有恶意为要件，阿奎利亚法诉讼就侵害类型设有限制（限于对人或物的实体损害），故而二者均难以成为此种损害赔偿诉权之基础。因此，耶林尝试在罗马法上为缔约上过失损害赔偿诉权寻求依据。

耶林援引的罗马法源，是关于不融通物（res extra commercium）和标

---

① Rudolf von Jering. Culpa in contrahendo oder Schdensersatz bei nichtigen oder nicht zur Perfection gelangten Verträgen. Jahrbücher für die Dogmatik des heutigen römischen und deutschen Rechts, 1861, 4: 2 – 3.

② Kindereit. Wer fühlt nicht, daβes hier einer Schadensersatzklage bedarf-Rudolf von Jhering und die "culpa in contrahendo". Thomas Hoeren（Hersg.）Zivilrechtliche Entdecker. München: C. H. Beck, 2001. 122.

③ Rudolf von Jering. Culpa in contrahendo oder Schdensersatz bei nichtigen oder nicht zur Perfection gelangten Verträgen. Jahrbücher für die Dogmatik des heutigen römischen und deutschen Rechts, 1861, 4: 2 – 5.

的物不存在继承权的财产的买卖无效等规定。经由对罗马法源的分析，①耶林提出缔约上过失的基本理论：凡从事缔结契约之人，即由契约交易外之纯粹消极义务领域，进入契约范畴积极领域。同时，缔约者由单纯的作为过失（culpa in faciendo），进入不作为过失（culpa in non faciendo）之积极注意领域。缔约当事人所承担最基本的义务是在缔约之际应为必要之注意。②那么，这种注意义务在体系上又应如何定位呢？耶林认为，契约上之勤谨注意命令，不仅适用于已经形成的契约关系，而且适用于正在形成中的契约关系，当事人违反勤谨注意命令，不论是发生于上述何种情形，均得发生契约上的损害赔偿诉权。所谓缔约上的过失，无非是特别指向之契约上过失（contractliche culpa in einer besonderen Richtung）。因而可得出如下结论：其一，契约关系理论，于契约缔结上亦应有其适用；其二，契约关系存续中应负责之归责程度，与契约形成之际应负责之归责程度相同；其三，关于应就过失负责之人，仅限于缔约当事人，不及于参与缔结契约之第三人。③此外，因缔约上过失而生之损害赔偿诉权，与一般契约上损害赔偿诉权相同，均得继承让与，并适用相同的消灭时效。④

　　耶林提出缔约上过失理论，旨在克服当时盛行的意思理论之不足。由于受到概念法学的影响，耶林认为任何法律效果的发生都应以实定法为依据，从而援引罗马法源作为缔约过失理论的基础。此种论证方式，不仅使其理论受到罗马法的局限，而且其有关罗马法源的解释遭到学者质疑。蒙森（Mommsen）认为耶林对罗马法源的解释，并非依法源的客观内容，而是依其主观意愿进行解释。他将耶林的理论称为"无契约之契约义务"。⑤

---

①　王洪亮：《缔约上过失制度》，中国政法大学博士学位论文，2001年，第4页。

②　Rudolf von Jering. Culpa in contrahendo oder Schdensersatz bei nichtigen oder nicht zur Perfection gelangten Verträgen. Jahrbücher für die Dogmatik des heutigen römischen und deutschen Rechts, 1861, 4: 40－43.

③　Rudolf von Jering. Culpa in contrahendo oder Schdensersatz bei nichtigen oder nicht zur Perfection gelangten Verträgen. Jahrbücher für die Dogmatik des heutigen römischen und deutschen Rechts, 1861, 4: 52－53.

④　Rudolf von Jering. Culpa in contrahendo oder Schdensersatz bei nichtigen oder nicht zur Perfection gelangten Verträgen. Jahrbücher für die Dogmatik des heutigen römischen und deutschen Rechts, 1861, 4: 55－56.

⑤　参见刘春堂：《缔约上过失之研究》，台湾大学博士学位论文，1983年，第4页。

但是，耶林阐释了一个极为重要的观念，倘若当事人因其社会接触，自置于一个具体的生活关系中，法律应使此种生活关系成为法律关系，使当事人互负义务。耶林关于"缔约上过失"的发现，为如何合理规律社会生活开拓了一条途径。这正是他对法学的伟大贡献。随着缔约上过失理论的广泛传播，不仅仅在德国，在其他国家也开始关注契约准备期间的损害赔偿问题，并对缔约前阶段当事人予以较强的保护。①

二、积极侵害契约理论的提出

1902 年，德国律师史韬布在第二十六届德国法律人学会提交一篇论文，题目为"论积极侵害契约及其法律效果"，指出了《德国民法典》有关给付障碍的规定有漏洞。这立刻引发了法典捍卫者的批判。1904 年，史韬布在前文的基础上加以修订，又发表了一篇名为"积极侵害契约"的论文，进一步论证自己的见解，建立了更为严谨的理论体系。②

在《论积极侵害契约及其法律效果》一文中，史韬布整理其在律师执业过程实际接触的十四个特殊案例：①买受人违反不得将购置之灯具转售至法国之约定；②出卖人交付含有易爆成分之照明设备，未告知应注意事项；③代理商对于其支付能力，提出不正确的报告；④受雇人从事雇佣人竞争事业工作；⑤商店店员以低于成本之价格售出商品；⑥雇佣人为受雇人出具内容有误的证明书；⑦出卖人交付虫蚀苹果致买受人其他苹果损害；⑧合伙人制作错误的资产负债表，致其他合伙人为错误的投资判断；⑨买卖标的物欠缺通常预定之品质；⑩酒店啤酒的长期供应商，连续一个月供应品质不佳的啤酒；⑪供应煤炭予游泳池的煤炭商，连续三星期供应品质欠佳的煤炭，致其无法营业；⑫拥有燃烧器专利的 A 公司与拥有特殊汽缸之营业秘密的 B 公司互相供应对方商品，并约定制造成品不得销售国外，其中一方违反该约定；⑬出卖人违反两年内不得将同类商品销售他人之约定；⑭瓦斯公司与市政府签约取得专卖权后，其供应瓦斯长期有瑕

① 王泽鉴：《法学上之发现》，见《民法学说与判例研究》（第 4 册），中国政法大学出版社 2005 年版，第 9～10 页。

② Uwe Diederiichssen, Wolfgang Sellert. Das BGB im Wandel der Epochen. Göttingen: Vandenhoeck und Ruprecht, 2002. 52－53.

疵。①认为民法典所规定的给付障碍类型，即给付不能及给付迟延，不能处理其所接触的特殊案例。因此，给付障碍类型，应建立给付不能、给付迟延以外之第三种类型。史韬布将第三种类型称为积极侵害契约（Positive Vertragsverletzung）类型，从而建立积极侵害契约理论。②

史韬布的积极侵害契约理论核心在于：第一，积极侵害契约与给付不能、给付迟延的区别，在于以积极作为或消极不作为的方式侵害契约，给付不能与给付迟延，是债务人应有所为而不为；而积极侵害契约是债务人应有所不为但仍然为之。③第二，以积极作为及消极不作为的侵害方式为出发点，则给付不能只是给付障碍的特例，给付迟延和积极侵害契约才是主要的侵害类型，即给付迟延是以消极不作为的方式侵害契约的典型形态，积极侵害契约是以积极作为方式侵害契约的典型形态。④第三，积极侵害契约不得适用侵权行为法之规定，主要理由在于侵权行为之成立，原则上须以权利（尤其是绝对权利）受侵害为前提要件，但单纯义务之违反，并不构成侵权行为。此外，雇主得证明其于选任受雇人及监督其执行职务已尽必要之注意而免责。⑤第四，积极侵害契约的法律效果应类推适用给付迟延的规定。因为债务人因积极作为致危害目的，应视与消极行为致危害契约目的相同，而给付不能只是给付障碍类型的特例，所以仅得类推适用给付迟延。⑥

史韬布提出的积极侵害契约理论，旨在填补民法典给付障碍法之漏洞。他的理论一出，学界就此展开空前热烈的讨论。赞同史韬布者有之，否认民法典有漏洞者亦有之。给付障碍法究竟有无漏洞，关键在于"给

---

① 王泽鉴：《不完全给付之基本理论》，见《民法学说与判例研究》（第3册），中国政法大学出版社2005年版，第59~60页。

② 孙森炎：《民法债编总论》（下册），法律出版社2006年版，第473页。

③ 王泽鉴：《不完全给付之基本理论》，见《民法学说与判例研究》（第3册），中国政法大学出版社2005年版，第61页。

④ 林惠贞：《附随义务与民事责任之发展》，台湾大学博士学位论文，2005年，第17页。

⑤ Josef Esser, Eike Schmidt. Schuldrecht（Band I Allgemeiner Teil）. Heidelberg·Karlsruhe：C. F. Müller Juristischer Verlag, 1976. 103.

⑥ Jodef Esser, Eike Schmidt. Schuldrecht（Band I Allgemeiner Teil）. Heidelberg·Karlsruhe：C. F. Müller Juristischer Verlag, 1976. 104 - 111.

付"概念的解释，其概念是否可以解决史韬布所举出的诸多案例。主张民法典无漏洞说者认为，给付应包括一切履行过程中作为及不作为的总体，并非仅指给付标的物而言，而是获致一定效果之行为，债务人依债法之规定负有促成一定效果的给付义务，而史韬布所提出的案例，仅属于基于给付义务而发生，为保障给付义务得依债之目的实现给付效果或给付利益之"注意义务"。①

虽然史韬布的初衷主要是提醒法律人注意到民法典规定的漏洞，但是他的理论更多的是让法律人意识到在实际生活中给付障碍形态的多样性。他所列举的诸多案例表明，在契约履行过程中，因一方相对人的违约行为，不仅导致契约目的无法实现，甚至可能造成相对人固有的人身和财产损害。德国民法典明文规定的给付不能及给付迟延，实不足以圆满包括所有违反约定义务的情事。诚如汉斯·德勒教授所言，史韬布的发现并不仅是提醒法律人注意到民法典规定的漏洞而已，更重要的是他开拓了一种方向，即"旧的范畴显然不足适应，给付障碍的态样繁多，以简单历史传统上的框架予以规律，势所难能，因此必须建立一个分割债权的上位的概念，以不同的前提条件及制裁处理各色各样的给付障碍"②。因此，汉斯·德勒教授将史韬布的积极侵害契约理论也誉为"法学上之发现"。

在传统社会，大陆法系典型国家的民事法律尚未意识到整个契约发展过程中都存在保护契约参与者的合法权益问题，民事责任和二元民事责任结构存在漏洞。缔约上过失和积极侵害契约这两个重要的"法学上之发现"，实际上恰是法学家意识到整个契约发展过程中都存在当事人合法权益的保护问题。缔约上过失理论提出了缔约阶段无过失相对人的信赖利益保护问题，积极侵害契约则发现了契约履行阶段不仅有相对人履行利益的保护问题，还有相对人固有利益的保护问题。进入现代社会后，各国均通过判例和学说，创设新的制度来弥补传统社会民事责任和二元民事责任结构对受害人完整权益保护之不足。

---

① 林惠贞：《附随义务与民事责任之发展》，台湾大学博士学位论文，2005年，第19~21页。

② 王泽鉴：《法学上之发现》，见《民法学说与判例研究》（第4册），中国政法大学出版社2005年版，第15页。

第三章

现代社会第三类型民事责任之兴起

第一节　现代社会德国法的第三类型民事责任

一、德国合同法上的第三类型民事责任

（一）缔约上过失责任

1. 缔约上过失责任的概况

耶林早于 1861 年就提出缔约上过失理论，但是 1896 年的《德国民法典》并没有承认基于缔约上过失的一般性契约责任。进入现代社会以来，德国学说与实务判决主要透过诚实信用原则，将缔约上过失发展成为一个新的庞大的责任制度，远远超出耶林原先限于具有缔约外观的理论原型。2002 年德国债法改革将缔约上过失这一制度予以一般化。立法者肯定先契约阶段当事人负有保护义务，违反此种义务者应当承担相应的责任。但是，立法者只是概括地规定，而确定这种义务具体内容和性质的任务，立法者有意将其交给判例和学说，并预留了其继续发展的空间。①因此，下文先讨论德国缔约上过失责任的判例，再分析新成文法的相关规定。

2. 缔约上过失责任的判例

百年来关于缔约上过失判例的案例事实具有多样性，故而学说上多以类型化加以分别讨论。从义务角度来看，德国学者有不同的看法。约阿希姆·格兰胡伯（Joachim Gernhuber）教授主要细分为安全义务、磋商交涉忠实义务和说明义务。福尔克尔·埃梅里希（Volker Emmerich）教授则细分为交易安全义务和说明义务。本书主要采纳埃梅里希教授的见解，分为安全义务（Sicherungspflichten）和忠实义务（Loyalitätspflichten）。②

---

① 齐晓琨：《德国新、旧债法比较研究——观念的转变和立法技术的提升》，法律出版社 2006 年版，第 50~51 页。

② Volker Emmerich. Das Recht der Leistungsstörungsstörungen. München：C. H. Beck，2005. 83 – 132.

（1）安全义务的判例。

1911 年，在帝国最高法院审理的著名的亚麻仁油布地毯案中，德国实务上第一次依据缔约上过失制度克以当事人责任。该案的原告在被告商店购买数种商品之后，随即转至亚麻仁油部，拟选购亚麻仁油布地毯。原告对在该部服务的店员 W 表明此意，并就 W 所提供之样本进行选择。W 在取出原告所指示的种类时，将其他两轴地毯推放置一旁时，两轴地毯不慎掉落，击中原告及站立其旁之幼儿，致两人摔倒在地受伤。于是，原告对被告请求损害赔偿。[①] 在判决中，法院认为，原告进入被告商店请求展示商品，其与被告已形成一种准备买卖的法律关系（ein den Kauf vorbereitendes Rechtsverhältnis），基于该法律关系，被告对原告的健康以及财产具有注意义务，被告对其雇佣职员过失的行为，应依《德国民法典》第 278 条规定承担责任。[②]自亚麻仁油布地毯案起，缔约上过失的适用范围，即从耶林提出的缔结契约无效的财产损害赔偿拓展到缔约阶段的人身损害赔偿领域。

第二次世界大战之后，德国联邦最高普通法院不仅延续了帝国最高法院的做法，而且在 1961 年经典的"香蕉皮案"判决中将这种安全义务的存在时间点，提前至当事人以可能的顾客身份进入交易场所。此案中，原告于被告百货公司开始营业后二十分钟进入百货公司，在其前往纺织品柜台时，因踩到掉在通道上的香蕉皮而滑倒受伤。原告以百货公司有缔约上过失为由，提起损害赔偿之诉。联邦最高法院认为，基于缔约上过失所发生的损害赔偿请求权，不仅与事故发生时是否已缔结买卖契约无关，而且也非以当事人已开始就契约之缔结进行磋商或请求展示货品为要件。顾客进入交易场所之际，当事人间即发生先契约之保护关系。交易场所管理人应就属于其组织领域内可能导致损害发生的事项，尽交易上的必要注意义务加以排除或防范，且须就此负举证责任。[③]1976 年，联邦最高普通法院又审理了"蔬菜叶案"。该案事实是：原告随同母亲到被告的分支机构

---

① RGZ 78，239.

② Claus-Wilhelm Canaris. Die Vertrauenshaftung im Lichte der Rechtsprechung des Bundesgerichtshofs. Claus-Wilheim Cmnaris. 50 Jahre Bundesgerichtshof. Festgabe aus der Wissenschaft. München: C. H. Beck, 2000. 176.

③ BGH 1961，9，26.

（一小超市）购物。当原告母亲在收银台结账，原告绕过包装柜台帮助其母亲打包时，踩到地面上的蔬菜叶滑倒受伤。原告向被告提起损害赔偿之诉。在判决中，法院将缔约上过失与附保护第三人作用契约相结合，使安全义务的保护对象及于顾客对其福祸（Wohl und Wehe）负有责任，并且随同顾客进场之第三人（此案中即为顾客之未成年女儿）。①

除前述关于人身损害情形外，德国法院还认为缔约上过失同样适用于当事人固有财产损害情形。如在缔结修理汽车契约之前，原告将需要修补之车交给被告修理厂，结果因被告过失造成该车被盗，则原告得提起缔约上过失损害赔偿请求权。又如契约磋商阶段，原告因信赖被告向其提供了商业秘密，被告因过失将此秘密资讯透露给第三人，导致原告遭受经济损失，原告可依缔约上过失请求被告负赔偿责任。②

对于司法实务承认此种先契约阶段的安全义务，并将违反该义务作为缔约上过失的一种重要类型。德国学说上持反对意见者认为，此举主要是为了弥补德国侵权行为法之不足，尤其是如受雇人举证免责之规定。《德国民法典》第831条规定："（1）为某事务而使用他人的人，就该他人在执行事务中不法给第三人的损害，负赔偿义务。使用人在挑选被用人时，并且，以使用人须置办机械或器具或须指挥事务的执行为限，使用人在置办或指挥时尽了交易上必要的注意，或即使尽此注意损害也会发生的，不负赔偿义务。（2）以合同为使用人承担第1款第2句所称事务的处理的人，负同样的责任。"③赞成者则提出，当事人自为缔结契约而接触磋商时起，即将自己的利益置于相对人可能影响的范围内，此时在当事人之间即产生一种特别结合关系，要求当事人彼此对他方的法益给予较高的注意及照顾，从而使当事人负有较一般侵权行为更强的先契约阶段的安全义务，

---

① BGHZ 66, 51. B. S. Markesinis & W. Lorenz & G. Dannemann. *The German Law of Obligations*（Volume Ⅰ）*The Law of Contracts and Restitution*：*A Comparative Introduction*. Oxford：Oxford University Press，1997，pp. 140 – 144.

② Volker Emmerich. Das Recht der Leistungsstörungsstörungen. München：C. H. Beck，2005，S. 85.

③ Ernst von，Caemmerer. Wandlungen des Deliktsrechts. FS 100 Jahr DJT Band Ⅱ. Karlsruhe：C. F. Müller Verlag，1960，S. 49 – 136.

是为实现诚实信用原则的重要结果。①尽管学说上始终存在分歧，但德国侵权行为法无法给受害人提供与契约法相当的保护是不争的事实，未来的判例将继续选择以先契约阶段的安全义务作为处理相关问题的基础。

（2）忠实义务的判例。

在契约磋商阶段，为了保护他方当事人所意图的与契约相关的利益免受损害，双方当事人均负有对相对人缔约意思决定具有重大意义的事项正确说明以及不无故终止契约协商的忠实义务。最早肯定这种忠实义务的判例，应为 1912 年著名的"营业权让与案"。该案原告将包括 Luisinlicht 在内的制造贩卖的营业权让与被告。被告与原告缔结营业权让与契约时，诉外特许权人就此项营业权已侵害其特许权对原告提出警告，但被告不知有此事，受让该营业权之后，因此项特许权的存在，致使被告无法进行 Luisinlicht 营业。原告基于营业权让与契约请求被告给付营业权让与价金，被告则对原告请求损害赔偿，并基此作出抵消的抗辩。②在此案判决中，帝国最高法院认为，让与营业权的当事人，未向受让人说明危害让与营业经济效果的重大情事，导致受让人购并营业权之后却无法正常经营，让与人应赔偿受让人由此产生的财产损失。③这是司法实务第一次援引缔约上过失处理当事人的固有财产损害赔偿问题之判决。

在 1922 年的"晶体酒石酸案"中，原告就其供销之货物，于 1920 年 3 月向被告寄发一份价目表，内含一无拘束力的要约，其中一项为晶体酒石酸，价格为 68.5 马克。3 月 20 日被告以电报通知原告："请求 100 公斤的无铅粒状酒石酸报最高价。"原告于 3 月 22 日以电报答复："无铅粒状酒石酸每公斤 128 马克，本地交货净价。"对此，被告又去电："100 公斤无铅粒状酒石酸已经备妥，书面确认书邮寄中。"当书面确认书寄达时，双方才发现均将对方视为买方。由于被告拒绝受领已运送之酒石酸及付款，原告遂将该货物公开变卖，并请求被告赔偿原约定价金与其变卖所得

---

① Marina, Frost. "Vorvertragliche" und "Vertragliche" Schutzpflichten. Berlin: Duncker & Humblot, 1981, S. 136.

② RG JW 1912.

③ Peter Krebs. Sonderverbindung und außerdeliktische Schutzpflichten. München: Beck Schriften des Instituts für Arbeits-und Wirtschaftsrecht der Universität Köln, 2000. 12.

价金的差额。①在判决中，关于缔约阶段双方当事人就契约内容隐藏不合意（Dissens）类型，帝国最高法院确立了一般原则，即一方当事人因过失而未将妨碍交易生效之事告知他方当事人，应就相对人的信赖利益损害负赔偿责任。②

1931 年，帝国最高法院首度承认关于无正当理由中断契约磋商者，应依缔约上过失赔偿支出费用的可能性，认为缔约当事人还负有不无故终止契约协商的义务，开始以缔约上过失解决中断磋商财产损害赔偿问题。③其中较有影响的判例，是帝国最高法院于 1934 年 1 月 19 日判决的"新闻纸债权担保案"。该案事实是：原告向某有限公司提供新闻纸，该公司尚未支付价款。被告是该有限公司的唯一股东。原告基于该公司未受偿之债权，向被告请求清偿并提供担保。被告于 1931 年 4 月 21 日向原告允诺提供足够担保，该提供担保之允诺及于原告未来对其提供新闻纸所生之债权。原告自被告允诺提供担保后，提供被告价值 47 000 帝国马克新闻纸。原告起诉请求被告履行提供担保之允诺。帝国最高法院拒绝原告之请求，认为该允诺不确定，只承认原告得依缔约上过失向被告请求损害赔偿。在判决中法官认为，当事人于磋商之际，因过失引起他方对于契约缔结在客观上无理由之期望，并可预见他方为缔结契约将支出一定费用，若契约未缔结导致已支出费用成为无用（nutzlos）费用，即成立缔约上过失责任。④由此可见，早在帝国最高法院时期，判例就已提出缔约当事人不仅负有对相对人缔约意思决定具有重大意义的事项正确说明的忠诚义务，而且负有不无故终止协商契约的忠诚义务。

1945 年以后，德国联邦最高普通法院赞同帝国最高法院的做法，也肯定了先契约阶段存在此种忠实义务。根据忠实义务所针对之不同情况，可

---

① RGZ 104，265.

② Claus-Wilhelm Canaris. Die Vertrauenshaftung im Lichte der Rechtsprechung des Bundesgerichtshofs. 50 Jahre Bundesgerichtshof. Festgabe aus der Wissenschaft. München：C. H. Beck，2000. 178.

③ RGZ 132，26. Peter Krebs. Sonderverbindung und außerdeliktische Schutzpflichten. München：Beck Schriften des Instituts für Arbeits-und Wirtschaftsrecht der Universität Köln，2000. 13.

④ RGZ 143，219. Wlofgang Küpper. Das Scheitern von Vertragsverhandlungen als Fallgruppe der culpa in contrahendo. Berlin：Dunckerd & Hamblot，1988. 57.

分成下列三种类型：

第一，违反忠实义务，导致契约无效或不成立。德国联邦最高普通法院认为，当事人间在形式上虽已缔结契约，但因缔约阶段一方当事人未就妨碍契约生效之事由告知相对人，最终导致契约无效或不成立，因信赖契约有效成立而受有财产损害之当事人得请求损害赔偿，此即耶林所提出的缔约上过失理论的核心类型。例如，1965 年买卖房屋案中，原告向被告购买房屋，并获得被告同意在该房屋居住一段时间。其后，原告已履行支付房屋价款义务，被告却拒绝完成公证手续，最终导致买卖房屋契约无效。法院认为，在缔结契约阶段，被告未告知原告其不愿意完成公证手续，故而原告相信其将很快履行要式性要件。但事后在无正当理由下，被告却拒绝履行该要式性要件，从而导致契约无效，造成原告财产上损失。被告应向无过失的原告负缔约上过失责任，且该损害之计算基础，不限于信赖利益，而可扩至履行利益。[①]

第二，违反忠实义务，导致缔结契约不符合当事人期待内容。德国联邦最高普通法院提出，当事人间虽然缔结了有效契约，但由于缔约过程中一方当事人因过失错误告知或未告知有关标的之重要情事，导致缔结契约所预定之目的并未达成，则相对人得选择基于缔约上过失之损害赔偿请求权。例如，在 1985 年买卖干洗机器设备案中，被告为了使其要约更具有吸引力，于缔约过程中向原告承诺将为其寻找合适的地点，以便原告开设干洗店。缔结买卖契约之后，原告发现被告推荐的地点因不符合消防法规所规定最低空间，而经证明为不适合。法院认为，出卖人负有告知买受人相关法规之义务，其违反该义务，构成缔约上过失责任。[②]

第三，违反忠实义务，导致契约仅止于磋商未臻缔结。德国联邦最高普通法院认为，即使契约未臻缔结，当事人进行磋商后负有不无故终止协商契约之义务，一旦当事人违反该义务，相对人可依缔约上过失请求损害赔偿。1954 年 3 月 16 日，德国联邦最高普通法院判决了第一个关于中断契约磋商的案件。该案事实略为：原告与被告之间原有供应矿工护膝及护

---

① BGH NJW 1965，812. 邱琦：《纯粹经济上损失之研究》，台湾大学博士学位论文，2001 年，第 57 页。

② BGH NJW 1985，1769.

盔等装备用品的长期交易关系。1948 年 9 月 1 日，被告向原告表示，决定订购 20 000 顶新型护盔。因制作生产模具耗时较久，先行电话告知，订单原告随后就会收到。原告在未取得订单情况下，次日向供应商订购生产该护盔所需金属材料。由于最终被告拒绝受领护盔，原告请求被告损害赔偿。在此案判决中，法院指出先前判例已承认即使契约未臻缔结，单纯进入契约磋商时，当事人间已发生一类似契约之关系，而使当事人负有应为交易上必要注意义务。因此，在契约磋商阶段，尤其是引起即将成立的长期契约关系之信赖，并使他方当事人因而支出费用的，得认定可责行为的存在。①

近年来，虽然德国联邦最高普通法院没有承认新的忠实义务类型，但倾向于在个别领域增强当事人（专家）的注意要求，特别是在投资领域扩展忠实义务的范围。如果银行、审计师或者其他专家在招股说明书作不实陈述，那么法院偏好将专家责任建立在缔约上过失基础之上。②

综合前述，德国判例法上肯定的安全义务和忠实义务，实质均是一种当事人为缔约而接触，相互负有保护相对人人身和财产免受损害的义务。只不过两者保护对象与契约的关联程度不同，前者保护与缔结契约无直接关联的当事人的固有人身和财产，后者保护与缔结契约相关联的当事人的利益。因此，两者可统称为先契约义务或先契约阶段的保护义务。③

3. 缔约上过失责任的法律规定

新《德国民法典》第 311 条第 2 款规定："以第 241 条第 2 款所规定的义务为内容的债务关系，也因下列情形之一而发生：1. 合同磋商的开始。2. 合同的准备，而在准备合同时，鉴于可能的法律行为上的关系，一方将影响自己的权利、法益和利益的可能性给予另一方；或将自己的权利、法益和利益托付给另一方。3. 类似的交易上的接触。"该条第 3 款规

---

① Wlofgang Kupper. Das Scheitern von Vertragsverhandlungen als Fallgruppe der culpa in contrahendo. Berlin：Dunckerd & Hamblot, 1988. 86.

② Michael Coestter, Basil Maekesinis. Liability of Financial Experts in German and American Law：An Exercise in Comparative Methodology. *American Journal of Comparative Law*, 2003, 51 (2)：289.

③ Harm Perter Westermann. Das Schuldrecht 2002：Systematische Darstellung der Schuldrechtsreform. Berlin：Richard Boorberg Verlag, 2002. 45.

定："以第241条第2款所规定的义务为内容的债务关系，也可以对自己不成为合同当事人的人发生。该第三人特别地要求对自己的信赖，且因此而大大影响合同磋商或合同订立的，尤其发生此种债务关系。"

根据官方解释，上述条文将缔约上过失制度予以一般性规定。立法者特别依当事人接触密切度之不同，将《德国民法典》第241条第2款所规定的保护义务，分为契约磋商情形产生的保护义务、契约准备情形产生的保护义务和类似交易接触情形所产生的保护义务。第一种类型以一个类似契约的信赖关系为前提，其不成立第一位的给付义务，只存在照顾、关心及忠诚义务；第二种类型涉及潜在的法律行为的关系，存在一个类似契约磋商时的保护义务；第三种类型则涵盖契约磋商和契约准备阶段外其他类似交易的关系，存在类似契约磋商和契约准备的保护义务。①特别值得注意的是，此种类型将先契约阶段保护义务扩张至契约关系以外之第三人。正如官方解释所强调，第三种类型的保护义务的发展尚未结束，这里不仅包括代理人或磋商辅助人的保护义务，而且涉及了专家或其他信息人的保护义务。此外，"信赖"则是考量其他类似交易接触情形是否产生这种保护义务的最重要的因素。从字面规定来看，信赖的要件有二：其一，契约关系外之第三人是否要求他人信赖自己；其二，是否对缔约产生了影响。但是，信赖不是一个具体的法律概念，到底如何将其具体化，是立法者留给学说和判例的任务。②

先契约阶段保护义务只是缔约上过失责任的基础。缔约上过失责任的构成要件有四：第一，违反先契约保护义务。新《德国民法典》第280条第1款将违反义务（Pflichtverletzung）作为契约责任的基本构成要件之一。③立法者在立法理由书中强调，违反义务这一概念指的是客观上未满足债务

---

① 朱岩编译：《德国新债法——条文及官方解释》，法律出版社2003年版，第125～126页。

② Michael Coestter, Basil Markesinis. Liability of Financial Experts in German and American Law: An Exercise in Comparative Methodology. *American Journal of Comparative Law*, 2003, 51 (2): 290－291.

③ 新《德国民法典》第280条第1款规定："债务人违反基于债务关系而发生的义务的，债权人可以请求因此而发生的损害。义务违反不可归责于债务人的，不适用前句的规定。"

关系中义务的内容，是客观上不适合债务关系的债权人行为。①因此，违反先契约保护义务是缔约上过失责任的客观事实要件。第二，过错责任归责原则。德国债法于修正前，债务人的归责原则规定于民法第 276 条，其规定债务人应对其故意或者过失行为负责。②德国债法现代化法关于债务人归责原则的修正，主要在原第 276 条中增加较严格或较减轻债务人责任之事由，至于其他内容仍维持不变。③过错责任归责原则依然是缔约上过失责任的归责原则。第三，损害的产生。违反先契约保护义务所产生的损害，可分为财产上损害与非财产上损害。第四，违反义务与损害的产生之间具有因果关系。关于因果判断之学说，德国向来以相当因果关系说作为判断，晚近则有人提出规范目的说。④

根据新《德国民法典》第 280 条第 1 款的规定，缔约上过失责任的承担方式主要是损害赔偿。损害赔偿的原则就是"回复在使其负担赔偿义务的事由不发生时原应存在的状态"。⑤关于精神损害赔偿，德国民法典规定，必须限于法律有明文规定情形。依新《德国民法典》第 253 条第 2 款的规定："因侵害身体、健康、自由或性的自由决定而须赔偿损害的，也可以因非财产损害而请求公平的金钱赔偿。"由此可见，因违反先契约保护义务而导致当事人身体、健康或自由等非财产上损害，受害人可提起精神损害赔偿。不容忽视的是，新《德国民法典》第 324 条规定："在双务合同的情况下，债务人违反第 241 条第 2 款所规定的义务，且维持合同对于债权人是不再能够合理地期待的，债权人可以解除合同。"根据该条规

---

① 齐晓琨：《德国新、旧债法比较研究——观念的转变和立法技术的提升》，法律出版社 2006 年版，第 117 页。

② 旧《德国民法典》第 276 条规定："（1）除另有规定外，债务人应对其故意或者过失行为负责。在交易中未尽必要注意的，为过失行为。于此适用第 827 条、第 828 条的规定。（2）债务人因故意行为而应负的责任，不得事先免除。"

③ 新《德国民法典》第 276 条规定："（1）故意或过失可以归责于债务人，但以更严或更宽的责任既未被规定，也不能由债务关系的其他内容推知，尤其由担保的承担或置办风险的承担推知为限。准用第 827 条和第 828 条的规定。（2）疏于尽交易上必要的注意的人，即为有过失地实施行为。（3）因故意而发生的责任，不得预先向债务人免除。"

④ 参见韩世远：《违约损害赔偿研究》，法律出版社 1999 年版，第 152～153 页。

⑤ ［德］迪特尔·梅迪库斯著，杜景林、卢谌译：《德国债法总论》，法律出版社 2004 年版，第 585 页。

定，如果当事人违反保护义务，导致缔结契约不符合当事人期待内容，当事人不仅可请求损害赔偿，还可请求解除契约。

（二）积极侵害债权责任

积极侵害债权（positive Forderungsverletzung）是德国判例法上一项基本制度。依通说，所谓积极侵害债权，是指给付不能、给付迟延及法定给付担保规定外，所有违反债之关系中义务的情形。①因此，债之关系上每一义务均是积极侵害债权的客体，无论该义务的发生是基于当事人的约定，还是基于法律的规定，均无不同。德国学说以违反义务之种类，将积极侵害债权分成两大类：第一，不良给付，因履行给付义务有瑕疵，导致债权人履行利益或履行利益以外的损害；第二，违反附随义务，即债务人虽已履行给付义务，但违反了给付义务之外其他附随义务，导致债权人履行利益之外的损害。②契约关系所构成的债之关系，则为积极侵害债权最重要的发生基础。在积极侵害债权制度的演变过程中，学说上试图针对该制度，提出与给付不能和给付迟延区别的标准，其中影响最大的，即是发展出了给付义务外之义务群。德国 2002 年新债法的重要内容之一，就是将给付义务外之保护义务予以法典化（第 241 条第 2 款）。与德国另一基本制度——缔约上过失相同，立法者只是概括地承认契约履行阶段的保护义务，关于此种保护义务的具体内容和性质，同样交由判例和学说继续探讨。

在契约履行过程中，当事人发生了事实上的接触或联系，无论契约是否有效，当事人均负有保护他方当事人固有的人身和财产安全的义务。③此种义务已得到判例和学说的认可。德国司法实务最先承认与给付相关的安全义务。帝国最高法院审理的"马饲料案"为著名案例。在此案中，出卖

---

①　姚志明：《债务不履行——不完全给付之研究》，中国政法大学出版社 2003 年版，第 8~9 页。

②　Volker Emmerich. Das Recht der Leistungsstörungsstörungen. München：C. H. Beck，2005，S. 317－340.

③　Vincent Mayr. Schutzpflichten im deutschen un französischen Recht. Berlin：Peter Lang，2005. 164.

人交付有毒之马饲料给予买受人，因而导致买受人之马中毒死亡。① 就此案例的事实来看，出卖人的给付不属于给付不能和给付迟延之情形，而是其给付具有瑕疵，除造成给付本身丧失价值外，且因其瑕疵导致买受人遭受履行利益以外固有财产之损害。随着时代的发展，司法实务主要承认的是独立于给付的安全义务。例如，修缮粮仓的工人在工作时抽烟，不小心点燃了粮仓里储存的粮食。虽然这一行为不属于该工人修缮工作的一部分，但从时间上来讲，该行为发生在其履行修缮契约的过程中；从地点上来讲，该行为发生在粮仓这一特殊空间之内，该工人应知晓其抽烟行为将可能导致火灾，却依然实施了抽烟行为并导致损害结果的发生。因此，法院认定该工人的行为违反了一种独立于契约给付的安全义务，应承担损害赔偿责任。② 依目前德国学界的通说，承认此种独立于给付的安全义务的理由即在于契约履行过程中，当事人彼此的人身和财产间皆产生较为紧密的接触，每一方当事人对他方权益都有较大的影响可能性。为避免他方在契约履行过程中遭受损害，契约当事人负有保护他方合法权益的义务。③

在契约履行过程中，为了保护他方当事人的利益免受损害，双方当事人均负有对与契约履行相关的某些事项予以正确告知和解释的忠实义务。④ 对于这种忠实义务，德国帝国最高法院1902年在著名的"砂石案"中予以了确认。在此案中，经营砂石的供应商与建筑承包商签订了一份买卖契约，约定由供应商向建筑承包商出售修建一座桥梁所需要的砂石，具体价款将根据竣工后桥梁的大小来确定。该建筑承包商在修建桥梁的同时，还将砂石用于修建附近的道路，从而完全改变了计算砂石价款的基础。帝国最高法院认为，建筑承包商的履行行为本身并无瑕疵，但由于在履行过程中未将扩大砂石使用范围的信息正确告知供应商，导致供应商无法准确计

① RGZ 66，289.

② 齐晓琨：《德国新、旧债法比较研究——观念的转变和立法技术的提升》，法律出版社2006年版，第68页。

③ Vincent Mayr. Schutzpflichten im deutschen un französischen Recht. Berlin：Peter Lang，2005，S. 168.

④ Vincent Mayr. Schutzpflichten im deutschen un französischen Recht. Berlin：Peter Lang，2005，S. 186.

算砂石的价款，因此允许该供应商解除契约。① 之后，德国联邦最高普通法院延续了帝国最高法院的做法。例如，在 1967 年的"混凝土搅拌机案"中，被告在交付混凝土搅拌机时，未告知原告关于搅拌机通风装置的保养事宜，导致原告在使用过程中，通风装置无法正常使用，造成原告损失了 17 613.67 马克。法院认为，被告未正确履行告知义务，对原告的损失应承担损害赔偿之责。②不可否认的是，无论在判例中还是在学说中，这种契约履行过程中的忠实义务实际上很难确定一个明确的范围，而要根据契约的目的和内容、契约当事人的知识和能力以及其对信息知悉程度的区别来确定。

和缔约上过失责任一样，在积极侵害债权时，违反契约履行阶段保护义务仅是债务人承担相应责任的客观构成要件之一。债务人承担责任还应符合其他三个构成要件，即过错责任归责原则、损害的产生以及违反义务与损害的产生之间具有因果关系。根据新《德国民法典》第 280 条第 1 款的规定，同缔约上过失责任的主要承担方式相同，如果债务人违反了契约履行阶段保护义务，并且这种违反义务的行为可归责于债务人，那么对于所发生的损害，债权人可以向债务人请求给付之外的损害赔偿。当然，另依新《德国民法典》第 282 条的规定，③债权人还可以请求替代给付的损害赔偿。因违反契约履行阶段保护义务而导致当事人身体、健康或自由等非财产上损害，受害人可依新《德国民法典》第 253 条第 2 款的规定提起精神损害赔偿。在双务契约的情况下，若债务人违反契约阶段保护义务，导致维持契约对于债权人是不再能够合理地期待的，债权人根据新《德国民法典》第 324 条可以解除契约。然而，与损害赔偿情形不同的是，对于

---

① ［德］罗伯特·霍恩、海因·科茨、汉斯·G. 莱塞著，楚建译：《德国民商法导论》，中国大百科全书出版社 1996 年版，第 114 页。

② B. S. Markesinis, W. Lorenz, G. Dannemann. *The German Law of Obligations* (Volume Ⅰ) *The Law of Contracts and Restitution*：*A Comparative Introduction*. Oxford：Clarendon Press, 1997, p. 478.

③ 新《德国民法典》第 282 条规定："债务人违反第 241 条第 2 款所规定的义务，且债务人的给付对于债权人是不再能够合理地期待的，债权人可以在第 280 条第 1 款的要件下，请求代替给付的损害赔偿。"

双务契约的解除而言，不要求存在归责事由。①

（三）契约终了后过失责任

契约关系以履行给付为其目的，通常因当事人履行给付义务而消灭。但德国学者认为，源自诚实信用原则的保护义务，其是从双方当事人进行契约磋商到契约之履行，最终持续至给付义务履行后，直到参与者真正地分离。换言之，契约关系终了后，当事人对于他方当事人仍具有保护他方利益之义务。债务人违反此项义务时，与违反一般契约义务相同，应依债务不履行规定负其责任，学说上称为"契约终了后过失"。②德国司法实务对该学说予以了承认。一般较为常见的案例，如以特别高价购得景观美好的郊区房屋，买卖契约终了后，为维护景观完整，开发商负有建筑禁止之义务；营业场所租赁关系终了后，出租人仍负有暂时容忍承租人于原租赁物贴出其新营业所地址之义务；雇佣契约终了后，受雇人关于其进行之工作情况，负有向雇主报告之义务。若当事人违反此等契约终了后之保护义务时，得以契约法债务不履行之规定，负损害赔偿责任。③与缔约上过失与积极侵害债权相同，2002 年德国债法改革将判例法上的"契约终了后过失"法典化，但关于契约终了后之保护义务的具体内容和性质，仍然交由判例和学说继续探讨。从德国法院过往的判例和学界通说来看，契约终了后之保护义务的类型也可分为安全义务和忠实义务两大类。从新《德国民法典》第 280 条第 1 款规定来看，违反此等后契约保护义务时，并且这种违反义务的行为可归责于债务人，那么对于所发生的损害，债务人应负损害赔偿之责。实际上，契约终了后之过失在本质上与缔约上过失、积极侵害债权并无二致，只是发生的时间界点不同而已。

---

① 杜景林、卢谌：《论德国新债法积极侵害债权的命运——从具体给付障碍形态走向一般性义务侵害》，载《法学杂志》2005 年第 2 期。

② Harm Peter Westermann, Das Schuldrecht 2002: Systematische Darstellung der Schuldrechtsreform. Stuttart: Richard Boorberg Verlag, 2002, S. 45.

③ Esser Josef, Schmidt Eike. Schuldrecht（Band Ⅰ）Allgemeiner Teil. Heidelberg: C. F. Müller Verlag, 1992, S. 112.

（四）附保护第三人作用契约责任

附保护第三人作用契约为判例所创。最初，德国帝国最高法院援引《德国民法典》第 328 条为第三人利益契约条款，并作为该制度的基础，认为在一定情况下，债务人对第三人以契约承担损害赔偿之责。就早期的判例来看，出租人请人维修房屋，若承租人的亲属、仆人等，因工人的过失招致人身损害，或因出租人的房屋瑕疵，造成承租人的亲属人身损害，得主张契约上的损害赔偿请求权。更进一步，在旅客运送契约中，法院承认非缔结契约的乘客因人身损害可主张上述权利。[①]帝国最高法院此举遭到德国著名学者卡尔·拉伦茨（Karl Larenz）的批评。他认为，第三人利益契约是以给付义务为内容，第三人对债务人有给付请求权。而在帝国最高法院的判例中，债务人仅对特定范围的第三人负有一定的注意及保护义务，第三人除了在债务人违反此项义务时可依据契约原则请求赔偿外，并无契约上的给付请求权。因此，应当将该制度与为第三人利益契约加以区分，称之为"附保护第三人作用契约"。[②]之后，德国联邦最高普通法院采纳了拉伦茨教授的观点，正式启用附保护第三人作用契约概念，进而将其固定为合同法上的一个重要制度，广泛适用于租赁契约、运输契约和雇佣契约等领域。[③]

新《德国民法典》第 311 条第 3 款规定，该法第 241 条第 2 款规定的保护义务，也可以对不应成为契约当事人发生。根据官方解释，该条款正是为附保护第三人作用契约提供实定法的基础。[④]至此，以保护义务为中心，德国从立法上实现了该制度与缔约上过失、积极侵害债权和契约终了后过失的统一。从过往的判例和学说来看，附保护第三人作用契约所涉及的保护义务的类型也可大致分为安全义务和忠实义务。从新《德国民法

---

① 吴俊贤：《附保护第三人作用契约之研究》，辅仁大学硕士学位论文，2004 年，第 71 页。

② 王泽鉴：《契约关系对第三人之保护效力》，见《民法学说与判例研究》（第 2 册），中国政法大学出版社 2005 年版，第 31 页。

③ 参见刘春堂：《契约对第三人之保护效力》，载《辅仁法学》1984 年第 4 期。

④ 朱岩编译：《德国新债法——条文及官方解释》，法律出版社 2003 年版，第 127 页。

典》第 280 条第 1 款规定来看，违反此等保护义务时，并且这种违反义务的行为可归责于债务人，那么对于所发生的损害，债务人应负损害赔偿之责。其实，这四个制度在本质上是相同的，相对于后三者而言，附保护第三人作用契约只不过是保护义务在主观范围上的扩张而已。对该保护义务所扩及的"第三人"范围的确定，则是附保护第三人作用契约的关键所在。

附保护第三人作用契约的构成要件既是该制度的核心，又是控制"第三人"范围的根本手段。如果构成要件过于宽松，那么可能造成责任不当扩大；反之，倘若构成要件过于严格，该制度又发挥不了很大的作用。然而，新《德国民法典》并未明确规定附保护第三人作用契约的构成要件。依目前学界多数学说的见解，附保护第三人作用契约应满足三项要件：第一，第三人对于债务人的给付行为具有利害关系（Leistungsnnähe）；第二，债权人对第三人的保护具有利益，即债权人对于第三人的福祸（Wohl und Wehe des Dritten）负有责任；第三，债务人必须同时对前述两种情况得以预见。[1]在司法实践中，法院于审理人身损害类的案件时与学界基本达成共识。1965 年，德国联邦最高普通法院民事第六庭于著名的遗嘱案件中，首次将附保护第三人作用契约的适用范围扩至纯粹经济损失。目前，主要适用于遗嘱案件和过失不实陈述情形。[2]实务界与学界看法逐渐产生分歧。法院认为，债权人不必与第三人间具有属人法上的关系，对于第三人的福祸不必负有责任，且债务人也不必知悉第三人的确切数目。虽然第三人的范围仍必须为客观上可得确定，但更重要的是，在何种情况下，考量客观利益，足以认定债务人对第三人负有保护义务。[3]学界则对究竟是坚持"福祸"要件控制第三人的范围，抑或是改而采用"信赖"要件控制第三人的

---

① ［德］迪特尔·梅迪库斯著，杜景林、卢谌译：《德国债法总论》，法律出版社 2004 年版，第 592～594 页。

② 参见邱琦：《纯粹经济上损失之研究》，台湾大学博士学位论文，2002 年，第 68～73 页。

③ 许德风：《对第三人具有保护效力的合同与信赖责任——以咨询责任为中心》，见易继明：《私法》，北京大学出版社 2004 年版，第 286～288 页。

范围争论不休。①就德国晚近相关判例分析，不难发现在纯粹经济损失情形，"信赖"已逐渐成为判断是否成立附保护第三人作用契约的关键。德国联邦最高普通法院甚至明确指出，特别是对于职业上或具专业知识人员提供的信息予以信赖之第三人，应能受到此等专门人员与委托人间提供信息契约之保护。②因此，在不同类型的判例中，附保护第三人作用契约采纳不同的构成要件将是大势所趋。

（五）预约责任

1896 年《德国民法典》第 610 条规定："合同另一方的财产状况明显受损害而危及返还请求权的，在发生疑问时，约定贷款的人可以撤回其约定。"据此可知当时德国法承认了消费借贷预约。但是，债法改革后，《德国民法典》第 610 条被废止。③德国法虽然没有在法典中明文规定预约（Vorvertrag），但是在现代商业社会经常使用预约，判例和学说逐渐广泛承认了预约制度。预约当事人行为所适用的归责标准原则上应准用《德国民法典》第 276 条至 278 条的一般规范，在本约有特别的标准时即应例外地依本约而定。与传统本约的违约责任相似，预约责任的形式之一是债权人请求强制债务人缔约，当事人在预约所定条件下有义务接受合于社会预约的本约报价，或者在不可能达成此等报价的合意时，自己提出一项合乎预约的报价。预约责任的另一种形式即是债权人请求相对人损害赔偿。德国联邦最高法院在案件处理结果上数次判决基于预约可以直接诉请本约的履行利益。④

---

① Michael Coestter, Basil Markesinis. Liability of Financial Experts in German and American Law: An Exercise in Comparative Methodology, *American Journal of Comparative Law*, 2003, 51 (2): 291.

② 吴俊贤：《附保护第三人作用契约之研究》，辅仁大学硕士学位论文，2004 年，第 89 页。

③ 陈卫佐译注：《德国民法典》（第 3 版），法律出版社 2010 年版，第 208 页。

④ 汤文平：《德国预约制度研究》，载《北方法学》2012 年第 1 期。

二、德国侵权法上的第三类型民事责任

（一）违反一般安全注意义务责任

1896 年《德国民法典》的侵权行为法旨在有利于个人行为人之自由，采取了三个小的一般条款的限制模式，体现为以过错责任为中心，拒绝全面的财产保护。①这一以自由资本主义为背景的侵权行为法模式自产生后就经历了重大变迁。判例和学说一方面通过承认"已设立且运作营业权"（das Recht am eingerichteten und ausgeübten Gewerbebetrieb）和"一般人格权"（das allgemeine Persönlichkeitsrecht），以扩大所谓"权利保护"之范围，以弹性处理日益多样化的侵权行为案件；另一方面，则主要透过"一般安全注意义务"（Verkehrspflichten），以有效解决部分不幸事故的损害赔偿问题，此种突破传统侵权行为法注重"权利保护"而转向关注"行为规范"，充分扩展了侵权行为法的适用范围，可谓是德国侵权行为法发展史上重要的一大步。②

早期一般安全注意义务所针对的对象，是道路交通的安全，故被称为交通安全义务（Verkerssicherungspflichten）。但从交通安全义务被发现时起甚至不到 20 年的时间内，它的适用范围逐渐扩大至各种应被防止的社会危险，从而经由一般化而发展成了一般安全注意义务。③德国司法实务对交通安全义务的发展，可追溯至 1902 年德国帝国最高法院的"枯树案"的判决和 1903 年"撒盐案"的判决。第一个判决，该案事实为被告（国库）所有的一条公共道路上种植的树木腐败倒塌，导致原告被砸伤。帝国最高法院表示，被告应对原告损害负赔偿之责，判定此案所适用的一般原则，是以当任何人对于其所有物所发生之损害，必须尽防护他人利益的衡平照

---

① B. S. Markesinis. *The German Law of Obligations*（Volume Ⅱ）*The Law of Torts：A Comparative Introduction*. Oxford：Clarendon Press，1997，pp. 21 – 27.

② 林美惠：《侵权行为法上交易安全义务之研究》，台湾大学博士学位论文，2000 年，第 10 页。

③ ［德］马克西米利安·福克斯著，齐晓琨译：《侵权行为法》，法律出版社 2006 年版，第 100～102 页。

顾作为论据。①至于第二个判决，此案事实是：因被告（区政府）没有对积雪的公共道路喷洒除雪剂和进行清扫，导致原告经过公共道路上的台阶时跌倒受伤。判决理由则是不论是国家、乡、政、市、区（政府或公所），还是个人，设置或维持公共交通之人须符合社会安全之要求，同时进一步负有保护照顾之义务。如因其有瑕疵或为完全除去安全障碍而发生损害，即有过错，须对他人负德国民法典第 823 条所成立之侵权行为之损害赔偿，责令被告负损害赔偿之责。②

依据德国学者之看法，上述判例不仅可见其历史性基础，而且直至今日仍未减少其现实意义，原因在于在这两个判决中，明确可见一般安全注意义务的两个中心思想。第一个判决在于，一般安全注意义务在不作为案件类型具有特别功能；第二个判决在于，一般安全注意义务涉及对一个具体空间的管辖区域（或统治领域）的责任。③百年来，审判实践将一般安全注意义务从最初的交通领域不断扩展到新的领域。格特·布吕格梅尔（Gert Brüggemeier）教授根据判例，将一般安全注意义务大体分为主体关联的一般安全注意义务（subjektivbezogene Verkehrspflichten）和客体关联的一般安全注意义务（objektivbezogene Verkehrspflchten）。前者是一定的职业对此而受到社会典型危险的人的一般安全注意义务，即工业产品制造商、商铺、修理企业等对消费者的职业义务，职业医师和医疗辅助人员对病人的职业义务，银行、招股说明书的发行人对资本的购买者的职业义务，媒体在报道时对相关的个人和工商业者、传播损害环境的有害物质的工业企业的职业义务；后者是保护私人利益的特定的行为义务，它不仅保护第 823 条第 1 款中的传统法益，而且保护法官法上新引入的法律地位，如人格和财产。④总而言之，直至今日，一般安全注意义务得以发挥的领域

① RGZ 52，373. 参见陈自强：《民法侵权行为法体系之再构成（上）》，载《台湾本土法学杂志》2000 年第 16 期。

② RGZ 54，53. 参见刘春堂：《缔约上过失之研究》，台湾大学博士学位论文，1983 年，第 172 页。

③ Karl Larenz, Claus-Wilhelm Canaris. Lehrbuch des Schuldrechts：Besonderer Teil. München：C. H. Beck，1994. 400.

④ Gert Brüggemeier. Deliktsrecht. Baden-Baden：Nomos Verlagsgesellschaft，1999. 91. 转引自李昊：《交易安全义务制度研究》，清华大学博士学位论文，2005 年，第 61 页。

依然存在于具体个案的判决中，无论是其概念的界定或是其在侵权行为法体系的位置，在德国均仍受到学界热烈的讨论。目前，关于一般安全注意义务的基本内涵，较为一致的看法则是，开创或持续某一危险源之人，负有依情形采取必要的防范措施保护他人免受此危险的义务。①

从上述一般安全注意义务的发展可以看出，该义务几乎已经渗透到了社会生活的各个方面，自然也包括了以契约为基础的交易领域。而德国契约法领域的保护义务则和一般安全注意义务的功能存在相同之处，即两者均保护当事人的固有利益。不少德国学者认为，保护义务实际上与侵权行为法更为接近。汉斯·施托尔（Hans Stoll）教授就曾指出，保护义务纯粹是侵权性的义务，将它隶属于契约责任只不过是要避免侵权行为法的弱点。这种"假的和准契约性的保护义务"（psseudo-und quasivertragliche Schutzpflichten）的建构绝不是德国民法学术上的光荣一页。②尽管学界对契约法上的保护义务一直都存在质疑的声音，但德国债法现代化改革仍然从立法的高度上肯定了此种保护义务。因此，侵权行为法上的一般安全注意义务和契约法上的保护义务共存，已是德国法上不可改变的客观现实。如何区分一般安全注意义务和保护义务，成为理论界和实务界讨论的热点。

早在1967年，德国学者沃尔夫冈·蒂勒（Wolfgang Thiele）对此问题曾做过深入研究，认为保护义务与其他契约关系上的义务相同，均是特定人间因特别结合所产生的义务。换言之，契约法上的保护义务并非针对所有人，而仅对已进入契约的接触关系的当事人发生。此项义务是基于当事人间存有意欲其目的之特别结合关系中（die gewollte und gezielte Sonder-verbindung），根据当时当事人间的影响可能性，课予其一方或双方对相对人的人身和财产法益，应予提高照顾之义务。而侵权行为法上的一般安全注意义务，并不存在此类的特别关系，而是一种某程度抽象的注意义务，

---

① ［德］马克西米利安·福克斯著，齐晓琨译：《侵权行为法》，法律出版社2006年版，第100～102页。

② Hans Stoll. Haftungsverlagerung durch beweisrechtliche Mitte. Archiv für civilis-tische Praxis，1976，176：150. 转引自李昊：《交易安全义务制度研究》，清华大学博士学位论文，2005年，第61页。

而自始非存在于特定人间，且是无目的之注意义务。①蒂勒的看法获得了众多学者的支持。例如，权威学者卡尔·拉伦茨指出，一般安全注意义务是一项针对"来自公众的任何一人"（jedemann aus dem Publikum）而产生的义务。学者彼得·克雷斯（Peter Krebs）也认为，保护义务和一般注意义务的区分，在于后者未确立债务关系意义上的特殊联系。②

　　然而，随着审判实践对一定职业的人课以一般安全注意义务（如工业产品制造商、商铺、修理企业等对消费者的职业义务），随着审判实践将先契约阶段的保护义务拓展至第三人以及扩大附保护第三人作用契约中保护义务的适用范围，已经难以凭借当事人之间是否存在契约关系来区分一般安全注意义务和保护义务。例如，1998 年德国联邦最高普通法院审判过的"火旋案"（BGH NJW 1998，2905）：10 岁的 T 从 V 的售货亭买了一包名为"火旋"的微型烟花，这种烟花是由 I 进口到德国并销售的。在烟花的外包装上印有下列文字："常年可以燃放的烟花。允许出售给未满 18 岁的人。只可室外燃放。燃放说明：将转轮置于地上，点燃导火索末端并迅速离开。"T 在和小朋友们做游戏时在裤兜里装了很多个这种烟花，由于无法进一步查明的原因，这些烟花被点燃。T 被严重烧伤。T 请求 V 和 I 赔偿损失。如果是 I 和 V 违反了一般安全交易义务而导致 T 对自己的伤害，那么对法益的损害就应该归责于他们。其中，T 和 V 是有直接契约关系的。③再如，1998 年德国联邦最高普通法院曾采用缔约上过失审理这样的案例：专家 Y 在 A 有限公司的招股说明书中记载了错误的信息，投资家 X 因信赖此信息投资，结果遭受损失。法院认为，基于对专家的专门知识的信赖，专家 Y 所记载的不实信息对投资家 X 的意思决定给予了影响，因此 Y 应对

---

　　① Wolfgang Thiele. Leistungsstörung und Schutzpflichtverletzung. Juristenzeitung，1967，S. 651.

　　② Peter Krebs，Manfred G. Lieb，Arnd Arnold. Kodifizierung von Richterrecht. Barbaea Dauner-Lieb Hrsg. Das neue Schuldrecht in der anwaltichen Praxis. Bonn：Deutscher Anwaltverlag，2002，S. 139.

　　③ 参见［德］马克西米利安·福克斯著，齐晓琨译：《侵权行为法》，法律出版社 2006 年版，第 120～122 页。

第三人 X 负基于缔约上过失的损害赔偿责任。①

德国著名学者迪特尔·梅迪库斯在分析新《德国民法典》第 311 条第 2 款时，明确指出了作为缔约上过失责任的基础情形之一——"开启交易场所"（Öffnung des Geschäftslokals）所暗示的，源自缔约上过失责任的保护义务与侵权行为法的一般安全交易义务会发生竞合。②这也进一步使得契约责任和侵权责任在功能上发生了一定程度的重合。这也正是 2002 年德国债法改革之后，学界重新开始热烈讨论契约责任与侵权责任两大责任体系之间的交错问题，即两者之间是否存在所谓"第三类型责任"的重要原因。③

（二）危险责任

所谓危险责任（Gefährdungshaftung），是指从事具有"抽象危险"（abstrakte Gefahr）活动的行为人，在行动开始之际，即基于该"危险行为"（Gefärliches Handeln）承担损害之责任原则，其主要特征在于其责任之形成，非取决于行为人之可责性。④在德国制定民法典当时，危险责任在侵权行为法上的表现不尽明显，并未明确肯定其作为侵权责任归责原则之一。因此，依民事特别立法创设各种危险责任类型，成为德国危险责任法发展上的特色。就德国现行立法来看，除了《德国民法典》第 833 条前段存在危险责任构成要件外，多数新增危险责任类型是通过特别法的方式加以规定的。如 1957 年《联邦水利法》第 22 条、1959 年《核子能和平使用及危险防护法》第 25 条、1968 年《航空交通法》第 33 条等等。⑤

---

① Michael, Coestter, Basil Markesinis. Liability of Financial Experts in German and American law: An Exercise in Comparative Methodology. *American Journal of Comparative Law*, 2003, 51 (2): 289.

② Dieter Medicus, Schuldrecht I, Allegemeiner Teil. München: Beck, 2002, S. 118.

③ Peter Krebs, Manfred G. Lieb, Arnd Arnold. Kodifizierung von Richterrech. Barbara Dauner-Lieb Hrsg. Das neue Schuldrecht in der anwaltlichen Praxis. Bonn: Deutscher Anwaltverlag, 2002, S. 116.

④ 邱聪智：《从侵权行为归责原理之变动论危险责任之构成》，中国人民大学出版社 2006 年版，第 203～204 页。

⑤ 参见［德］马克西米利安·福克斯著，齐晓琨译：《侵权行为法》，法律出版社 2006 年版，第 285～296 页。

1989 年 11 月 15 日，德国联邦议会通过的《产品责任法》，正是以特别法的方式规定了产品责任为危险责任类型之一。[①]不容忽视的是，在《产品责任法》生效之前，一般安全注意义务是德国法上主要用以解决同类问题的主要途径，它确立了生产者责任（Produzentenhaftung），其代表案例为德国联邦普通最高法院于 1968 年判决的"鸡瘟案"。[②]该案的事实：原告是一养鸡场经营者，其为预防鸡瘟的发生，请兽医为鸡注射防疫疫苗，但注射疫苗后数日，仍发生了鸡瘟，导致鸡死亡。原告以疫苗制造工厂为被告，请求被告赔偿其因此所受之损害。至今其仍和采危险责任的产品责任一起发挥着重要的调整功能。因此，有学者认为，一般安全义务将危险责任的因素引入到过错责任中，缓解了《德国民法典》对危险责任规制不足的状况，也使得过错责任和危险责任之间形成一片流动带。[③]

第二节　现代社会法国法的第三类型民事责任

一、法国合同法上的第三类型民事责任

（一）合同法上的第三类型民事责任概况

正如法国民法学者所述："法典化并没有阻止法的演变。拿破仑自己曾说过，三十年之后他的那些法典需要重新制定。"[④]当法国从自由资本主义逐步发展到垄断资本主义，民法典编纂者所构筑的民事责任和二元民事责任结构渐渐难以适应现代社会生活。法国于是主要通过承认法官创设的判例法与修改民法典的相关条文，对近代立法者确立的民事责任制度进行

---

① 张严方：《消费者保护法研究》，法律出版社 2003 年版，第 468 页。

② BGHZ 51，91.

③ 李昊：《交易安全义务制度研究》，清华大学博士学位论文，2005 年，第 310～311 页。

④ ［法］雅克·盖斯旦、吉勒·古博著，陈鹏等译：《法国民法总论》，法律出版社 2004 年版，第 101 页。

了较大规模的修正。《法国民法典》对侵权行为采用了一般概括性的规定，其保护的客体可涵盖所有财产利益之损害。因此，缔约上过失理论引介入法国之后，有部分学说继受耶林的理论，认为缔约上过失具有类契约性，却并未产生太大反响，多数法国法官及学者认为缔约上过失责任依侵权行为法之规定即得妥善解决。①虽然法国侵权行为法保护客体非常广泛，但是由于在相当长的时期中侵权责任强调以当事人主观过错作为归责基础，无法给予社会中处于弱势地位的受害人周全的保护。19 世纪 70 年代以来，法官在判例中创设了安全义务（Obligation de sécurité）和告知义务（Obligation d'information），主要通过扩张契约责任来解决契约履行过程中当事人人身和财产损害赔偿问题。

（二）违反安全义务之责任

工业革命之后，工伤事故大量发生，雇员难以举证证明雇主对事故之发生存在过错。为改善工人在工伤事故中的地位，增加其诉讼的成功率，法国学说提出了安全义务为雇主契约义务。换言之，劳务契约中包含雇主在契约履行过程中负有保护雇员人身安全之义务。一旦雇员在工伤事故中受到损害，其无须证明雇主具有过错，即可请求雇主对其承担契约损害赔偿责任。其理由在于，雇主违反了保护雇员人身安全之义务，其被推定为具有过错。1874 年以来，该理论获得了一些司法判例的支持。②然而，劳务契约上的安全义务理论并没有得到司法的普遍支持，诸多判例依然根据《法国民法典》第 1384 条的规定判决雇主承担侵权责任。在当时，《法国民法典》第 1384 条规定，"任何人不仅因自己的行为造成的损害负赔偿责任，而且对应由其负责之人的行为或由其照管之物造成的损害负赔偿责任"，仍然是以过错为归责基础。③直到 1911 年 11 月 21 日，法国最高法院民事庭第一次裁定承运人不仅要将旅客运至约定地点，而且若旅客在途中因事故受到损害，就相当于承运人违反了确保对方安全的契约义务，没有

---

① Yoav Ben Dror. The Perennial Ambiguity of Culpa in Contrahendo. *The American Journal of Legal History*. 1983, 27 (2): 186 – 189.

② Cass, 30. 05. 1874; Cass, 7. 01. 1878. Vincent Mayr. Schtzpflichten im deutschen und französischen Recht. Berlin: Peter Lang, 2005. 52.

③ 参见邱聪智：《民法研究（一）》，中国人民大学出版社 2002 年版，第 148 页。

必要证明承运人是否有过错。①自从该判例在旅客运输契约中首次创设安全义务，此种义务即被视为运输契约中的一种结果性义务（obligations de résultat），在结果性义务的情形下，责任归责采取过错推定方式，并且得到司法判例的广泛承认。②

安全义务最初仅适用于运输契约，而后法国最高法院又将其拓展至其他诸多领域，如租赁契约、借贷契约和寄托契约。同时，安全义务不仅要保护相对人的生命和身体的完整性，而且要保护其财产的安全。③安全义务在运输契约中表现为确定的结果性义务，但在大多数契约中仅仅是一种方式性（手段）义务（obligations de moyens），在方式性义务情形下，债权人对于债务人的过错应承担举证责任。④方式性安全义务的"经典"领域是医疗契约和律师代理契约。医生不允诺能够治愈病人，律师也不允诺能够打赢官司。例如，2000 年 11 月 8 日，法国最高法院第一民事庭的判决明确否认医生负有"结果性安全义务"。⑤在法国，不单单是司法判例普遍肯定了安全义务，立法也规定了产品生产者应承担安全义务。1983 年 7 月 21 日所颁布的关于保护消费者的法令规定："产品首次投放市场始，应当符合有关人士之健康安全、商业交易之公平性及消费品保护的现行规定。为实施本法令，并应代理商之要求，他亦有义务证明已实施检查和控制。"该法令明确承认了产品生产者和代理商订立的契约中存在着一项"普遍的安全义务"。⑥

经过百年的发展，安全义务在各种契约关系中普遍存在。那么违反安全义务的法律后果是什么呢？根据司法判例来看，一方契约当事人如果违反安全义务，相对人得请求其承担损害赔偿之责。依《法国民法典》第1147 条规定："债务人凡是不能证明其不履行债务系由不能归咎其本人的

①　［德］海因·克茨著，周忠海等译：《欧洲合同法》（上卷），法律出版社 2001年版，第 176 页。

②　尹田：《法国现代合同法》，法律出版社 1997 年版，第 304 页。

③　张民安：《现代法国侵权责任制度研究》（第 2 版），法律出版社 2007 年版，第 33 页。

④　尹田：《法国现代合同法》，法律出版社 1997 年版，第 304 ~ 305 页。

⑤　［德］克雷斯蒂安·冯·巴尔著，张新宝译：《欧洲比较侵权行为法》（上卷），法律出版社 2004 年版，第 572 ~ 573 页。

⑥　李昊：《交易安全义务制度研究》，清华大学博士学位论文，2005 年，第 66 页。

外来原因时，即使其本人方面并无恶意，如有必要，均因债务不履行或者迟延履行而被判支付损害赔偿。"相对人请求损害赔偿有三个前提条件：其一，双方当事人之间缔结了有效契约，有效契约中包含了安全义务；其二，违反安全义务的当事人有过错；其三，违反安全义务与损害之间具有因果关系。就举证责任而言，如果一方契约当事人违反的是结果性安全义务，除非他能够证明其违反义务是因不可抗力或受害人及第三人原因而造成，否则即推定其具有过错，应承担损害赔偿之责。如果一方契约当事人违反的是方式性安全义务，那么受害人应证明其违反义务具有过错。就损害赔偿范围而言，依《法国民法典》第 1150 条的规定："债务不履行丝毫不是因债务人有欺诈行为时，债务人仅对订立契约时所预见的或可预见的损害与利益负赔偿责任。"由此可见，违约损害赔偿范围受"可预见性"原则的限制。法国最高法院认为，在缔结契约之际，无法完全预见违反安全义务究竟会造成多大的损害。因此，违反安全义务的可预见性一般与契约当事人的权利范围有关。①在买卖契约中，如果出卖人已知道出卖物有瑕疵，那么适用《法国民法典》第 1645 条对全部损害进行赔偿。②

（三）违反告知义务之责任

与安全义务一样，法国司法判例创设了告知义务。1893 年，布尔日上诉法院（Cour d'Appel de Bourges）判决承认出卖人负有告知买卖标的物具体功能之义务。1905 年的《消费者保护法令》首次规定了经营者的法定告知义务。1924 年，法国最高法院第一次肯定了出卖人负有告知标的物隐含危险之义务。③目前，告知义务不仅仅只适用于买卖契约领域，而且已延伸至广告契约、旅游契约、医疗契约、律师代理契约等诸多契约类型。为了保护相对人人身和财产的安全，告知义务要求掌握重要信息的一方契约当

---

① Vincent Mayr. Schtzpflichten im deutschen und französischen Recht. Berlin：Peter Lang，2005，S. 141 - 145.

② 《法国民法典》第 1645 条规定："如出卖人原已知道出卖物有瑕疵，除了返还其收受的价金外，还应当对买受人负全部损害赔偿责任。"

③ Vincent Mayr. Schtzpflichten im deutschen und französischen Recht. Berlin：Peter Lang，2005，S. 55.

事人应当向相对人提供其所掌握的所有信息。这是一种方式性义务。①

违反告知义务的法律后果与违反安全义务的法律后果并无重大不同。只是举证责任方面，如果一方契约当事人违反告知义务，那么相对人应证明其违反义务具有过错。

二、法国侵权法上的第三类型民事责任

（一）缔约上过失责任

19 世纪末以来，为使过错责任原则在现代社会发挥作用，法国过错客观化理论日渐盛行。所谓"过错客观化"，就是指以"善良家父"的注意义务，作为过错判断依据。②随着立法和司法对客观过错理论的认可，法官借助抽象的注意义务，不断扩大过错侵权责任的适用范围。从而在契约准备阶段、契约履行阶段和契约终了后，因一方当事人的不当行为导致相对人遭受人身或财产损害，受害人均可主张侵权行为法上的损害赔偿责任。为了避免侵权行为法的无限扩张，破坏契约法之平衡，法国最高法院早在1922 年 1 月 11 日做出判决，明白宣誓不承认契约责任与侵权责任之竞合。该案的事实为：原告所有的土地上有一道围墙，该围墙将其土地与相邻土地一分为二。为了在围墙下兴建水沟，双方各自聘请一位专家起草关于该项工程之相关契约。土地所有人要求专家必须保证，其所采用的方法，并不影响土地所有权或墙壁之共有，专家表示同意。但后来原告发现正式契约约定变更了该墙所有权，于是起诉专家，主张被告构成过失侵权行为，请求损害赔偿。由于原被告之间有契约关系存在，因此，法国最高法院驳回原告之诉。当然，法国判例法还是承认责任不竞合有例外情形。③目前，法国法依是否存在有效契约关系，将契约发展过程中履行利益之外的人身和财产损害赔偿问题分为两种情形。当契约有效存在时，由契约责任来调

---

① 参见罗结珍译：《法国民法典》（下册），法律出版社 2005 年版，第 858～870 页。

② Francesco Parisi. *Liability for Negligence and Judicial Discretion*. Berkeley：University of California at Berkeley，1992. 350.

③ Cass. Civ. 11. 1. 1922.［德］克里斯蒂安·冯·巴尔、乌里希·德罗布尼希主编，吴越等译：《欧洲合同法与侵权法及财产法的互动》，法律出版社 2007 年版，第178 页。

整，当不存在有效契约关系时，则通过侵权责任予以解决。不过，契约准备阶段的先契约责任（缔约上过失责任）与一般侵权责任略有不同。①

前文已述，耶林的缔约上过失理论关注的是缔结无效契约时损害赔偿问题，法国判例和学说认为援引侵权行为法之规定即可解决。然而，随着社会经济之繁荣，大规模交易或标的物价值以较为重大之交易形态出现，从事交易当事人在契约缔结前常常需要经过详尽的磋商。在此磋商阶段，由于一方当事人中断谈判磋商、拒绝签约、泄露或使用机密信息或提供错误信息等，都可能造成他方当事人的损害。耶林的理论已不能涵盖这些新类型的缔约上过失。为保护无过失相对人的利益，法国判例多倾向援引《法国民法典》第 1382 条作为新类型的缔约上过失之法律基础。例如，1972 年 3 月 20 日，法国最高法院肯认了关于磋商中断责任问题得依侵权行为法解决。在这一著名案例中，原告与某美国制造商在法国的独家代理商磋商关于购买生产水泥管机器事宜。为当场了解机器的性能，并就价金及技术细节直接与美国制造商进行磋商，原告亲自前往美国。之后，美国制造商发送要约给法国代理商，请其转送原告。但代理商不但延送该要约，而且还与原告竞争者缔结契约。代理商与原告的磋商就此中断，并未说明理由。法国最高法院认为，在契约磋商阶段，虽然当事人原则上有中断磋商的权利，但是根据磋商进展的状态，无正当理由中断磋商是鲁莽、滥权的，有违商业交易之善意原则，因而应依《法国民法典》第 1382 条规定负损害赔偿责任。②

尽管法国尚未将新类型缔约上过失作统一规定，但根据判例援引的《法国民法典》第 1382 条来看，新类型缔约上过失的构成要件为：其一，当事人的行为具有过失。所谓"过失"，并不以当事人具有加害恶意为必要，而是指当事人是否违反"善良家父"的注意义务。因此，原告不需证明被告是出于故意或重大过失，而由法院根据诚实信用原则，判断被告是否违反先契约注意义务。其二，存在损害。缔约前的损害必须是确定的。例如，因缔约所支出之必要商务旅行费用、研发费用等。其三，损害与过

---

① Schmidt-Szalewski. Frech Report. In Institute of International Business Law and Practice. *Formation of Contracts and Precontractual Liability*. Paris：ICC Pub.，1990，pp. 89 – 98.

② E. Allan，Farnsworth. Precontractual Liability：Fair Dealing and Negotiation Failure. *Columbia Law Review*，1987，8（2）：241.

失之间具有因果关系。关于先契约责任的损害赔偿范围，尚难由法国判例和学说探知其确切的界定标准。依法国民法关于侵权责任的赔偿原则，受害人可主张完全损害赔偿。一般多认为因磋商而支出的费用以及准备履行契约所支出的费用均可获得赔偿。至于受害人预期契约将缔结而错失与他人缔约之机会，以及预期契约缔结本身所获得之利益，仍有待法官根据具体案件斟酌是否给予赔偿。①

（二）产品责任

法国立法者制定民法典之时，危险活动或危险事故在社会上尚未多见。因此，过错责任原则被奉为侵权责任的一般归责原则。19 世纪末，危险活动比比皆是，若仍信奉"无过错即无责任"，其结果往往有失公平。1896 年 6 月 6 日，法国最高法院对特菲那尔（Teffaine）一案作出判决。该案事实为：被告所有蒸汽拖船上的蒸汽锅炉爆炸，致原告在船上服务之丈夫当场死亡。原告以锅炉导管焊接有瑕疵，对被告诉请损害赔偿。引擎制造商也以被告身份，参加诉讼，成为被告一员。法官在判决中抛弃了工伤事故中长期实行的过错责任原则，根据《法国民法典》第 1384 条有关"物之责任"的规定，认为"损害系出于偶然事故（Cas fortuit）或不可抗力，始得免责"。②在法国民法史上，该判决不仅将"物之责任"确立为侵权责任重要类型，而且为"物之责任"得依严格责任之归责原则奠定了基础。之后，严格责任原则逐渐发展成为侵权责任的又一基本归责原则，从而建立侵权责任二元并立之归责体系。③

产品责任，就是一种典型严格侵权责任之立法。因工业革命后，产品生产制造日益规模化，如果产品欠缺安全性，其流通进入市场之后，将造

---

① 参见邱琦：《纯粹经济上损失之研究》，台湾大学博士学位论文，2002 年，第 149 ~ 150 页。

② ［德］克雷斯蒂安·冯·巴尔著，张新宝译：《欧洲比较侵权行为法》（上卷），法律出版社 2004 年版，第 151 页。

③ 邱聪智：《从侵权行为归责原理之变动论危险责任之构成》，中国人民大学出版社 2006 年版，第 155 ~ 170 页。

成消费者人身或财产损害之结果。1804 年《法国民法典》并没有专门产品责任立法，面对新兴的因产品而产生的损害赔偿问题，主要根据民法典有关契约责任和侵权责任的规定。就受害人方面而言，依传统契约法，受害人与产品设计者或生产制造商应具有契约关系；依传统侵权行为法，受害人须举证证明产品设计者或生产制造商就该损害之发生具有"过错"。一方面，受害人与产品设计者或生产制造商往往不具有直接的契约关系；另一方面，受害人多不具有产品设计制造专业知识，其证明设计者或生产制造商"过错"所需之材料多掌握于产品设计者或制造人之手。为了强化对消费者的保护，法国不得不透过学说的建立和判例的补充，①对民法典相关规定进行扩张解释，逐步突破契约关系理论的束缚，将产品责任纳入严格侵权责任的范畴。法国法院为了强化对消费者的保护，在商品和建筑物有瑕疵的情况下，创设了直接诉权制度。根据该制度，遭受损害的最终买方享有一种选择权，可以在自己的直接卖主、中间卖主及制造商之间，任意择其一，依《法国民法典》第 1645 条追究瑕疵担保责任。随着 1985 年《欧共体产品责任指令》的实施，法国依照指令制定了本国的产品责任法。值得注意的是，法国并未另立特别法单独规范，而是直接将其置于民法典之中。现在《法国民法典》第四编（二）专门就因有缺陷产品引起的损害赔偿责任加以规定。②《法国民法典》第 1386－1 条仿照《欧共体产品责任指令》第 1 条规定："产品的生产者应对因其产品的缺陷造成的损害承担责任，不论其与受害人是否有合同联系。"③该条文强调受害人与契约关系之当事人并无关系，明确将产品责任界定为一种侵权责任。同时，产品责任以严格责任作为归责原则，即不考虑产品生产者于"主观"上是否具有故意或过失，只要产品生产者无法证明其具有法定的免责事由（第 1386－11

---

① 参见张严方：《消费者保护法研究》，法律出版社 2003 年版，第 465 页。

② 《法国民法典》第 1386－2 条规定："本编之规定适用于因伤害人身与损害财产所引起的损害的赔偿，有缺陷的产品本身除外。"

③ 《欧共体产品责任指令》第 1 条规定："产品生产者应对其产品的缺陷造成的损害承担责任。"

条），①则应当就损害负赔偿责任。

综上所述，法国法为了克服近代确立的民事责任和二元民事责任结构之不足，加强对受害人利益的保护，主要通过判例和学说，一方面以安全义务和告知义务为中心，逐渐扩大契约责任的适用范围，以保护有效契约中当事人契约履行利益之外的固有利益；另一方面则以注意义务为核心，不断扩张过错侵权责任的适用范围，契约准备阶段、履行阶段和契约终了后，当事人的信赖利益和固有利益均可寻求侵权行为法的保护。此外，法国法还通过侵权责任归责原则二元化，运用严格责任来解决因产品缺陷而引起的人身和财产损害赔偿问题。不可否认，由于现代法国侵权行为法的开放性，契约发展过程中受害人的人身和财产的损害，包括纯粹经济上损失，几乎都可以请求侵权行为法上的损害赔偿。

第三节　现代社会英美法的第三类型民事责任

一、英美合同法上的第三类型民事责任

英国著名法学家 P. S. 阿狄亚曾对古典契约法做过精辟的总结："合同法是被设计用来建立在合同双方当事人合意基础上的私人协议的履行。"②因此，传统契约责任仅保护人们就他人所作允诺而享有的期待利益。对于德国学者耶林提出的"缔约上过失"，在英国长期以来得不到关注。直到

---

① 《法国民法典》第 1386 - 11 条规定："产品生产者除能够证明以下事项外，均当然应负责任：1. 证明其并未将产品投入流通；2. 考虑到具体情形，有理由认为在产品由其投入流通当时并不存在造成损害的产品缺陷，或者有理由认为此种缺陷是后来才出现的缺陷；3. 该产品并不是为了投入销售或者其他任何形式的流通；4. 在其产品投入流通之时，现有的科学与技术知识并不能够发现缺陷的存在；5. 或者由于本产品符合立法与条例性质的强制性规则，其缺陷系由此而引起。如果产品的构成部件的生产者能够证明，产品的缺陷是由于其为之提供部件的产品本身的设计所造成的，或者是由于该产品的生产者所提出的指令要求所造成，该部件的生产者不再负责任。"

② ［英］P. S. 阿狄亚著，赵旭东、何帅领、邓晓霞译：《合同法导论》，法律出版社 2002 年版，第 8 页。

1936 年，美国学者 L. L. 富勒和小威廉·R. 帕杜发表了具有里程碑意义的《契约损害赔偿中的信赖利益》，英美两国法律人才开始重视契约责任对期待利益之外的其他利益的保护问题。①

19 世纪 80 年代以来，英美两国法官主要依靠默示条款（implied terms）和允诺禁反言（promissory estoppel）两个制度，将契约责任的保护范围扩及固有利益和信赖利益。

所谓默示条款，指的是契约本身虽未规定，但在发生纠纷时由法院确认的、契约应当包括的条款。②默示条款本质上是一种司法上对契约条款进行限制的制度，但在实际运用的过程中突破了原本契约责任，只保护期待利益之限制。

1889 年权威判例"雄红松鸡"案（The Moorcock）堪称典范。该案事实是：原告是"雄红松鸡"汽船的所有者，被告则为码头所有者。双方就汽船有偿停靠码头达成了协议。但当汽船停泊在该码头时，正是退潮之时，船即搁浅，并受到了损害。原告起诉要求被告损害赔偿。③英国上诉法院认为，契约中应包含一个默示条款，即被告担保采取合理的谨慎，注意到河床泊位是安全的，并据此判决被告应当承担赔偿责任。④在此案中，原告的汽船损害实属于固有利益之损害，而法院的判决表明了契约责任可扩及期待利益之外的利益。之后，在查普郎耐尔诉梅森案中，原告在被告商店购得一袋面包，其在咀嚼面包时，他的牙被面包所含的一块石头撞击而脱落，英国上诉法院利用"默示条款"判决被告应为此承担损害赔偿之责。另一个典型判例则是沃利斯诉拉塞尔案。在此案中，原告从被告处购买两只鲜蟹作汤，但实际上蟹已经不新鲜，并对原告身体造成损害。法院同样认为被告违反了"默示条款"，应对原告的人身损害承担赔偿责任。⑤

---

① Andrew Robertson. On the Distenction between Contract and Tort. In *The Law of Obligations*: *Connections and Boudaries*. London: UCL Press, 2004, pp. 87–88.

② Paul Richards. *Law of Contract* (5th Edition). Beijing: Law Press, 2003, p. 114.

③ Moorcock, The (1889) L. R. 14 P. D. 64. ［英］A. G. 盖斯特著，张文镇等译：《英国合同法和案例》，中国大百科全书出版社 1998 年版，第 130～131 页。

④ 何宝玉：《英国合同法》，中国政法大学出版社 1999 年版，第 324 页。

⑤ ［英］A. G. 盖斯特著，张文镇等译：《英国合同法和案例》，中国大百科全书出版社 1998 年版，第 138 页。

显而易见，在这两个因商品瑕疵导致当事人人身损害的案件，法院援引"默示条款"将契约责任的保护范围拓展至有关人身的固有利益。但是，在涉及当事人固有财产和人身损害的契约纠纷中，法院在运用"默示条款"上是持谨慎态度的，①更倾向于肯定契约责任和侵权责任之竞合，由当事人选择其一提起损害赔偿之诉。

允诺禁反言则是现代英国最著名法官之一丹宁爵士（Lord Denning）在 1947 年"高树"案（Central London Property Trust Ltd. v. High Trees House Ltd.）中正式确立的。该案的事实是：原告于 1934 年将伦敦的一套公寓楼出租给被告，租期为每年 2 500 英镑。被告租房后将房屋转租。1940 年 11 月双方协商达成一致，将租金减半征收，但当时未说明期限。1945 年战争结束，原告希望恢复原先确定的房租价格。原告起诉，要求被告从 1945 年下半年起，该按 1937 年确定的租金水平收取租金，理由是，被告并没有为减低房租的协议提供对价。②丹宁法官判决原告胜诉，并且充分利用这个机会，发展了允诺禁反言规则。他指出：如果原告要求按照原定租金水平收取 1940—1945 年期间的房租，则此项要求应予驳回，因为双方在 1940 年已经同意降低租金水平，被告以后曾经根据这一允诺向房客减收了房租，如果允许被告推翻其允诺，那显然是不公平的。从本案中可以得出如下的结论：如果一个人允诺他不坚持自己的严格法定权利，而且对方已经据此允诺采取了行动，那么，法律将要求他信守诺言，即使这项诺言并无对价支持。允诺禁反言制度实质上保护的是当事人的信赖利益。但是，此制度的使用是有限制的，必须有既存法律关系为前提，如双方当事人间并无契约上法律关系事宜，则该制度无适用之地。③

1980 年，由美国学者罗伯特·布劳彻（Robert Braucher）和 E. 艾伦·范斯沃思（E. Allan Farnsworth）先后主持编写的《第二次合同法重述》完成了。其中的第 90 条对允诺禁反言做了进一步的阐述。该条如此规定："允诺如果是在允诺人通过合理的推想可以预见到能够引起受允诺人或第

①　[英] P. S. 阿狄亚著，赵旭东、何帅领、邓晓霞译：《合同法导论》，法律出版社 2002 年版，第 219 页。

②　Central London Property Trust Ltd. v. High Trees House Ltd.（1947）K. B. 参见何宝玉：《英国合同法》，中国政法大学出版社 1999 年版，第 161 ~ 162 页。

③　杨桢：《英美契约论》，北京大学出版社 1998 年版，第 366 页。

三人的行为或负担，并确实引起了此种行为或负担的情况下做出的话，如果只有通过允诺的履行才能避免不公正，则该允诺必须得到履行。对（受诺人）因（允诺人）违背诺言而给予的救济应限制在正当范围之内。"①这样，美国《第二次合同法重述》就把允诺禁反言作为契约的强制履行或给予损害赔偿的基本原则，而信赖也成为契约得到有效履行或使当事人获得赔偿的充足理由。

二、英美侵权法上的第三类型民事责任

早期英国法认为，在当事人之间存在契约关系或可以通过契约获得救济时，法院便不会通过适用侵权行为法来救济受害人。随着社会经济的发展，尤其是社会中弱势群体的出现，20世纪30年代以来英国开始主要运用过失侵权制度（Liability for Negligent Conduct）来解决受害人的人身和财产损害赔偿问题。

过失侵权行为制度的构成要件一般包括三项：其一，注意义务（duty of care）；其二，注意义务的违反（breach of duty）；其三，损害（damage）。在1932年多诺哥诉斯蒂芬森（Donoghue v. Stevenson）一案中，原告的朋友为其要了一杯啤酒，酒中含有一个腐败的蜗牛躯体，原告不知而饮用，后来发觉时精神受到惊吓，于是向啤酒的制造人提出赔偿请求。法官在这一标志性案例判决中确立了注意义务的一般概念地位，并发展出所谓的"邻人原则"（the principle that you are love your neighbour）作为标准。② 正是这一"邻人原则"要件，即负有注意义务的人与受害人有一定的联系，使契约发展中受害人的损害赔偿问题可以纳入过失侵权制度予以解决。同时，英国上议院还提出，只要侵权责任并非与契约相抵触，它就可以在存在契约关系的情况下也予以适用，并且仅在通过契约可以认为当事人的目的是要限制或排除侵权责任的适用时才产生例外。但是，多诺哥诉斯蒂芬森判例确立过失侵权行为原则之后,法院仍仅就人身损害提供保

① 傅静坤：《二十世纪契约法》，法律出版社1998年版，第88页。

② Donoghue v. Stevenson（1932）A. C. 562. 参见廖焕国：《侵权法上注意义务比较研究》，武汉大学博士学位论文，2005年，第14页。

护，而不及于财产上利益。

1964 年，哈德利诉海勒合伙有限公司（Hedley Byrne & Co. v. Heller & Parters Ltd.），为第一个肯定因过失所造成纯粹经济损失的请求赔偿之判例，并且该案确立了注意义务的"特殊关系"标准（a special relationship）。然而，在此之后英国法又经历了一个漫长的不确定的发展时期，纯粹经济损失的排除性规则又被重新确认。目前，在具体判断个案中的"注意义务"时，英国上议院所采用的是类型化的方法，以既有判例为基础将之类型化作为决定"注意义务"是否存在的指引。可以说，英国法现在对纯粹经济损失的赔偿问题采取了消极的限制态度。①

在美国法上，情形大体相同。但对纯粹经济损失的赔偿问题，美国法院采取了颇为开明的态度，并且倾向采用"预见可能性"（foreseeability）标准来判断"注意义务"能否成立，这是一个比较宽泛的标准，由此可衍生出许多过失引起的纯粹经济损失类型。例如，美国加州高院于 1979 年审理的著名"飞机场"案（J'Aire Corp. v. Gregory）：②原告在郡飞机场内向郡政府租用设备经营餐厅。郡政府与被告承包商缔结修缮餐厅空调系统及暖气设备，由于被告施工进度落后，原告遭受原先所谓预期之营业利益损失，请求被告损害赔偿。法院认为，根据被告行为与原告损失间的关联性，原告之损害是可预见的，因此被告负有注意义务，放弃了传统上对身体损害与纯粹经济损失之区分，提出损失之种类与损害赔偿问题并无关联，进而宣称传统上对注意义务之限制，已被"预见可能性"标准所取代。在立法上，过失侵权行为制度也有成文化的趋势，特别是在美国《第二次侵权法重述》中有突出体现，这也是美国法和英国法相比颇为不同的一个特点。③

---

① 参见李昊：《纯经济上损失赔偿制度研究》，北京大学出版社 2004 年版，第 39 页。

② J'Aire Corp. v. Gregory. 24 Cal. 3d 799, 598 P. 2d 60, 157 Cal. Reptr. 407 (1979). 参见邱琦：《纯粹经济上损失之研究》，台湾大学博士学位论文，2002 年，第 112 页。

③ 徐爱国：《英美侵权行为法》，法律出版社 1999 年版，第 306 页。

在英美现代侵权行为法上，严格责任的适用范围有所扩大。在英国，有关严格责任的一般原则是通过对著名的"赖兰茨"案（Flecher v. Rylands）的解释而发展起来的。①在美国，"赖兰茨"案确立的原则被发展成了一种一般性的可以被普遍适用的理论——超常危险活动理论。其结果是，严格责任在美国的适用范围比英国宽得多。②

20世纪60年代以来，美国侵权行为法最引人注目的变革，就是严格责任成为产品责任的主要归责原则。20世纪60年代早期，美国法院开始承认任何商业销售者都对存在制造缺陷的产品因该缺陷引起的损害承担赔偿责任，不论原告是否能够提起传统的过失责任和严格保证责任的诉讼请求。即便制造商在制造缺陷产品的过程中对产品进行了合理的质量监控，产品责任依然得以成立。原告为提起诉讼，不再需要和作为被告的销售者存在直接的关联。不需要证明存在过失的默示保证责任和不需要证明契约关系存在的侵权行为法概念上的过失责任相融合，成为侵权行为法上对制造缺陷产品的严格责任。③1965年美国法学会出版了《第二次侵权法重述》，在第402A条明确了缺陷产品的严格责任。1997年5月20日，《第三次侵权法重述：产品责任》试图总结三十多年来各州在产品责任法领域的司法实践，将产品缺陷分为三类：制造缺陷、设计缺陷和警示缺陷，并针对缺陷的种类规定不同的责任标准。对于制造缺陷仍采用严格责任标准，对于后两者，则由原告负担"合理替代"的设计或警示的举证义务，确立了一种"合理性"的标准。④

---

① Fletcher v. Rylands, 159 Eng. Rep. 737（EX. 1865）；Fletcher v. Rylands, L. R. 1 EX. 265（1866）；Fletcher v. Rylands, L. R. 3H. L. 330（1868）. 参见王军：《侵权法上严格责任的原理和实践》，法律出版社2006年版，第43～45页。

② 王军：《侵权法上严格责任的原理和实践》，法律出版社2006年版，第64页。

③ 美国法律研究院编，肖永平等译：《侵权法重述第三版：产品责任》，法律出版社2006年版，第3页。

④ 张岚：《产品责任法发展史上的里程碑——评美国法学会〈第三次侵权法重述：产品责任〉》，载《法学杂志》2004年第3期。

第四节　现代社会我国法上的第三类型民事责任

一、我国法上的第三类型民事责任

法国学者 M. 普兰尼欧（M. Planiol）指出，在近代民法中，确定义务只有两个渊源：契约和法律。①申言之，民法上的义务来源有两个：一个是基于双方当事人意思表示所产生的约定义务（契约义务）；另一个则是法律所规定的民事主体必须履行的法定义务。意思自治观念在 19 世纪居于支配地位，约定义务在民事义务体系中也占主导地位。②然而，进入 20 世纪以后，随着诚实信用原则得到充分的适用，约定义务在民事义务体系中的主导地位也发生了动摇。根据诚实信用原则，法官在具体案件运用自由裁量权创设了各种新的民事义务，这些义务既不是当事人约定的义务，也不是制定法事先规定的。以大陆法系典型国家德国为例，为了给予当事人的权益提供充分的保护，百年来法官在判例中陆续确定了先契约义务、契约附随义务和后契约义务等新义务群。③我国现代民事立法和司法顺应了这一新的发展趋势。

由于我国尚无民法典，现行的民法体系仍处于以《民法通则》为核心包括众多单行法构成的法律体系层面。就《民法通则》而言，该法从民事基本法的角度不仅肯定了意思自治原则，而且将诚实信用原则确定为民法基本原则之一。④自 1999 年以来，为解决社会生活不断涌现的新型人身和财产的民事纠纷，我国主要借鉴德国的判例和学说，通过《合同法》、司

---

①　［法］莱昂·狄骥著，徐砥平译：《〈拿破仑法典〉以来私法的普通变迁》，中国政法大学出版社 2003 年版，第 110 页。

②　李军：《法律行为理论研究》，山东大学博士学位论文，2005 年，第 66~79 页。

③　Stephan Lprenz, Tomas Riehms. Lehrbuch zum neuen Schuldrecht. München：C. H. Beck，2002，S. 175－196.

④　《民法通则》第 4 条规定："民事活动应当遵循自愿、公平、等价有偿、诚实信用的原则。"

法解释和《侵权责任法》，引入了有别于传统民事义务的先契约义务、契约附随义务、后契约义务和安全保障义务，扩张了原有的民事义务体系，并以此等新义务为基础建构了与传统合同责任和侵权责任不同的缔约上过失责任、加害给付责任、后合同责任、预约责任和违反安全保障义务责任，这些新类型的民事责任被称为第三类型民事责任。

二、我国合同法上的第三类型民事责任

（一）缔约上过失责任

在《合同法》颁布之前，我国法律和最高人民法院相关司法解释并未明确使用缔约上过失责任的概念，但《民法通则》第 61 条、《经济合同法》第 16 条、《涉外经济合同法》第 11 条对民事行为无效或者被撤销后产生的损害赔偿问题作了明确规定。学者对此有不同的看法，但无论从缔约上过失责任的起源、发展历程还是立法、司法实践来看，因民事行为无效或被撤销引起的损害赔偿问题应属于缔约上过失责任。①

1999 年，我国《合同法》对缔约上过失责任制度作了较为完整的规定，不仅有缔约上过失责任制度的一般规定（第 42 条和第 43 条），而且对缔约上过失责任制度作出了具体规定（第 52 条、第 54 条和第 58 条）。《合同法》第 42 条规定："当事人在订立合同过程中有下列情形之一，给对方造成损失的，应当承担损害赔偿责任：（一）假借订立合同，恶意进行磋商；（二）故意隐瞒与订立合同有关的重要事实或者提供虚假情况；（三）有其他违背诚实信用原则的行为。"从法条的结构来看，其中第 3 款是相对于第 1 款和第 2 款列举规定之概括规定，由此可以推导出该条之基础，在于诚实信用原则。根据立法机关提供的资料，该条主要是援引《国际统一私法协会国际商事通则》的规定。《国际统一私法协会国际商事通则》第 2.15 条规定："当事人可自由进行谈判，并对未达成协议不承担责任。但是，如果一方当事人以恶意进行谈判或恶意终止谈判，则该方当事人应对因此给另一方当事人所造成的损失承担责任。恶意，特别是指一方

---

① 陈吉生：《论缔约过失责任》，法律出版社 2012 年版，第 71 ~ 72 页。

当事人在无意与对方达成协议的情况下，开始或继续进行谈判。"①从法条的内容来看，该条主要是用以约束当事人在订立契约过程中的恶意行为，当事人负有告知、协力、照顾等义务。

接着，《合同法》第 43 条规定："当事人在订立合同过程中知悉的商业秘密，无论合同是否成立，不得泄露或者不正当地使用。泄露或者不正当地使用该商业秘密给对方造成损失的，应当承担损害赔偿责任。"②该条主要也是援引《国际统一私法协会国际商事通则》的规定。《国际统一私法协会国际商事通则》第 2.16 条规定："在谈判过程中，一方当事人以保密性质提供的信息，无论此后是否达成合同，另一方当事人有义务不予泄露，也不得为自己的目的不适当地使用这些信息。在适当的情况下，违反该义务的救济也包括根据另一方当事人泄露信息所获得之利益予以赔偿。"按条文的表述，在合同未至成立生效阶段，双方当事人应负保密义务，这也是以诚实信用原则为基础。我国学说上，将由《合同法》第 42 条和第 43 条派生的义务称为"先契约义务"，③并且认为这两条规定是缔约上过失责任的法理基础。④尽管《合同法》对缔约上过失责任作了明确规定，但在学界如何解释缔约上过失责任，仍存在较大的争议。

关于缔约上过失责任的概念，存在不同的表述。例如，崔建远教授认为缔约上过失是缔约人故意或过失地违反先合同义务时依法承担的民事责任。⑤而王利明教授则提出缔约上过失责任是指合同订立过程中，一方因违背诚实信用原则所应负有的义务，而致另一方信赖利益的损失，并应承担的损害赔偿责任。⑥这两种概念的界定虽然侧重点各有不同，但均肯定了以下几点，即这种责任发生于契约缔结阶段，一方当事人违反先契约义务，

---

① 全国人大常委会法制工作委员会民法室编：《中华人民共和国合同法实务全书》，中国商业出版社 1999 年版，第 2108 页。

② 全国人大常委会法制工作委员会民法室编：《中华人民共和国合同法实务全书》，中国商业出版社 1999 年版，第 2108 页。

③ 江平、程合红、申卫星：《论新合同法中的合同自由原则与诚实信用原则》，载《政法论坛》1999 年第 1 期。

④ 王洪亮：《缔约上过失制度研究》，中国政法大学博士学位论文，2001 年，第 124 页。

⑤ 崔建远：《合同法》，法律出版社 1999 年版，第 167 页。

⑥ 王利明：《违约责任论》，中国政法大学出版社 2000 年版，第 706 页。

造成相对方损失，应承担损害赔偿责任。

关于缔约上过失责任的构成要件问题，有明确强调构成要件的学者，也有主张淡化构成要件的学者。强调者认为缔约上过失责任应具备下列构成要件：第一，发生在合同订立的过程中，只有在合同尚未成立，或者虽然成立，但因为不符合法定的生效要件而被确认为无效或被撤销时，缔约人才应承担缔约过失责任。第二，一方违背依诚实信用原则所应负的义务。缔约当事人具有过失，该过失是一种客观的过失，即指违反了诚实信用原则所负有的先契约义务。第三，造成他人信赖利益的损失。信赖利益的损失，是指因缔约一方的过失行为而使契约不能成立或无效，导致信赖人所支出的各种费用和其他损失不能得到弥补。受法律保护的信赖利益，必须是基于合理信赖而产生的利益。①主张淡化缔约上过失责任统一构成要件的学者，则将重点集中在探讨缔约上过失责任的具体类型的分析上，如李永军教授和韩世远教授。"因缔约上过失，致使损害于他人，形态繁杂，为期明了，应依特定标准，组成类型，并进而构成体系。"②

关于缔约上过失责任的具体类型，学者也并未达成一致意见。多数学者依据《合同法》的规定，认为缔约上过失主要有下列类型：第一，恶意磋商行为；第二，故意隐瞒行为；第三，泄露或不正当使用商业秘密；第四，无权代理行为；第五，契约无效或被撤销而引致的过错致害行为；第六，其他违背诚实信用原则的行为。另有学者认为应依缔结的契约是否有效成立来确定缔约上过失责任的类型，将缔约上过失责任分为：第一，契约未成立型。主要指恶意磋商行为，又可分为恶意开始磋商与恶意继续磋商。第二，契约无效性。主要指契约无效或被撤销而引致的过错致害行为。第三，契约有效性。主要指故意欺瞒行为。③

关于缔约上过失责任的赔偿范围，大多数观点均认为缔约上过失责任的赔偿范围是受害人信赖利益的损失。对于信赖利益，一般认为是指当事人相信契约有效成立，但因某种事实之发生，该契约不成立或无效时，当

---

①　参见王利明：《合同法研究》（第1卷），中国人民大学出版社2002年版，第310～317页。

②　韩世远：《合同法总论》（第2版），法律出版社2009年版，第108页。

③　朱广新：《信赖责任研究——以契约之缔结为分析对象》，法律出版社2007年版，第282～283页。

事人所蒙受的不利益。①司法实践中也基本上是以受害人的信赖利益损失，包括缔约费用、准备履行契约的费用等作为赔偿范围的。对于受害人因丧失此次缔约机会而造成下次增加的缔约成本，即纯粹经济损失部分，是否属于缔约上过失责任的赔偿范围，学界尚有争议。

我国理论界对缔约上过失责任仍有重大分歧，审判实践中如何理解和适用该规定，也存在较大争议。法院不仅在判决书中因对该问题争议较大而不敢大胆适用该制度，就连最高人民法院在《合同法》施行后制定的几个司法解释中也存在自相矛盾之处。②

（二）加害给付责任

《合同法》第 60 条规定："当事人应当按照约定履行自己的义务。当事人应当遵循诚实信用原则，根据合同的性质、目的和交易习惯履行通知、协助、保密等义务。"从该条的结构来看，第 1 款强调的是约定义务的法律约束力；第 2 款规定的是依诚实信用原则而产生的非约定义务，学说上称为"契约附随义务"，并且认为第 60 条第 2 款为契约履行中的附随义务的一般规定。③我国《合同法》并未明确契约附随义务的内涵与外延，学界也各持己见，导致概念上的混乱。

关于加害给付责任，我国《合同法》并没有明确规定，学界形成了四种观点：一是履行利益兼固有利益损害说。加害给付是指因债务人的不适当履行造成债权人的履行利益以外的其他损失。④二是履行利益或固有利益损害说。加害给付是指债务人虽然履行，但其履行有瑕疵或给债权人造成损害的情形。⑤三是固有利益损害说。加害给付是指债务人过失不履行保护义务而致债权人履行利益以外的固有利益受害的行为。⑥四是履行利益可能

---

① 王培韧：《缔约上过失研究》，人民法院出版社 2004 年版，第 167 页。

② 参见陈吉生：《论缔约过失责任》，法律出版社 2012 年版，第 77～79 页。

③ 侯国跃博士认为该条也是从给付义务的一般性条款。参见侯国跃：《契约附随义务研究》，西南政法大学博士学位论文，2006 年，第 275 页。

④ 王利明：《违约责任论》，中国政法大学出版社 2000 年版，第 218 页。

⑤ 这一观点将加害给付称为"不当履行"。王家福主编：《民法债权》，法律出版社 1991 年版，第 165 页。

⑥ 刘海奕：《加害给付研究》，见梁慧星：《民商法论丛》（第 4 卷），法律出版社 1998 年版，第 347 页。

说。加害给付是指债务人所为的履行不符合债的本旨，除可能损害债权人的履行利益外，尚发生对债权人固有利益的损害。①

上述四种观点主要是从损害范围的角度来界定加害给付责任，而未触及该责任的基础，即与契约附随义务的关系。虽然"固有利益损害说"指出了加害给付是违反保护义务的后果，但将损害结果仅限定为固有利益的损失存在不足。债务人违反旨在保护相对人固有利益的契约附随义务时，其结果除了造成相对人固有利益的损害外，还可能附带造成相对人履行利益的损失。如绪论中"承揽人违反安全注意义务案"中，承揽人在履行装潢契约过程中违反了附随的安全注意义务，不仅造成了原告的固有财产价值降低，而且附带导致原告履行利益的丧失。这是早期德国法所无法解决的，也是史韬布提出的积极侵害契约理论之所以能够被后世称为"法学上的发现"的原因所在。但在有些情形下，债务人虽然违反了契约附随义务，但对契约之履行利益并无影响。如债务人履行安装空调契约过程中，空调妥当安装完毕，但由于未积极采取安全防护措施，债务人在放置安装工具时不慎砸伤相对人。该债务人违反了契约附随义务，虽然造成了固有利益的损害，但对履行利益并无影响。因此，债务人违反契约附随义务的情形下，相对人固有利益的损害是恒定的，而履行利益的损害则为不确定的，这也是当前单以契约责任或侵权责任难以解决受害人全部损害赔偿的根本原因。从责任产生的基础和损害后果两个方面出发，所谓加害给付责任，指的是债务人违反契约附随义务，造成相对人固有利益的损失和可能之履行利益的损失，依法应承担损害赔偿的责任。

（三）后合同责任

《合同法》第92条规定："合同的权利义务终止后，当事人应当遵循诚实信用原则，根据交易习惯履行通知、协助、保密等义务。"根据条文的表述，在契约权利义务终止后，当事人依诚实信用原则履行非约定义务，学说上称为"后契约义务"。②关于后契约义务，学界的看法大致相同。王泽鉴教授认为，契约关系消灭后，当事人尚负有某种作为或不作为

---

① 李永军：《合同法》，法律出版社2005年版，第682页。
② 焦富民：《后合同责任制度》，载《河北法学》2005年第11期。

义务，以维护给付效果，或协助相对人处理契约终了的善后事务，称为后契约义务。①史尚宽先生认为，后契约义务即是债之关系终了后之附随义务，它可分为一时的债之关系终了后的义务与继续的契约终了后的义务两种情形。②黄立先生也强调指出，于订约前，有契约前义务；于契约履行后，也是余音未绝，尤其是长期性的债之关系，如租赁及劳务关系，此种义务系由诚信原则演变而来。③也有学者认为，后契约义务是指在契约关系终止后，基于诚实信用原则，当事人仍负有的某种作为或不作为义务。④另有学者认为，后契约义务是指契约关系终止后，当事人依照法律的规定，遵循诚实信用原则，根据交易习惯履行的义务。⑤还有学者认为，后契约义务是指在契约终止后，当事人根据诚实信用原则而应当履行的通知、协助、保密等义务。⑥在具体类型上，侯国跃博士提出，后契约义务从内容上可以分为两种，后契约之从给付义务和后契约之保护义务。前者与契约履行中的从给付义务没有实质区别，后者则与契约履行中的保护义务（契约附随义务）同其本质。⑦

可以看出，学界对于后契约义务的界定，基本上形成两点共识：一是强调该义务产生于契约履行完毕之后；二是强调该义务的理论基础在于诚实信用原则。至于侯国跃博士所提出的关于后契约义务的分类，这种做法是将简单的问题复杂化了。因为从给付义务是给付义务的组成部分之一，其与契约本身密切相关，依附于有效契约的存在而存在。如果债权债务履行完毕，契约关系终了，则整个契约之给付义务（当然包括从给付义务）均已消灭。"皮之不存，毛将焉附？"如果确实还存在所谓的"后契约之从给付义务"的话，只能说明契约之债权债务关系尚未消灭，债务人应继续履行。例如，在商场购物中，购买人通过收银台支付了其购买的衣服的款

---

① 王泽鉴：《债法原理》（第 1 册），中国政法大学出版社 2001 年版，第 46 页。
② 史尚宽：《债法总论》，中国政法大学出版社 2000 年版，第 345 ~ 346 页。
③ 黄立：《民法债编总论》，中国政法大学出版社 2002 年版，第 93 页。
④ 杨立新：《中华人民共和国合同法解释与适用》，吉林人民出版社 1999 年版，第 323 页。
⑤ 谢良权：《合同法新释与例解》，同心出版社 2000 年版，第 304 页。
⑥ 江平：《中华人民共和国合同法精释》，中国政法大学出版社 1999 年版，第 75 页。
⑦ 侯国跃：《契约附随义务研究》，西南政法大学博士学位论文，2006 年，第 48 页。

项，此时买卖契约尚未履行完毕，因为商场还负有将衣服上的贴夹取下的义务（如果该贴夹没有取下，则购买者通过检验通道时会发出报警声，而且该衣服也无法正常使用）。此项义务并不是后契约义务，而仍然是契约当事人一方即商场所负有的从给付义务。因此，后契约义务中不应再包含从给付义务性质的义务类型，仅为保护相对方固有利益的义务。结合我国《合同法》第 92 条的规定，可以将后契约义务界定为：契约关系终止后，当事人依照诚实信用原则和交易习惯，应履行的保护相对人固有利益的义务。当事人不履行后契约义务，造成相对人固有利益损失的，应承担赔偿责任。这种赔偿责任即为后契约责任。

（四）预约责任

2012 年，最高人民法院颁布了《最高人民法院关于审理买卖合同纠纷案件适用法律问题的解释》。该解释第 2 条规定："当事人签订认购书、订购书、预订书、意向书、备忘录等预约合同，约定在将来一定期限内订立买卖合同，一方不履行订立买卖合同的义务，对方请求其承担预约合同违约责任或者要求解除合同并主张损害赔偿的，人民法院应予支持。"该条是对预约的效力和违反预约的责任的规定。预约是约定将来成立一定契约的契约。预约签订之后，当事人负有在一定期限内缔结本约的义务。违反预约的责任，既不是缔约上过失责任，也不是传统的违约责任。

缔约过失责任与预约均有保证"本约"有效签订的价值，因此，两者的确有相似之处。但是两者的重要区别在于：预约是当事人对本约签订的预先安排，其可能包含违约责任的具体化条款，固化当事人的违约责任，对其约束刚性较大；而缔约过失责任则是法定的一种制度设计，适用于本约签订的整个过程，法律也明确规定缔约过失方应承担的责任范围，其更多是对当事人在签约谈判过程中过失的一种事后评价。预约明显是处于本约的缔约阶段，但违反预约的行为与缔约过失行为承担的责任应是不同的，预约不产生缔约过失责任，违反预约承担的是违约责任，该违约责任可以事先约定；如果未事先约定，则以预约合同的情况由法官自由裁量。①

违反预约的责任与传统的违约责任也不同，其违约责任承担方式只能

---

① 王利明：《合同法研究》（第 1 卷），中国人民大学出版社 2002 年版，第 331 页。

是继续履行、赔偿损失、支付违约金和适用定金罚则。由于预约合同的履行标的是缔结本约合同的行为，并无交易内容，所以"减少价金"的违约责任形式自无适用的空间。预约的继续履行问题的实质是是否可强制缔约问题。关于该问题，最高人民法院考虑到"我国民法学界对于该问题的学术研究尚有待深入，相关审判实务经验亟待丰富和发展，将该问题留给学术界进一步深入研究，留待审判实践去进一步检验"。①预约责任损害赔偿的范围则以信赖利益为限，在最高不超过信赖利益的范围内，由法官从利益平衡和诚实信用、公平原则出发，结合案件实际情况，综合考虑守约方的履约情况、违约方的过错程度、合理的成本支出等因素，酌情自由裁量。关于预约中的违约金问题，有违约金条款的情形，关键在界定买卖预约合同的损失，该损失主要是指"所受损失"，通常包括四项内容：其一，订立预约合同所支出的各种费用；其二，准备为签订买卖合同所支出的费用；其三，已付款项的法定孳息；其四，提供担保造成的损失。没有违约金条款的情形，守约方应证明因对方违约而给自己造成损失的存在。在赔偿数额上，将其限定在本约的信赖利益，并以不超过履行利益为限。一般情况，预约合同可以适用定金罚则。②

三、我国侵权法上的第三类型民事责任

（一）违反安全保障义务责任

2010 年《侵权责任法》第 37 条规定："宾馆、商场、银行、车站、娱乐场所等公共场所的管理人或者群众性活动的组织者，未尽到安全保障义务，造成他人损害的，应当承担侵权责任。因第三人的行为造成他人损害的，由第三人承担侵权责任；管理人或者组织者未尽到安全保障义务的，承担相应的补充责任。"该条是以德国侵权法中的一般安全注意义务理论为基础，规定了从事住宿、餐饮、娱乐等经营活动或者其他群众性活动的

---

① 奚晓明主编：《最高人民法院关于买卖合同司法解释理解与适用》，人民法院出版社 2012 年版，第 61 页。

② 奚晓明主编：《最高人民法院关于买卖合同司法解释理解与适用》，人民法院出版社 2012 年版，第 63 页。

自然人、法人或者其他组织的安全保障义务。根据损害发生的原因，针对两种不同的情况进行了规定：第一，如果相关社会活动安全保障义务人未尽到安全保障义务，导致他人损害的，其应承担损害赔偿责任；第二，如果受害人的损害是由第三人的侵权行为所致，安全保障义务人有过错的，应当承担相应的补充赔偿责任。①

随着我国经济和社会的不断发展，人身、财产损害赔偿案件在类型上发生了重大变化。其中两类案件尤为突出：第一类是从事某些经营活动或社会活动的人未实施积极的行为而使他人遭受人身或财产的损害，受害人诉至法院要求这些人承担损害赔偿责任的案件；第二类是在从事上述活动的人未实施某些积极行为的情况下，受害人因第三人的侵害行为而遭受人身或财产的损害时，要求这些人承担赔偿责任的案件。②因审理此类案件无法可依，早在 2003 年，最高人民法院颁布的《关于审理人身损害赔偿案件适用法律若干问题的解释》（以下简称《司法解释》）即在借鉴德国侵权法中的一般安全注意义务理论的基础上，引入了安全保障义务，旨在解决安全保障义务人疏于该义务的不作为和损害结果关系问题，弘扬和合理分配社会正义。③《司法解释》第 6 条第 1 款规定："从事住宿、餐饮、娱乐等经营活动或者其他社会活动的自然人、法人、其他组织，未尽合理限度范围内的安全保障义务致使他人遭受人身损害，赔偿权利人请求其承担相应赔偿责任的，人民法院应予支持。"相较于过去有关作为义务的法律规定，该规定不仅仅在一定程度上扩大了承担法定作为义务的主体范围，更重要的是对安全保障义务采取一般规定。这种规定模式，在一定程度上赋予法官自由裁量权，根据案件具体情况判断当事人是否在"合理限度范围内"负安全保障义务。实际上，这是对侵权行为法上法定义务体系的扩张。

《侵权责任法》第 37 条改变了司法解释的规定，将违反安全保障义务

---

① 奚晓明主编：《中华人民共和国侵权责任法条文理解与适用》，人民法院出版社 2010 年版，第 269 页。

② 杨垠红：《侵权法上安全保障义务之研究》，厦门大学博士学位论文，2006 年，第 4 页。

③ 黄松有主编：《最高人民法院人身损害赔偿司法解释的理解与适用》，人民法院出版社 2004 年版，第 98 页。

责任的主体范围界定为"公共场所的管理人或者群众性活动的组织者"，这个范围比原来司法解释规定的范围窄。关于违反安全保障义务责任的归责原则，采用过错推定原则。推定的事实基础，就是被侵权人已经证明了侵害人的行为违反了安全保障义务。如果相对方否认自己有过错，则举证责任由其承担，应证明自己没有过错的事实。如果他能够证明自己没有过错，则推翻过错推定；如果不能证明自己没有过错，或者证明不足，则过错推定成立。违反安全保障义务的责任分为四种具体类型：第一，设施、设备违反安全保障义务；第二，服务管理违反安全保障义务；第三，对儿童违反安全保障义务；第四，防范制止侵权行为违反安全保障义务。违反安全保障义务的赔偿责任分为三种：自己责任、替代责任和补充责任。经营者违反安全保障义务，既可能构成侵权责任，也可能构成违约责任。因此，会发生民事责任的竞合，即违反安全保障义务的行为发生侵权责任和违约责任的竞合，被侵权人产生两个损害赔偿请求权。对此，被侵权人可以按照《合同法》第122条的规定，选择一个最有利于自己的请求权进行救济。①

（二）产品责任

《侵权责任法》第五章自第41条至第47条，共7条规定了产品责任。对于产品责任的含义，我国学界有不同的见解。一种观点认为产品责任即是产品侵权责任，指有缺陷的产品造成他人人身伤害或者财产损害，该产品的制造者、销售者所应承担的特殊侵权责任；另一种观点认为产品责任是产品的制造者、销售者对因制造、销售或者提供缺陷产品并致使他人遭受财产、人身损害所应承担的民事法律后果。②关于产品责任的性质的界定，理论界长期存在两种争论：侵权责任说和责任竞合说。侵权责任说认为产品责任适用侵权责任较之适用合同责任，在解决受害人的保护等产品责任问题时更加切实可行。责任竞合说则认为产品责任一般分为两类，即产品合同责任和产品侵权责任。前者产生的依据是"违反合同的义务"，

---

① 参见杨利新：《侵权责任法》，法律出版社2010年版，第272~282页。

② 奚晓明、王利明主编：《侵权责任法条文释义》，人民法院出版社2010年版，第262~263页。

而后者则是因为违反"非合同之法律义务"而产生。当产品因存在缺陷而导致他人人身或其他财产损害时，受害人是缺陷产品买卖合同的当事人，此时产品责任就会出现合同责任与侵权责任的竞合。在竞合的情况下，对于无辜的受害人有利的，其可以选择两种之中有利于自己的法律依据提起诉讼。目前我国侵权法明确将产品责任界定为侵权责任。①

对于产品责任的归责原则的规定散见于《民法通则》、《产品质量法》和《消费者权益保护法》等法律之中，但法律未明文规定采用什么原则。从《侵权责任法》的规定来看，无过错责任原则符合立法本意，此由立法起草人的解释可资印证。②根据无过错责任原则的规定，构成产品责任须具备三个要件：第一，产品存在缺陷；第二，缺陷产品导致人身、财产受到损害；第三，具有因果关系，产品的缺陷与受害人的损害事实之间存在引起与被引起的关系。从产品缺陷的角度划分，可以分为四种不同的产品责任类型，即制造缺陷产品责任、设计缺陷产品责任、警示说明产品责任和跟踪观察缺陷产品责任。产品责任的承担方式有停止侵害、消除危险和损害赔偿。《侵权责任法》第 47 条还明确规定了恶意产品责任的惩罚性赔偿金，"明知产品存在缺陷仍然生产、销售，造成他人死亡或者健康严重损害的，被侵权人有权依法请求相应的惩罚性赔偿金"③。

四、我国法上第三类型民事责任的实践困境

（一）缔约上过失责任

学者王洪亮在其博士论文中曾经评价过我国法上的缔约上过失责任制度，他认为我国在没有对该问题进行仔细论证的情况下，就全盘接受了该制度，令人疑虑。④直到今日，无论在理论上还是在实践中，有关缔约上过

---

① 王利明、周友军、高圣平：《中国侵权责任法教程》，人民法院出版社 2010 年版，第 511 页。

② 奚晓明、王利明主编：《侵权责任法条文释义》，人民法院出版社 2010 年版，第 268 页。

③ 参见杨利新：《侵权责任法》，法律出版社 2010 年版，第 313～333 页。

④ 王洪亮：《缔约上过失制度研究》，中国政法大学博士学位论文，2001 年，第 137 页。

失责任的定位、保护客体和赔偿范围等问题仍存在较大的争议。

从我国法院作出的判决来看，尽管不少判决实际上适用的是缔约过失责任制度，但判决书中却很少出现"缔约过失责任"这几个字。法院在处理因合同无效引发的纠纷时，一般均是在认定合同无效后直接适用《合同法》第 58 条的规定，判决当事人返还因无效合同取得的财产，并按过错大小承担赔偿损失的责任。对当事人承担责任的性质避而不谈。从案由来看，对缔约过失责任性质的认识，影响管辖法院的确定。虽有人主张，缔约过失责任属于一般侵权责任，但主流观点认为，缔约过失责任是一种独立于违约责任和侵权责任之外的责任类型。且诉请承担缔约过失责任时，合同一般不成立、无效、被撤销或不被追认，因此缔约过失责任相关纠纷以被告住所地管辖法院为宜。[①]

从缔约上过失责任赔偿范围而言，法律对于赔偿的范围并不明确。依据目前理论界之通说，缔约上过失责任的赔偿范围主要为受害人的信赖利益损失，且仅限于信赖利益的直接损失，具体包括因信赖对方的要约邀请和有效的要约而与对方联系、赴实地考察以及检查标的物等而支出的各种合理费用，因信赖对方为将要缔约做各种准备工作而支出的各种费用以及为谈判所支出的劳务费用及各项利息等。[②]所谓的合理费用，是指受害人应当按照一个谨慎小心的人那样，支付各种费用。而信赖利益的间接损失，即如果行为人将会缔约，受害人必将获得各种机会，而因行为人的过错导致契约不能成立所导致的损失，由于很难合理确定，故不应列入赔偿范围。至于交易当事人在订约过程中因一方未尽到保护、照顾等先合同义务而致他方的生命健康及所有权遭受的损害是否应纳入赔偿范围的问题，理论认识上尚未统一，司法实务中也做法不一。

在一出租人在订立租赁合同前违反告知环境污染义务案中，原告甲公司向被告乙工厂租赁厂房、土地、机器设备等，生产经营与乙工厂同样的铁丝产品。双方在签订契约时，被告未将业已存在严重污染并未彻底有效防治，以及当地环保局要求治理生产废水达标排放等事实情况告知原告，

①　奚晓明主编：《最高人民法院民事案件案由规定理解与适用》（修订版），人民法院出版社 2011 年版，第 130 ~ 131 页。

②　参见王利明：《违约责任论》，中国政法大学出版社 2000 年版，第 742 ~ 743 页。

原告也未进行可行性生产论证，对该厂的环境污染问题未予合理注意。契约签订后，原告投产生产铁丝数月后，对周围水源、耕地等继续造成污染，遭到附近村民及有关部门的阻止被迫停产。此后，原告多次向被告要求解除租赁关系，但被告置之不理，使其蒙受较大经济损失。原告请求确认双方租赁契约无效，被告应返还其押金和租金，并赔偿经济损失。法院认为被告在订约时负有告知原告有关该厂存在严重污染和未进行彻底有效治理的事实的义务，被告违反该义务构成隐瞒真实情况的欺诈行为。因此，原、被告双方所签订的租赁契约属无效契约，自始不发生效力。被告应将据该契约所取得的利益返还原告。但原告在订约前对被告环境污染及其他事项理应进行调查及做出可行性生产论证，在本案中也有一定的过错责任。因此，原告请求被告赔偿经济损失的理由不充分，不予支持。最高人民法院法官在评析此案时认为，被告在与原告签订租赁契约时，"即便未告知已客观存在的事实，也不能说被告实施了欺诈行为，只能说被告未切实履行相应的告知义务，使原告轻信（不发生误认、重大误解的问题）签订契约的基础，未在合同中订立划分环境污染责任的条款。"①但被告违反上述义务，原告能否据此请求被告解除契约以及赔偿经济损失，未有解答。再如，出卖人在交付商品时，不慎将商品掉下来砸伤买受人，契约也因此而不能订立，这种情况下虽然也可以构成缔约上过失责任，但受害人只能依据缔约上过失责任请求出卖人赔偿其信赖利益的损失部分（如支出的缔约成本）。如果受害人希望赔偿其身体健康权、所有权受到侵害的实际损失以及精神损害等，则只能基于侵权行为法提起诉讼。

这样就产生了受害人损害赔偿不足的问题。受害人如果主张缔约上过失责任的话，其只能获得因信赖契约有效成立而受到的信赖利益损失的赔偿，且经济利益损失以不超过履行利益为限。②受害人对于其人身及财产利益的损失，则只能依据侵权责任主张赔偿。在这种情况下，根据目前民法上的请求权竞合理论及司法实践中的"一事不再理"原则，受害人要么主张缔约上过失责任，要么主张侵权责任，其于缔约过程中受到的全部损失

---

① 案例源自最高人民法院中国应用法学研究所：《人民法院案例选》（第 2 辑），人民法院出版社 2001 年版，第 200 页。

② 马强：《合同法新问题判解研究》，人民法院出版社 2005 年版，第 86 页。

将不能获得全额赔偿。

（二）加害给付责任

违反契约附随义务是构成加害给付责任之基础。在加害给付情况下，除了造成受害人固有利益的损害外，还可能造成履行利益及其他利益的损害。德国学者迪特尔·施瓦布概括违反保护义务（包括契约附随义务）可能造成如下损害：其一，虽然没有损害其所负担的给付（履行利益），却损害了对方当事人的其他利益；其二，除了该项不当履行本身造成的损害外（履行利益），还使另一方当事人的法益产生其他损害（瑕疵后续损害，附随损害）。①然而，结合我国《合同法》的规定来看，加害给付情形下，受害人在损害赔偿问题上将受到以下限制。

1. "可预见原则"的限制

对于加害给付情况下受害人的救济问题，我国《合同法》第112条予以了明确规定。但在赔偿范围上，《合同法》第113条又规定："当事人一方不履行合同义务或者履行合同义务不符合约定，给对方造成损失的，损失赔偿额应当相当于因违约所造成的损失，包括合同履行后可以获得的利益，但不得超过违反合同一方订立合同时预见到或者应当预见到的因违反合同可能造成的损失。"根据该条规定，对因违约造成对方损失的赔偿受到"可预见原则"的限制。司法实践中，要求受害方举证证明或由法院认定当事人在订立合同时已经预见或应当预见到在一定的违约情况下会造成相对方人身、财产上的损害是非常困难的事。

例如，在一承揽人违反安全注意义务的案例中，②原告汪某与被告李某协商，由被告对其所购新房进行装潢。在装潢施工期间，部分施工人员住在原告新房内。2003年1月4日晚，三名施工人员在睡觉前烤火取暖。次日下午18时许，原告来到新房内发现三名施工人员均因一氧化碳中毒死亡。原告认为，被告作为承揽人，对自己的雇员缺乏安全教育和管理，造

---

① ［德］迪特尔·施瓦布著，郑冲译：《民法导论》，法律出版社2006年版，第692～693页。

② 案例源自最高人民法院中国应用法学研究所：《人民法院案例选》（第1辑），人民法院出版社2005年版，第255～260页。

成雇员在加工承揽地点不幸死亡，致使其房屋失去原有的价格，并给其及家人造成极大的精神损害。因此，原告请求被告赔偿其房屋损失、装潢损失和精神损害赔偿金。一审法院认为，被告承揽装潢新房，在装潢竣工交付前，负有妥善管理施工人员与施工现场的义务。由于被告没有尽到管理责任，致三名雇员在新房内死亡。依据市场经济规律，该房屋在实物形态上虽没有受损之处，但该房屋会让购买人回避而导致该房屋市场价值降低，被告显有过错。据此，应认定被告的过错行为对原告的房屋产生了重大损害，依法应承担赔偿责任。原告要求被告按房屋购买时价款赔偿房屋损失及装潢损失，可予支持。但因原告的主张意味着放弃房屋产权，故该房产权应归被告所有。既然原告不居住该房屋，当然不存在精神损害，对其请求精神损害赔偿不予支持。二审法院则认为，根据民法原理，承担侵权的民事责任应以补偿性为主，本案应适用侵权行为法的有关规定，由侵权行为人在侵权损害的结果范围内承担赔偿责任。原审判决将发生事故的房屋判决归被告所有，并且支付购房款、装潢款无法律依据，应予纠正。而由于装潢工人在原告尚未启用的新房内非正常死亡，必然导致原告在使用此房时产生心理障碍，造成其精神上的痛苦，对此直接的精神损害不予补偿则有违公正，对原告请求精神损害赔偿予以支持。在此案中，要认定承揽人在签订承揽合同时预见到或应当预见到承揽合同履行过程中因其管理不善造成其雇员在承揽地点不幸死亡并造成原告房屋价值和精神损害的范围是相当困难的。因此，"可预见原则"的设定，在很大程度上限定了受害人的赔偿范围。

2. 责任竞合上的赔偿范围限制 [①]

《合同法》第 122 条规定："因当事人一方的违约行为，侵害对方人身、财产权益的，受损害方有权选择依照本法要求其承担违约责任或者依照其他法律要求其承担侵权责任。"该条规定意味着，加害给付情形下，

[①] 关于责任竞合理论，目前主要有三种学说，即法条竞合说、请求权竞合说和请求权规范竞合说。不管以上三种学说孰优孰劣，它们都殊途同归地指向一个法律后果，即对同一给付内容的请求权，债权人不得主张双重给付。即债权人对自己的同一个违反行为向受害人承担了违约损害赔偿责任后，就不用再一次承担侵权赔偿责任。关于责任竞合的上述三种学说，参见王泽鉴：《契约责任与侵权责任之竞合》，见《民法学说与判例研究》（第 1 册），中国政法大学出版社 2005 年版，第 353～364 页。

对于履行利益损失和固有利益的损失，受害人只能从违约责任和侵权责任中选择一种责任形式提出请求，法院也只能满足受害人的一种请求，而不能使两种责任同时并用。如果受害人在提出一种请求后，因为时效届满等原因，而使该项请求被驳回或不能成立，受害人也可以提出另外一种请求，但无论如何受害人不能同时基于侵权责任和契约责任提出请求。如此规定的理由在于，如果使受害人可以同时主张契约责任和侵权责任，将会获得双倍赔偿，而且将会使加害人承担其不应该承担的额外的经济负担。这也违背了公平正义的原则。①因此，在二元民事责任结构下，根据责任竞合原则，受害人只能在契约责任和侵权责任二者中择一请求，由于契约责任与侵权责任在赔偿范围上的限制，必然导致受害人的损失无法得到周全的法律救济。举一简单案例予以说明。

甲从经销商乙处购得微波炉一台，价值 1 000 元。由于该微波炉系粗制滥造的伪劣产品，在使用过程中发生爆炸，不仅该微波炉完全毁损，还造成甲眼睛受伤，花去医疗费用 1 000 元。问题是甲能诉请经销商乙赔偿之数额可以为多少？这种案例属于典型的责任竞合。由于乙交付的微波炉质量低劣不仅造成甲固有利益的损害（1 000 元），同时还使甲丧失了履行利益（1 000 元）。甲的实际损失共计 2 000 元。但在目前的法律规定下，根据责任竞合原则，甲只能在侵权之诉和违约之诉中择一请求，而不能实现两项请求权。因此，不管甲选择何种请求权，其最多只能获得 1 000 元的赔偿，乙最多也只需赔偿 1 000 元。这完全不符合民事赔偿的补偿原则。换个角度，如果上述案情稍有变化，当时使用微波炉而受伤的不是甲，而是甲之妻丙，则此时赔偿后果完全不同：甲可以通过主张违约责任获得 1 000 元的履行利益的赔偿，丙可以通过侵权责任获得 1 000 元的赔偿。这样，乙共须赔偿 2 000 元。从以上分析可以看出，缺陷产品导致人身伤害，根据伤害是发生在契约当事人身上还是契约关系以外的第三人身上，加害人承担的责任范围是大不一样的。同样的损害导致不同的赔偿，这既不符合法理逻辑，也不符合公平正义之理。对于这样自相矛盾的结果，早有学者提出质疑。台湾学者曾世雄教授对此一针见血地指出："试想同为一人，

---

① 王利明：《再论违约责任和侵权责任的竞合——兼评合同法第 122 条》，载《中国对外贸易》2001 年第 2 期。

坐在车内，依违约责任之原则，体伤之非财产上损害，无法获得赔偿；行在车外，依侵权责任之原则，体伤之非财产上损害，可以获得赔偿。如此之民法体例及通说明显有所偏失。该不平衡或遗漏，唯赖学说予以调整或弥补，方臻公平。"①

加害给付情形下，除了前述同时造成人身损害和履行利益丧失外，尚有可能造成财产上的损害和履行利益丧失。如上述案例中微波炉系伪劣产品，在使用过程中发生爆炸，不仅该微波炉完全毁损，同时还造成微波炉旁之电饭煲损坏。此外，还有可能造成纯粹经济损失和履行利益丧失。如供电公司未经通知程序临时停电，造成工厂停工，无法按时交付货物，为此付出违约金一万元。最后，还可能造成精神损害和履行利益丧失。如前文所述"承揽人违反安全注意义务案"中，因承揽人违反安全注意义务造成施工人员于新房内意外死亡，该承揽人除了造成新房主人的精神损害，实际上还构成违约行为。在这些情形下，按照目前责任竞合的规定模式，受害人只能选择违约之诉或侵权之诉主张损害赔偿。

综上所述，囿于当前契约责任和侵权责任的赔偿范围，受害人往往无法就其全部损失获得赔偿。换言之，由于侵权行为法的保护范围仅限于人身和财产权利，不能包括履行利益和信赖利益；而一旦当事人选择了侵权之诉后，就不能对同一违法行为再提起契约之诉。如果当事人选择契约之诉主张履行利益或信赖利益的话，则只能放弃固有利益的赔偿请求权。这就造成了加害给付情况下受害人无法获得周全的法律救济，实有违现代民法"有损害就要有赔偿，也要有赔偿的司法救济途径"的完全赔偿原则。李永军教授对此也提出质疑。他认为，当债务人的给付不仅具有瑕疵，而且该瑕疵造成了对债权人固有利益的损害时，不存在所谓的侵权责任和违约责任的竞合问题。无论以两种中的哪种方式单独救济均不能弥补债权人所遭受的损失，即不能恢复缔约人缔约前的"零"位状态。②

（三）后契约责任

违反后契约义务是构成后契约责任之前提要件。我国《合同法》第92

---

① 曾世雄：《损害赔偿法原理》，中国政法大学出版社 2001 年版，第 364 页。
② 李永军：《合同法》，法律出版社 2004 年版，第 604 页。

条规定了后契约义务，但并没有规定违反后契约义务的法律责任。目前民法学界的主流观点认为，虽然《合同法》没有明确规定，但后契约责任仍应属于契约责任范畴。主要理由是：第一，规定义务就意味着责任，也应当理解后契约义务的不履行，就必然发生后契约责任；第二，《合同法》将后契约义务规定在第六章，在接下来的第七章规定"违约责任"条款，应当理解为可以对违反后契约义务的行为适用违约责任的条文规定。因此，后契约责任属于契约责任的组成部分。①也就是说，当事人违反了《合同法》第92条规定的后契约义务，将产生后契约责任，这种责任在性质上属于契约责任的范畴。这样的话，后契约责任在损害赔偿范围上势必受到契约责任赔偿范围的限制。

契约履行完毕后，因当事人一方违反后契约义务，可能造成对方当事人的财产损失，如合作契约终止后，当事人对于对方的商业秘密负有保密的义务，因故意或过失泄露对方的商业秘密而造成对方经济上的损失。同时，对后契约义务的违反还可能造成对方当事人人身损害，如租赁合同终止后，承租人对于该出租房之横梁因自然原因而有所损坏的事实负有向出租人告知的义务。若承租人怠于履行告知义务，导致房子屋顶一角塌落造成出租人的人身伤害。目前，我国《合同法》规定的违约损害赔偿范围尚未扩及当事人固有利益的损害部分。因此，在这种情况下，受害人以行为人违反后契约义务为由主张契约法上的损害赔偿，其全部损失将难以获得完全赔偿。

（四）预约责任

如果将预约责任放入传统违约责任中思考，关于是否可强制缔约问题，实践中存在否定和肯定的观点。否定说认为：第一，并非所有合同均可适用强制履行，《合同法》第110条对不适用"强制履行"的情形作出了规定，即法律上或者事实上不能履行、债务的标的不适于强制履行或者履行费用过高；债权人在合理期限内未要求履行。预约合同的标的是签订

---

① 杨立新：《中国合同责任研究（上）》，载《河南省政法干部管理学院学报》2000年第1期。持相同观点的崔建远教授认为："违反后合同义务，与违反一般合同义务相同，产生债务不履行责任。"参见崔建远：《合同法》，法律出版社2000年版，第75页。

本约合同的违约行为，属于《合同法》规定不适用继续履行的情况。第二，强制缔约有违合同意思自治原则。除非一方负有强制缔约义务，否则任何一方都不得将自己的意志强加给另一方。预约仅对将来缔结本约为意思表示，而非为交付标的物实现交易。如果强制其缔结契约，则人民法院须补足本约的缺失条款，有悖于预约当事人的意思表示。第三，与强制执行的基本理论不和。根据强制执行理论，当事人向人民法院申请强制执行，须有给付内容（包括物和行为），但不包含意志给付。第四，对预约合同善意方有其他救济途径，没有强制履行的必要。肯定说则认为：首先，《合同法》第110条明确规定债权人对非金钱债务享有合同履行请求权，但有法律上和事实上不能履行的除外。因此，预约中债务人的债务并非不能履行，亦非不适于强制履行。一方违反预约合同，拒绝订立本约，对方可以申请人民法院强制订立本约。其次，至于审判实务中出现的债务人不积极作出意思表示以及本约成立的问题，完全可以通过合同解释等途径解决。再次，人身强制并不是在任何时候都被禁止。最后，大陆法系的德国、日本以及我国台湾地区的民法和判例均肯定预约债务人负有订立本约的义务，权利人具有诉请其履行订立本约的权利。[①]在司法解释制定的过程中，起草者在两种截然不同的观点之间始终犹豫不决，最终删除了能否强制订立本约的规定，将该问题留给学界和实务界继续讨论。

对于如何确定机会损失以及是否赔偿机会损失，在审判实践中是难以把握的另一问题，争议颇大。有观点认为，预约合同可能已经对本约的标的物、价格等问题作出了明确的约定，当事人对本约的期待利益已经确定，违约方一旦违约，守约方的期待利益也随之丧失，而由于时间的关系，守约方亦丧失了与他人订立同类型本约合同的机会，从而导致机会损失可能变为现实损失。当事人因签订认购书，可能已经发生了相当费用并放弃了众多其他机会，这种损失亦当属于信赖利益范畴。但是，与是否强制缔约一样，最高人民法院留待学术研究论证和司法实践的讨论。[②]

---

① 奚晓明主编：《最高人民法院关于买卖合同司法解释理解与适用》，人民法院出版社2012年版，第59~61页。

② 奚晓明主编：《最高人民法院关于买卖合同司法解释理解与适用》，人民法院出版社2012年版，第62页。

（五）违反安全保障义务之责任

《侵权责任法》第 37 条确立了安全保障义务，赋予特别结合关系下当事人之间负有的保障相对方人身安全的义务，填补了侵权行为法的一项空白，体现了民法的人文主义关怀。但从对受害人的法律救济上看，却未为周全。

第一，负有安全保障义务的主体范围过窄。按照最高人民法院《关于审理人身损害赔偿案件适用法律若干问题的解释》第 6 条的规定，负有安全保障义务的主体应当是经营者和其他社会活动的组织者"，包括自然人、法人和其他组织。可见，第一种主体是经营活动的经营者，第二种是其他社会活动的组织者。但是，《侵权责任法》第 37 条将负有安全保障义务的主体限制为"宾馆、商场、银行、车站、娱乐场所等公共场所的管理人或者群众性活动的组织者"，这个过窄的范围不利于保护受保护的人的利益。①

第二，对财产损害救济的缺失。《侵权责任法》第 37 条仅规定特定主体未尽合理限度内的安全保障义务致使他人遭受人身损害的，应承担相应的赔偿责任。但对于受害人所遭受的财产损失，则游离于司法救济范畴之外。如某钢琴家入住一家五星级酒店，因酒店值班人员工作上的疏忽，使得第三人进入该钢琴家的住房，打伤钢琴家，抢走其财物并砸坏其价值高昂的钢琴，该案因客观原因未能查获。在此情况下，按照侵权法的规定，该钢琴家只能就其人身损害向酒店主张一定范围内的补充赔偿责任，而就其财物及钢琴损失则无法获得赔偿，而名贵钢琴的价值在数额上远远大于其所获得的人身损害赔偿数额。

第三，纯粹经济损失之救济的缺失。我国侵权责任法并未将纯粹经济上损失纳入损害赔偿范围，从而导致《侵权责任法》缺乏对纯粹经济损失的救济。试举一例：某甲急运一批冰冻海鲜到邻城销售，中途停车到某加油站加油。由于加油站工作人员未尽合理范围内的注意义务，致使某甲于交款时被拖动着的加油管绊倒昏迷。虽经加油站将其送医院抢救苏醒，但其冰冻海鲜却由于外露时间过久而全部变质毁坏，造成经济损失 5 000 元。

---

① 杨利新：《侵权责任法》，法律出版社 2010 年版，第 272 页。

此时，某甲虽可依据安全保障义务要求人身损害赔偿，但其冰冻海鲜的价值损失却难以列入赔偿范围。此即为目前我国侵权法上安全保障义务司法救济之不足。

（六）产品责任

现行侵权法上的产品责任所能够解决的只是因缺陷产品造成的受害人人身或该缺陷产品以外的财产损害问题。对于该缺陷产品自身的损失部分，现行侵权行为法仍无法解决。这也是现代侵权责任法发展的必然结果。早期的产品责任属于一般侵权责任，受害人对产品制造者的主观过错负举证责任。但随着"二战"以后国际局势逐渐缓和及和平环境持续，加之科技飞速进步，促成现代化产品经济的大发展。在增进人类生活福利的同时，却酿成危害人类生命财产安全的严重社会问题。因产品缺陷致人身财产损害，其严重危害程度绝不亚于工业灾害、汽车事故和公害。为此，不少国家纷纷调整产品责任的归责原则，改由产品制造者来举证进行抗辩。①而对于产品自身的损失部分而言，早期的产品责任一般发生在购买者与产品生产者之间，二者具有买卖契约关系。如果产品自身存在缺陷，对于产品本身的损失部分，购买者完全可以通过契约关系解决，因为生产者交付具有缺陷的产品即构成违约。但随着社会经济的不断发展和产品代理销售事业的不断发展，产品购买者从生产商处直接购买产品的情况日渐减少，更多的是从代理商、销售商处直接购得，这样购买者和生产者之间就不再具有契约关系，购买者想通过契约责任获得缺陷产品本身的损失成为困难。为此，世界各国纷纷突破契约关系的限制，扩大产品责任的适用范围，使得不具有契约关系的受害人亦可主张产品责任。从归责原则的调整到权利主体的扩大，这种做法虽然客观上有利于受害人主张权利，但这种一刀切的做法显然忽视了部分产品责任关系下当事人之间仍然具有的契约关系。虽然因缺陷产品造成的人身或其他财产损失可以通过侵权责任解决，但该缺陷产品本身的损失部分却无法获得赔偿，似乎有矫枉过正之嫌。

综上所述，传统社会的契约责任与侵权责任之二元救济体制，严格划

---

① 梁慧星：《民法学说判例与立法研究》，法律出版社2003年版，第131～136页。

分履行利益和固有利益。契约责任的功能被经典性地限定于对履行利益的损害赔偿。按照美国学者贝勒斯的观点，契约责任功能在于保护"正值"的交易。对于就固有财产权及人身权的损害则归入侵权责任的救济范围，即贝勒斯所谓的其功能在于保护"负值"的交易。[①]基于可预见规则，契约责任保护契约当事人的履行利益，侵权责任则保护当事人的固有利益，出契约则入侵权。在社会交易不甚复杂的近代时期，上述规则或许可以应对社会需求。但是，如果违反契约义务的行为不仅损害了当事人的履行利益，而且同时损害了对方的固有利益或者侵权行为损害后果包括了受害人的履行利益，即"正值"和"负值"的交易都需要保护的时候，传统契约责任和侵权责任之二元救济体制就出现了问题。正如前文所述，基于我国合同法与侵权法上义务体系的扩张，不仅在理论上出现了新义务类型及新类型民事责任与传统民事责任体系的冲突与矛盾，而且在司法实践中，由于第三类型的民事责任受限于传统契约责任和侵权责任，导致损害赔偿上的单一性，无法为受害人的损失提供周全的法律救济。在这种情况下，重新审视当前的第三类型责任应该会给我们新的启示。这些第三类型责任均是法官依据诚实信用原则在具体判例中创设的，如何运用诚实信用原则，寻求这些新类型民事责任的发展空间，给予受害人更周全的法律救济，是我国民法所面临的一大现实问题。

---

① 李永军：《合同法》，法律出版社 2004 年版，第 674 页。

第四章

诚实信用原则与民事责任之发展

第一节　现代社会民法中的诚实信用原则

一、诚实信用原则概念的缘起与界定

（一）诚实信用原则概念的缘起

诚实信用（bona fides）的概念源于罗马法。据罗马法学者考察，当时诚信主要是在同严法诉讼相关的程式诉讼中，在被告的要求下，作为被引入的"恶意抗辩"而产生影响。"恶意抗辩"要求法官在原告行为中寻找其没有恶意地完成或正在做任何事情，实质上赋予了法官衡平裁量权。根据自己心目中的公平和合理来裁决案件，他被指示判决被告"无论承担什么法律责任都可以，因为被告应当依诚信协助或照顾原告"。换言之，恶意抗辩的实质性内容为诚信的要求所吸收。尽管随着程式诉讼程序的势微和最终的废除，更宽泛的公平（aequitas）概念吸收了诚信概念，但诚信的理念始终支配着商人之间的关系。在中世纪和现代社会早期，诚信是商业的原动机和赋予其生命的灵魂。最终，诚信注定成为1900年《德国民法典》著名的第242条的一部分：债务人须依诚实与信用，并照顾交易惯例，履行其给付。[①]瑞士民法典进一步将诚实信用原则的适用范围扩大到一切权利的行使和一切义务的履行。

自清末以来，我国民事立法和理论受德国法系的影响很大，继受了诚实信用概念。中国台湾地区"民法"第219条规定，行使债权，履行债务，应依诚实及信用方法，系将诚信原则的适用范围局限于债权债务。1982年，台湾地区修订"民法"时，在总则编第148条增设第2款：行使权利，履行义务，应依诚实及信用方法。将诚实信用原则的适用范围扩及

[①] ［德］莱茵哈德·齐默曼、［英］西蒙·慧特克主编，丁广宇、杨才然、叶桂峰译，林嘉审校：《欧洲合同法中的诚实信用原则》，法律出版社2005年版，第11～12页。

一切民事权利义务。①20 世纪 80 年代中期制定民法通则，反映改革开放和发展社会主义市场经济的要求，并参考市场经济发达国家和我国台湾地区的经验，将诚实信用原则确立为民法的基本原则，其第 4 条规定了民事活动应当遵循诚实信用原则，确立了涵盖全部民事关系的诚实信用原则，其适用范围及于整个民事领域，凡一切民事主体，从事一切民事活动，均应遵循。②

（二）诚实信用原则概念的界定

1. 西方学者的界定

德国民法条文诚实信用原则是由诚实（Treu）和信用（Glauben）所组成。根据语义，诚实是指面对他人时，一个建立在可靠、正直及顾及他人所存在的外在及内在的举止；信用则是上述举止的相信，换言之，此种信用的精神是诚信原则在适用时所考虑的信赖保护衡量的问题。从双方当事人以契约所约定的内容与其他被信赖的状况中，在债权人合理期待的情况下，债务人必须作出给付。反之，如果债权人对债务人的期待是不合理的，可以适当修正债务人的给付。③

美国学者 Robert Summers 认为诚实信用不是明确的概念，探讨诚实信用原则，经常并非考察诚实信用原则本身的意义，而是探求法官何时以诚实信用原则排除当事人的特定行为。简言之，诚实信用原则本身没有一般化的意义，而是作为排除"恶意"等异质类型的排除物。因此，他选择从反面的角度定义诚信原则，通过"排除法"列出何种情形属于违反诚信原则来定义诚实信用原则。根据美国法院的判决，罗列出构成"恶意"的行为类型，再对比形成诚实信用原则的内涵，得出如下的结论：④

---

① 梁慧星：《民法总论》（第 2 版），法律出版社 2001 年版，第 46 页。
② 梁慧星：《诚实信用原则与漏洞补充》，见《民商法论丛》（第 2 卷），法律出版社 1994 年版，第 63 页。
③ 参见姚志明：《诚实信用原则与附随义务之研究》，元照出版公司 2003 年版，第 15 ~ 16 页。
④ 参见杨佑庭：《中断磋商之研究——以契约法制为中心》，台湾中正大学硕士学位论文，2010 年，第 24 ~ 25 页。

恶意的行为	诚实信用的含义
1. 出卖人隐瞒所卖物品的瑕疵	充分披露重要的事实
2. 建筑业者虽然可以在实质上完成建筑物，但故意不完全履行	实质履行，且不得违反特别约定
3. 承揽人公然滥用谈判优势迫使对方增加合同价款	不得滥用谈判优势
4. 雇用一个中介人员，但故意阻止中介人员达成交易	应为合作行为
5. 故意欠缺勤勉，未尽力减轻他方当事人的损害赔偿责任	应为勤勉行为
6. 武断地和任意地行使终止合同的权利	行为应具有某种正当理由
7. 对于合同文字，采取过宽解释	应公平解释合同文字
8. 反复要求对方，担保合同的履行，而使对方困扰	接受适当的担保

2. 我国学者的界定

徐国栋教授在其《诚实信用原则研究》一书中，曾对我国民法学界对诚实信用原则的概念的界定作过经典的概括。他认为，自 1986 年《民法通则》确立诚实信用原则以来至 2001 年，学界就如何理解诚实信用原则形成了"语义说"和"一般条款说"两种观点。[①]他的论断今天依然准确，目前多数民法学者要么采用"语义说"界定诚实信用原则，要么采用"一般条款说"界定诚实信用原则，要么采用将二者结合起来的"综合说"。

"语义说"认为诚实信用原则是对民事活动的参加者不进行任何欺诈、恪守信用的要求。"一般条款说"主张诚实信用原则其意义不只是字面上的"讲诚实、守信用"，而应与现代各国民法上的诚实信用条款一样作相同理解，是司法者据以解释、补充、协调法律的授权规范，具有"帝王条款"的地位。[②]王利明教授主编的《民法》则将两说结合起来，提出所谓"诚实信用"，要求出于法律上特殊联系的民事主体应忠诚、守信，做到谨

---

① 徐国栋：《诚实信用原则研究》，中国人民大学出版社 2002 年版，第 1 页。
② 龙卫球：《民法总论》（第 2 版），中国法制出版社 2002 年版，第 62 页。

慎维护对方的利益、满足对方的正当期待、给对方提供必要的信息等。民法上的诚实信用原则是最低限度的道德要求在法律上的体现。诚实信用原则作为一般条款，对当事人的民事活动起着指导作用，确立了当事人以善意方式行使权利、履行义务的行为规则，如果当事人行使违背诚实信用原则的要求，即构成权利滥用。①

值得注意的是，徐国栋教授提出了关于诚实信用原则的新理论："三种诚信说"。该说认为《民法通则》确立的诚实信用原则包含客观诚信、主观诚信和裁判诚信三个方面。第一，客观诚信的适用，要求当事人遵循维持当事人之间利益平衡，以及当事人与社会利益平衡进行民事活动。第二，主观诚信是不知已经损害他人之权利的心理状态，它导致了占有物的行为。第三，裁判诚信的适用则表现为三种基本模式：①法院以诚实信用原则为任何权利的内在界限限制其行使，超出诚信的范围行使权利的，视为权利滥用；②法院在当事人发生不能预料的情势变更时，可依当事人的申请按照诚实信用原则调整法律关系的内容；③法院在具体案件中按正义的要求扩张当事人的义务，这些义务都是法律规范未事先规定，合同当事人也未曾约定的，但其承担为保护人类团结所必要，因此法官课加给当事人。②

二、诚实信用原则的功能

关于诚实信用原则的功能，国内外的学者有不同的看法。欧洲学者基本认为诚实信用原则具有三项功能，只是在细节上略微不同。例如，德国学者 Siebert 主张诚实信用原则的功能主要为：其一，补充义务；其二，限制权利；其三，情势变更；此外，还有基于《德国民法典》第 157 条的解释功能。德国多数学者赞同 Siebert 的看法。荷兰学者主张诚实信用原则具有三项功能，即补充的功能、限制的功能和解释的功能。在比利时，诚实信用原则的功能总是被学者们归纳为三项：其一，解释的功能；其二，补充的功能；其三，限制或减轻的功能。因此，忽略细节的不同，诚实信用原则的功能的"欧洲共同核心"为：解释功能（interpretation）、补充功能

---

① 王利明主编：《民法》，中国人民大学出版社 2015 年版，第 31 页。
② 徐国栋：《诚实信用原则研究》，中国人民大学出版社 2002 年版，第 1 页。

（supplementation）和修正功能（correction）。①

　　我国学者梁慧星先生提出诚实信用原则具有三项功能：其一，指导当事人行使权利、履行义务的功能。要求当事人在行使权利义务时，应兼顾对方当事人利益和社会一般利益，使自己的行为符合诚实商人的标准，只在不损害他人利益和社会利益的前提下，追求自己的利益。其二，解释、评价和补充法律行为的功能。诚实信用原则适用之结果，可创造、变更、消灭、扩张、限制约定之权利义务，亦可发生履行拒绝权、解除权及请求返还之拒绝权，更得以其为撤销法律行为或增减给付之依据，或成立一般恶意抗辩。其三，解释和补充法律的功能。进行法律解释时，必须受诚实信用原则的支配，始能维持公平正义。这是诚实信用原则在法律解释上的功能。此外，在法律有欠缺或不完备，而为漏洞补充时，亦须以诚实信用原则予以补充。这是诚实信用原则在法律漏洞的补充功能。②王利明教授则主张"诚实信用原则为不少民法规范提供了正当性依据，也是解释法律和民事行为的依据。此外，诚实信用原则尚有补充性功能，即诚实信用原则具有填补法律漏洞的功能。当裁判机关在司法审判或仲裁实践中遇到立法当时未预见的新情况、新问题时，可直接依据诚实信用原则行使公平裁量权，调整当事人之间的权利义务关系。因此，诚实信用原则意味着承认裁判活动的创造性与能动性"。③

　　综合国内外学者的见解，诚实信用原则的功能主要是：具体性功能、限制性功能、修正性功能和补充性功能。而本书所讨论的第三类型民事责任均是基于诚实信用原则的具体性功能和补充性功能发展起来的。

三、诚实信用原则与我国法上民事义务的扩张

　　我国合同法上的义务和侵权行为法上的义务均得到了不同程度的扩

---

　　①　Martijin W. Hesselink. The Concept of Good Faith. In Hartkamp et al.（eds）. *Towards a European Civil Code*, The Hague, London, Boston：Kluwer Law International, 2004, pp. 471 – 498.

　　②　梁慧星：《诚实信用原则与漏洞补充》，见《民商法论丛》（第 2 卷），法律出版社 1994 年版，第 66 ~ 67 页。

　　③　王利明主编：《民法》，中国人民大学出版社 2015 年版，第 31 ~ 32 页。

张。对于合同法上义务的扩张，崔建远教授作出了总结性的归纳，"现行合同法以主给付义务为规范对象，基于诚实信用原则，由近而远，逐渐发展从给付义务以及其他实现给付利益及维护对方人身和财产上利益为目的的附随义务，组成了义务体系。现代合同法的发展，在一定意义上可以说是合同关系上义务群的发展"①。侵权责任法亦然。其他法律或法规以及司法解释确立的特定主体的安全保障义务，使传统侵权责任的"四要件"判断标准逐渐向以义务层面的违反作为侵权责任的判断标准发展。这是我国侵权法上的新突破，以至于有学者提出，"在现代中国，侵权法应当将民事义务作为侵权责任的构成要素，并且是作为最重要的核心要素"②。

虽然我国合同法和侵权法上的新类型民事义务是从不同的领域发展起来的，但其根源均是法官依据诚实信用原则（裁判诚信）在具体判例中创设的。新类型民事义务主要是我国民事立法在借鉴德国判例和学说的基础上发展起来的。在德国判例法中，这些义务既不是源于当事人的自由意志，也不是源于法律明确的规定，而是源于法官在具体案件中按正义的要求扩张当事人的义务。③ 虽然我国将这些源于判例和学说的义务法定化，但是这类新民事义务与一般法定义务是不同的。一般法定义务在内容上体现为法律对义务类型的具体规定，在实践中体现为个案与义务的一一对应。而上述这类义务却具有适用上的开放性，立法者不可能预见具体的义务，而是需要法官结合具体案情具体判断。例如，在辽宁金通事业有限公司诉王志文电影演出合同纠纷案中，原告某公司与被告演员王某签订电影演出契约。双方在签订的契约中，明确约定了被告必须完成全部的拍摄工作，包括影片拍摄后的配音工作。电影拍摄完成后，被告对电影制作表示不甚满意，在电影宣传新闻发布会上发表该电影是不值得看的影片等言词。原告认为，根据双方签订的电影演出契约，被告王某作为影片的男主角，除了应负契约明确约定的演出义务，还负有配合影片宣传之义务。被告在影片宣传的新闻发布会现场公开发表指责、诋毁的言论，显然违反了配合影片宣传的义务，构成了违约行为。原告请求被告赔偿损失并公开赔

---

① 崔建远：《合同法》，法律出版社 2000 年版，第 75 页。
② 张民安：《过错侵权责任制度研究》，中国政法大学出版社 2002 年版，第 286 页。
③ 参见徐国栋：《诚实信用原则研究》，中国人民大学出版社 2002 年版，第 160 页。

礼道歉。[①] 本案中，被告王某在电影拍摄工作完成后是否仍负有配合影片宣传的义务，目前法律并没有明确规定，而需要法官根据整个案情进行判断。

这些义务之目的均在于给予当事人的权益更为周全的保护，并在以下几个方面存在共同点：

第一，义务主体和权利主体始终存在一种特别结合关系，[②] 并因为这种特别结合关系而在当事人之间产生信赖，特别是涉及第三人的场合，尤为如此。[③] 如在先契约义务主体和权利主体之间，双方基于缔结合同的目的而进入相互之间的磋商阶段，借由这种缔约上的接触而由一般的普通关系进入特别结合关系，并在当事人之间建立起了一种特殊的信赖关系，依据诚实信用原则，使得当事人之间负有协助、忠实、照顾、保护等义务。契约附随义务和后契约义务更为如此，当事人之间已然存在有效的契约关系，且基于这种契约关系而产生相互间的保密、协助、保护等义务。例如，在李轩、王芳与铁达房产物业管理公司房屋租赁契约纠纷案中，[④] 原告李某与房屋出租人签订房屋租赁契约，但因房屋出租人违反提供合格生活用水义务造成李某人身损害，李某之所以能够请求出租人负赔偿责任，显然是因为李某和出租人之间具有基于房屋租赁契约而产生的特别结合关系，并且李某因此而对出租人产生信赖。侵权行为法上的安全保障义务亦然。安全保障义务的义务主体主要是经营场所的经营者，如餐厅、舞厅、银行、酒店等经营者，因经营者违反安全保障义务导致受害人在上述场所

---

① 《辽宁金通事业有限公司诉王志文电影演出合同纠纷案》，北京中天诺士达科技有限责任公司：《法律之星——中国法律检索系统》(2006)，2006 年 12 月 16 日。

② "特别结合关系"概念源自德国学者所谓的"Sonderverbingdung"，一般是指当事人相互之间的关系比其他任意人之间的关系要密切。参见［德］迪特尔·梅迪库斯著，杜景林、卢谌译：《德国债法总论》，法律出版社 2004 年版，第 4 页。

③ 如果行为人与第三人有特殊关系，则行为人负有控制第三人的行为防止其实施侵权行为的义务；如果行为人没有能阻却第三人对受害人所实施的侵权行为，则行为人应当对受害人承担不作为的过错侵权责任；同样，如果行为人与另一方之间存在特殊关系，则行为人负有保护另一方免受第三人侵权行为损害的义务，行为人没有采取有效的措施以保护对方的人身或财产安全，即应对另一方所遭受的损害承担不作为的过错侵权责任。参见张民安：《过错侵权责任制度研究》，中国政法大学出版社 2002 年版，第 329 页。

④ 《李轩、王芳与铁达房产物业管理公司房屋租赁契约纠纷案》。参见马强：《合同法新问题判解研究》，人民法院出版社 2005 年版，第 379～380 页。

内遭受人身损害或第三人侵权损害时，往往受害人与经营者之间都存在一定的有名或无名契约关系，如住宿契约、用餐契约、存款契约等。① 受害人正是基于这种特别结合关系才进入上述场所并对该场所产生信赖。在著名的"牛姆林案"中，② 第二被告某旅游发展服务有限公司与受害人之间缔结了旅游契约，基于对被告的信赖，受害人进入被告经营的牛姆林游玩。因此，新类型民事义务在主体关系上具有共同性。

第二，均属于积极的作为义务。从合同法上扩张的义务来看，先契约义务、契约附随义务和后契约义务均要求义务人在契约发展过程中的不同阶段负有协助、通知、照顾、保护等积极作为的义务。如在缔结家畜买卖合同时，卖方负有告知家畜习性以保护相对人人身安全的义务，网络运营商负有保护消费者账户及账户内物品完整性的义务，演员负有积极参加电影制作方后期宣传活动的义务，诸此等等。从侵权行为法上扩张的义务来看，安全保障义务本身就是积极保护相对人人身权益不受损害（包括第三者侵权）的义务，如酒店负有保证顾客人身安全的义务、银行负有保障储户在银行范围内不受第三人侵犯的义务等。因此，从义务内容上讲，我国合同法和侵权行为法上扩张的上述义务均属于积极的作为义务。

第三，违反义务均将造成相对人固有利益的损害。例如，在缔结家畜买卖合同前，由于卖方未尽必要注意义务告知买方所卖家畜会踢人的习性，导致买方腹部被骡子踢伤的后果；承揽人未尽到妥善管理施工人员及施工现场的义务，导致施工人员于施工现场死亡，造成原告新房价值明显降低和精神损害的后果。违反安全保障义务的后果亦然。如银行未尽一定范围内的注意义务，导致储户在银行内遭到第三人抢劫，造成财产损失和人身损害。因此，违反合同法和侵权行为法上所扩张的义务均将导致相对人固有利益的损害。

上述新类型民事义务在产生根源、主体关系、内容和损害方面具有共同性。基于这些共同性的存在，这些义务能否形成一个共同体呢？

---

① 对于社会活动组织者与参与者之间是否存在契约关系，目前尚有待探讨。但以特定的社会活动为纽带，二者之间的关系也不同于一般的普通关系，而可视为一种特别结合关系。

② 案例源自最高人民法院办公厅：《中华人民共和国最高人民法院公报》（第116期），人民法院出版社2006年版，第28～36页。

第二节　保护义务概述

一、"统一保护义务关系"学说概述

"统一保护义务关系"（ein einheitliches Schutzpflichtverhältnis）学说源自德国。德国法上通过扩大契约责任的方式解决契约关系发展过程中受害人的损害赔偿问题，系以先契约义务、契约附随义务以及后契约义务为基础，进而形成缔约上过失、积极侵害债权和契约终了后过失，[①] 并将该类义务扩大及于特定之第三人而形成附保护第三人作用契约制度。从性质上看，这些新类型的义务，很大程度上都属于契约关系接触中，为避免损害相对人及第三人之固有利益的保护义务。因此，有德国学者以保护义务为中心，提出建立统一的保护义务关系，并进而建立起介于契约责任和侵权责任间之第三种民事责任。这一理论起源于"无原给付义务的法定债之关系"（gesetzliche Schuldverhältnisse ohne primäre Leistung）学说。

（一）"无原给付义务的法定债之关系"学说

这一学说是由德国著名学者卡尔·拉伦茨首创。拉伦茨认为，当事人自契约准备阶段之事实上接触磋商（Geschäftlicher Kontakt）或经由持续的交易联系（Fortlaufende Geschäftsverbindung），即可形成"无原给付义务的法定债之关系"，其中包括保护义务和忠实义务。保护义务是积极保护相对方人身和财产利益不受损害的义务；而忠实义务为当事人一方就足以妨碍契约生效或违反相对人缔约目的之情事，或足以影响他方是否缔结契约

---

① 德国法上之积极侵害债权制度在内容上包括除给付不能与给付迟延之外的所有不合债之本旨之履行行为。这是由早期德国法上契约责任仅包括给付不能和给付迟延两种情形所致。需要说明的是，虽然积极侵害债权在构造上较加害给付为广，但其中的加害给付与本书所探讨的加害给付并无二致，二者所界定之保护义务亦为相同。但是，在论述"统一保护义务关系"学说过程中，为保持该学说之原貌，一概使用"积极侵害债权"用语，应注意加以区分。

之事项，应提供适当的说明和报告。① 此类义务由诚实信用原则而生，其基础为当事人间之密切、特殊的接触所产生的特殊法律关系。由于此时契约尚未生效，当事人之间并无原给付义务之存在，但当事人之间依然负有种种行为义务，故此时当事人之间债之关系具有法定的性质。② 这一理论同样适用于契约成立嗣后发现无效或撤销之情形。此时，契约上之给付义务、瑕疵担保义务等即随契约无效而消失，但双方自缔约时即已发生之保护义务和忠实义务，则因当初双方之特别接触关系而持续存在，此等保护义务并不随契约之消灭而消灭。③

对于同样存在"无原给付义务"之契约当事人与具有特别结合关系之第三人的关系而言，拉伦茨也承认二者间存在保护义务，同样也具有独立性。从契约相对性原则来讲，由于契约具有特别关系之性质，仅债权人得向债务人请求履行给付义务或附随义务。换言之，即债务人仅对债权人负有给付义务或附随义务，其他第三人在契约上既不享有权利，亦不负担义务。此项原则甚为合理，盖契约是基于当事人相互间之信赖而创设的规范，第三人自不得参与其间。④ 但当债务人与第三人具有特别结合关系时，则不然。如在"冶金工厂女工因工厂所购买之防锈剂具可燃性而遭受损失案"中，⑤ 拉伦茨指出，此类案件及类似案例所涉及之问题，并不是所谓之利益第三人契约，盖债务人系对第三人负有保护义务而负责，而非依

---

① 从保护利益来看，忠实义务也系保护义务之一种，均以相对人的人身和财产等固有利益为保护目的。

② Karl Larenz. Lehrbuch des schuldrechts（Band I）：Allgemeiner Teil. München：C. H. Beck Verlag，1982. 101－106.

③ Karl Larenz. Lehrbuch des schuldrechts（Band I）：Allgemeiner Teil. München：C. H. Beck Verlag，1982. 113.

④ 王泽鉴：《契约对第三人之保护效力》，见《民法学说与判例研究》（第2册），中国政法大学出版社2005年版，第29页。

⑤ 该案基本案情为：冶金工厂向被告购买 Capuros Nr. 22 防锈剂时，被告未告知该防锈剂具有可燃性，导致原告即冶金工厂的女工遭受人身伤害。德国联邦法院认为原告应列入买卖契约之保护范畴之内，对其损害，可径向被告主张权利（德国联邦法院1955年5月15日判决，BGH NJW 59，1676）。参见王泽鉴：《契约对第三人之保护效力》，见《民法学说与判例研究》（第2册），中国政法大学出版社2005年版，第31页。

《德国民法典》第328条所规定之给付义务。①当债务人与第三人之间发生交易接触等特别结合关系，并因而产生"无原给付义务的法定债之关系"时，其债之关系内容为基于保护义务，而非给付义务。此种保护义务，依契约之意义、目的以及诚实信用原则，应延伸及于契约当事人以外一定范围内的债务人对其负有保护义务之第三人。②

值得注意的是，"无原给付义务的法定债之关系"学说系以契约无效或不存在（即无给付义务之存在）为前提。一旦契约有效成立时，拉伦茨即认为保护义务之法律基础当即转变为契约关系，而不再具有法定性质。也就是说，契约关系生效后，保护义务与给付义务构成单一债之关系，对于违反保护义务所负之积极侵害债权责任，在性质上属于契约责任。③因此，"无原给付义务的法定债之关系"学说肯定了缔约上过失和附保护第三人作用契约之法定债之关系，但尚未延及积极侵害债权。这项拓展性的工作，则是由其学生克劳斯·威廉·卡纳里斯完成的。

（二）"统一保护义务关系"学说

德国学者克劳斯·威廉·卡纳里斯于1965年发表一篇题为"无效契约中，基于'积极侵害债权'及'第三人保护效力'之请求权"的著名论文。④在该篇论文中，卡纳里斯承继德国学者海因里希·施托尔（Hein-

---

① 《德国民法典》第328条规定："（1）当事人可以合同约定向第三人履行给付，并具有使第三人直接要求给付的权利的效力。（2）在没有特别规定的情况下，根据情况，特别是应根据合同目的，确定第三人是否取得权利，第三人权利是否立即或者仅在一定条件下产生，订立合同的当事人是否保留权限，可以不经第三人的同意而撤销或变更其权利。"郑冲、贾红梅译：《德国民法典》，法律出版社1999年版，第30页。

② 王泽鉴：《契约对第三人之保护效力》，见《民法学说与判例研究》（第2册），中国政法大学出版社2005年版，第31页。

③ Karl Larenz. Lehrbuch des schuldrechts（Band I）：Allgemeiner Teil. München：C. H. Beck Verlag, 1982. 114.

④ Claus-Wilhelm. Ansprüche wegen "positiver Vertragsverletzung" und "Schutzwirkung für Dritte" bei nichtigen Verträgen. Juriszeitung. 1965，3（2）：475.

rich Stoll）提出的"保护义务"（Schutzpflicht）概念,① 认为《德国民法典》于制定之初, 仅着重于主义务（Hauptflicht）, 尤其是给付义务（Leistungspflicht）。然而, 现代法学理论已经认识到与给付义务相区别之保护义务。② 他指出, 当时德国学界以拉伦茨为代表的通说认为, 缔约前的保护义务系以基于信赖而产生法定债之关系为基础, 而至契约缔结后的保护义务则转变为以契约关系为基础的看法不甚妥当。这种转变实在无法确切理解, 为何契约缔结之一瞬间, 同一当事人间之同一内容的义务, 其存在基础即已发生彻底改变。因此, 卡纳里斯着手建立保护义务的统一基础, 而这一研究首先在缔约上过失取得突破。

卡纳里斯首先从缔约上过失探寻保护义务之责任基础。其认为, 当缔约当事人一方将法益置于他方影响可能性之下时, 他方即负有防止其受损害之保护义务。此项保护义务并非以当事人所意欲订立之将来契约为其法律基础, 而系基于契约磋商之特别法律关系所生, 故与当事人之意思无关而具有法定之性质（gesetzliche nature）, 其存在基础乃"被要求之信赖赋予"（Gewährung in Anspruch genommenen Vertrauens）,③ 其实定法之依据则为旧《德国民法典》第242条。④据此, 卡纳里斯得出三个结论：一是保护义务与给付义务无关, 得以独立存在; 二是在先契约阶段, 保护义务之法律基础既非当事人之意思, 亦非透过对该意思之解释或补充解释（《德国

---

① 海因里希·施托尔于1936年研究积极侵害债权理论时认为, 积极侵害债权所违反者, 包括保护义务和履行义务, 其中保护义务（Schutzpflicht）用以保护债权人之保护利益（Schutzinteresse）, 避免债权人因双方特别之结合关系而遭受损害, 其基于非给付关系之信赖关系（Vertrsuensverhältnis）而生; 而履行义务（Erfüllungspflicht）则以保护给付利益（Leistungsinteresse）为目的。Heinrich Stoll. Abschied von der Lehre von der Positive Vertrsgsverletzung, Archiv für die civilistische Praxis, 1932. 136.

② Claus-Wilhelm. Ansprüche wegen "positiver Vertragsverletzung" und "Schutzwirkung für Dritte" bei nichtigen Verträgen. Juriszeitung. 1965, 3（2）：475.

③ "被要求信赖之赋予"主要源自德国学者库尔特·巴尔斯特德（Kurt Ballerstedt）。1951年, 他在论述缔约上过失责任基础时, 提出了"信赖之需求及赋予"（Inanspruchnahme und Gewährung von Vertrauen）学说。Kurt Ballerstedt. Zur Haftung für culpa in contrahendo bei Geschäftsabschluβ durch Stellvertreter. Archiv für die civilistische Praxis 1951, 151：501 – 531.

④ 旧《德国民法典》第242条规定："债务人有依诚实和信用, 并参照交易习惯, 履行给付。"郑冲、贾红梅译：《德国民法典》, 法律出版社1999年版, 第49页。

民法典》第 157 条）可得之，① 而是建立在信赖思想上；三是保护义务独立于契约关系之外，因此先契约阶段之保护义务，当然不受嗣后契约无效之影响。②

　　其次，卡纳里斯进一步认为，此等特殊的信赖关系不仅存在于契约缔结前，亦存在于契约缔结并生效之后。因为既然此信赖关系基于对他方法益侵害之可能性而产生，亦即单纯地基于当事人间之事实关系，而非基于当事人间之契约关系而生，从而与契约之无效、撤销甚或完全有效无关。此时，由缔约上过失所发展的"无原给付义务之债之关系"仍然存在，并成为契约缔结后保护义务之存在基础。③

　　最后，卡纳里斯还提出，保护义务独立于契约效力之特性，于契约附保护第三人作用之场合，亦有同样之适用。易言之，即使在当事人间，保护义务的根据并非当事人之意思表示，而是独立于该意思之信赖关系，则自然可以适用于与当事人具有信赖关系之第三人之间。④

　　综上说明，卡纳里斯将其考察之所有保护义务，包括缔约前、缔约后以及当事人与特定之第三人之间之保护义务，皆纳入统一的保护关系（Schutzverhältnis），而与给付义务所形成的给付关系（Leistungsverhältnis）相互区别。而此项保护关系自交易接触时开始，历经契约磋商、契约缔结、契约履行阶段而逐渐增强。其产生系独立于当事人之意思，故而具有"法定"性质（gesetzliche natur）；其成立之正当性（Rechtfertigung）在于信赖思想（Vertrauensgedanken），而实定法之基础则为旧《德国民法典》第 242 条关于诚实信用原则之规定。此项保护关系与给付关系共同构成一个债之关系，但二者应予严格区分，其发生、存续、消灭皆各自独立，互

---

　　① 旧《德国民法典》第 157 条规定："对合同的解释，应遵守诚实信用原则，并考虑交易上的习惯。"郑冲、贾红梅译：《德国民法典》，法律出版社 1999 年版，第 30 页。

　　② Claus-Wilhelm. Ansprüche wegen "positiver Vertragsverletzung" und "Schutzwirkung für Dritte" bei nichtigen Verträgen. Juriszeitung. 1965, 3（2）：476.

　　③ Claus-Wilhelm. Ansprüche wegen "positiver Vertragsverletzung" und "Schutzwirkung für Dritte" bei nichtigen Verträgen. Juriszeitung, 1965, 3（2）：477.

　　④ Claus-Wilhelm. Ansprüche wegen "positiver Vertragsverletzung" und "Schutzwirkung für Dritte" bei nichtigen Verträgen. Juriszeitung, 1965, 3（2）：478.

不干涉。①

可以看出，卡纳里斯将给付关系与保护关系对置，二者分别对应于给付义务和保护义务，并认为缔约上过失、积极侵害债权、附保护第三人作用契约，甚或产品责任（主要是因产品质量导致受害人固有利益损失），皆系违反同一的保护义务所致。此项保护义务，于给付关系存在之前、中、后各阶段皆得存在，且由于其存在基础为当事人间基于交易接触所产生的信赖关系，而与当事人之意思无关，因此，契约关系（给付关系）是否存在，对其皆无影响。故而，只要信赖关系存在，该信赖关系之当事人之间即存在保护关系，而该信赖关系当然也包括与当事人存在特定结合关系之第三人。至此，卡纳里斯以信赖理论扩大了契约关系，并将其在保护义务关系上实现了统一，并以此为基础，主张将契约发展过程中的保护义务予以统一处理，建立一介于契约责任和侵权责任之间的第三责任领域（Die Haftung für Schutzpflichtverletzungen als dritte Spur zwichen Delikts-und-Vertragshaftung）。②

（三）"统一保护义务关系"学说的发展

"统一保护义务关系"学说一经提出，在德国法学界可谓一石激起千层浪。既遭到不少学者的批判，也获得部分学者的支持。反对者如权威学者卡尔·拉伦茨和迪特尔·梅迪库斯认为，债之关系为一统一体，而统一保护义务关系说将其一分为二，即给付义务和保护义务，是不合适的。原因有二：一是如何区分给付义务和保护义务本来就存在困难。如承租人之保管义务属于法定债之关系还是保护义务，并不明确；二是给付义务与保护义务并非完全独立，如契约合意之责任限制，可能延伸至保护义务。且在继续性债之关系中，保护义务的违反，将可以重大理由解除给付关系。实际上，给付关系和保护关系是相互影响的。③ 支持者如学者沃尔夫冈·

① Claus-Wilhelm. Ansprüche wegen "positiver Vertragsverletzung" und "Schutzwirkung für Dritte" bei nichtigen Verträgen. Juriszeitung, 1965, 3（2）：478.

② Claus-Wilhelm Canaris. Schutzgesetze-Verkehrspflichten-Schutzpflichten. FS Larenz. München：C. H. Beck Verlag, 1983. 103.

③ Vincen Mayer. Schutzpflichten im deutschen und französischen Recht. German：Peter Lang, 2005. 65 - 66.

蒂勒（Wolfgang Thiele）认为，契约上的特别行为义务分为以履行利益为对象的行为义务与非以履行义务为对象的行为义务两大类。前者乃在保护或保全债权认定的履行利益，系主给付义务的附随从属义务，可称为从给付义务，此项义务必然以有效的给付义务存在为前提。反之，后者则系保护义务，以与债权人的履行利益并无直接关系的维护利益（固有利益）为对象。换言之，其目的在于保护债权人履行利益以外之人格及财产上的利益。① 学者汉斯·沃尔夫冈·施塔茨（Hans-Wolfgang Strätz）站在肯定"统一保护义务关系"学说的立场，对"统一保护义务关系"学说所未谈及的后契约义务是否亦有统一保护关系之适用问题予以详细谈论，并认为向来所承认的后契约义务中，可分为后契约之从给付义务（nachwirkende Nebenleistungs pfilcht）及伴随的保护义务（begleitende weitere Schutzoder Verhaltenspflicht）两种类型，前者虽然自契约缔约时起成立，但在狭义的契约义务消灭后，始有履行之可能，就此点而言，和通常的给付义务无异。而相对于此，后者即伴随的保护义务即有统一保护关系之适用。② 对于"统一保护义务关系"学说对现行民事责任体系之影响，德国学者爱德华·皮克尔（Eduard Picker）明确指出，"统一保护义务关系"学说体现出了承认第三类型民事责任的需求。③ 目前，通过以卡纳里斯为代表的多位学者的共同努力，"统一保护义务关系"学说已形成一庞大的理论体系。

二、"统一保护义务关系"学说引发的思考

（一）给付义务与保护义务

"统一保护义务关系"学说在发展过程中，遭遇到不少理论上的批判，如前文所提及的拉伦茨和梅迪库斯两位教授即持不同观点。他们认为，债

---

① Wolfgang Thiele. Leistungssörung und Schutzpflichtverletzung. Juriszeitung, 1967, 3 (4)：649–657.

② Hans-Wolfgang Strätz. Über sog. "Nachwirkungen" des Schuldverhältnisses und den Haftungsmaβstab bei Schutzpflichtverstöβen. Walter Habscheid. FS Bosch. Bielefeld：Ernst und Werner Gieseking, 1976. 999–1013.

③ Eduard Picker. Positive Forderungsverletzung und culpa in contrahendo. Archiv für die civilistische Praxis, 1983, 183：369–520.

之关系为一统一体,二者难以严格区分,将积极侵害债权纳入统一保护关系有欠妥当。这种观点有待商榷。从时间上看,保护义务在契约发展过程中包括契约产生前和契约关系结束后均得以存在,而给付义务只有在契约有效成立阶段始得以发生。这是二者在时间上的不同。即使在二者同时存在的契约存续阶段,也易于区分。给付义务大多属于当事人于契约中约定的内容,即使有些从给付义务并非约定产生,而是法律规定的,但其在法律关系上却是附从于给付义务,并以契约履行利益的实现为目的。保护义务则不是由当事人约定的,而是根据特定情形进行判断,其目的在于维护对方当事人固有利益,与契约履行利益没有直接关联。当然,如果在契约中明确约定保护对方当事人人身和财产安全的义务,则此时该义务已无须具体判断,而是契约的约定义务了,如保镖契约即为是。此时,二者也容易区分。至于两位教授所提出的承租人之保管义务是属于法定债之关系还是保护义务的问题,既然契约法已明确规定承租人在使用租赁物时有维护租赁物不受损害的义务,因此,该项义务属于法定债之内容,其本身即构成契约内容的一部分,而非需要根据诚实信用原则进行具体判断的保护义务。同时,拉伦茨和梅迪库斯教授还提出,给付义务和保护义务并非完全独立,二者之间可能相互影响。但实际上,保护义务是以当事人所处的时间或空间,以及当事人之间的结合关系来判断的,其成立与否与给付义务是否存在及给付义务的具体内容无关。至于他们所提出的契约合意之责任限制可能延伸至保护义务的问题。既然保护义务与给付义务相互独立,则二者必然不能相互限制。如我国《合同法》第53条明确规定,对造成对方人身伤害和因故意或重大过失造成对方财产损失的免责条款无效。从该条规定及其立法精神可以看出,保护义务属于独立于契约之外的义务类型,契约关系中当事人的约定难以对保护义务产生约束或者限制。保护义务就是保护义务,给付义务就是给付义务,不管在单独存在抑或并存的阶段,二者的产生和消灭均有各自的依据所在,不可混淆。

(二)保护义务的统一

"统一保护义务关系"理论将契约发展过程中的保护义务予以统一,以当事人之间"被要求之信赖赋予"作为存在基础,使之脱离原契约关系而独立存在,并主张建立一介于契约责任和侵权责任之间的第三责任领域，以解决缔约上过失、积极侵害债权、后契约责任和附保护第三人作用契约之理论基础问题，有效解决受害人的损害赔偿问题。这一思路值得重视，[①] 而新《德国民法典》第 241 条第 2 款将契约发展过程中的保护义务作一体规定，并提出在违反该保护义务时适用第 280 条第 1 款（因违反义务而损害赔偿）进行救济。这种立法上的安排，可以说一定程度上接受了统一保护义务关系学说。[②]

就我国来讲，之所以契约法上发展起来的先契约义务、契约附随义务和后契约义务及其违反而构成的民事责任，均无法有效解决特别结合关系下受害人的损害赔偿，尤其是固有利益的损害赔偿问题，乃是因为我们始终将这些新类型的民事义务与责任纳入传统契约法领域进行考察，不可避免地会受到契约责任的种种限制，从而导致理论和实践上的困难。如果遵循"统一保护义务关系"理论的思路，以特别结合关系下的信赖为基础，将先契约义务、契约附随义务和后契约义务统一起来，脱离传统契约责任的束缚，建立起不同于传统契约责任的独立类型的民事责任，则完全有足够的空间进行制度上的设计，以解决理论及实践中所遇到的种种困难。

（三）统一保护义务的构成

"统一保护义务关系"理论虽然实现了契约发展过程中保护义务的统一，但其将保护义务与德国侵权行为法上的一般安全注意义务区别开来，理由在于保护义务并非对所有人都承认，而仅对已进入契约接触关系之当事人发生。而一般安全注意义务是一种高度抽象的注意义务，其主体之间并不存在类似于保护义务主体间所具有的特别结合关系，系无目的之注意义务。[③] 因此，"统一保护义务关系"理论并未将德国法上的一般安全注意

---

　① 王泽鉴教授认为，德国民法学界最近"更致力于为此等独立于契约之外，结构上相同，以诚实信用原则为其实体法依据之三种制度（即缔约上过失、加害给付及后契约责任制度），探寻共同之理论基础，建立统一之法定债之关系（ein einheitliches gesetzliches Schuldverhältnis），在比较法学研究上实值重视。"王泽鉴：《债法原理》（第 1 册），中国政法大学出版社 2001 年版，第 87 页。

　② 许德风：《对第三人具有保护效力的合同和信赖责任——以咨询责任为中心》，见易继明：《私法》（第 4 辑第 2 卷），北京大学出版社 2004 年版，第 282 页。

　③ Claus-Wilhelm Canaris. Schutzgesetze-Verkehrspflichten-Schutzpflichten. FS Larenz. München：C. H. Beck Verlag, 1983. 99.

义务纳入其中。对于我国侵权行为法上发展出来的安全保障义务而言，则情况略有所不同。我国法上的安全保障义务主体不似德国法上的一般安全注意义务那般宽泛，[①] 而是严格限定于特定的经营场所的经营者和消费者，社会活动的组织者和活动参与者之间，而且他们之间大多存在一定的契约关系或类似契约关系。这不仅使我国法上的安全保障义务明显区别于德国法上的一般安全注意义务，从另一层面讲，也使得安全保障义务与先契约义务、契约附随义务和后契约义务有了同质性。甚至主张"统一保护义务关系"学说的德国学者也认可保护义务与一般安全注意义务在本质上并无差别。[②] 而我国关于安全保障义务的起草机关也承认，"安全保障义务的确还游移于合同责任和侵权责任之间"[③]。因此，以"统一保护义务关系"理论为基础，结合我国的安全保障义务，实现契约法上和侵权行为法上新类型民事义务的统一，是一可行的路径。

（四）保护义务的提出

上述思考，使得我们有理由跳出传统民事责任体系的视野，重新审视"契约—侵权"两分法民事责任体系的合理性，考虑将契约法和侵权行为法上的新类型民事义务和责任统一起来，构建一种不同于契约责任和侵权责任的新类型的民事责任，以适应现代社会发展的需要。而首要的是考察这些义务是否具有统一的前提条件，即是否具有理论和实践上的共性。

根据前文分析，新类型民事义务在产生根源、主体关系、损害范围等方面具有同一性。对于先契约义务、契约附随义务和后契约义务，黄越钦先生认为，"盖从诚信原则以及交易信赖之保护来衡量，社会所课予当事人之注意义务，在缔约前、缔约时、契约存续期间与债之关系消灭后，并

[①] 德国法上的一般注意义务已经涉及一切私法交易甚至整个社会生活的安全。黄松有主编：《最高人民法院人身损害赔偿司法解释的理解与适用》，人民法院出版社2004年版，第101页。

[②] Claus-Wilhelm Canaris. Schutzgesetze-Verkehrspflichten-Schutzpflichten. FS Larenz. München: C. H. Beck Verlag, 1983. 100.

[③] 黄松有主编：《最高人民法院人身损害赔偿司法解释的理解与适用》，人民法院出版社2004年版，第101页。

无轩轻"①。据侯国跃博士考证，先契约义务、后契约义务与契约履行中的附随义务同其本质。"先契约义务与附随义务并无本质区别，此二种义务皆派生于诚实信用原则，均以照顾、保护相对方人身、财产利益为目标。""后契约之保护义务与契约履行中的保护义务（附随义务）同其本质。"此三项义务，均以保护义务为内容，均以维护债权人之固有利益为目的，三者同质异形，并无本质区别。② 对于安全保障义务而言，有日本学者认为，"尽管合同法上的保护义务（系指先契约义务、契约附随义务和后契约义务）是以特定主体间的特别结合为前提的，在这点上可以与侵权行为法上的社会生活安全义务相区别，然两种义务在本质上是没有差异的"③。而契约法上之保护义务与侵权行为法上的安全保障义务，就其内容观之，在本质上并无差异。④

---

　　① 黄越钦：《契约给付义务新论》，见《私法论文集》，台北世纪书局 1980 年版，第 204 页。转引自侯国跃：《契约附随义务研究》，西南政法大学博士学位论文，2006 年，第 42 页。

　　② 侯国跃：《契约附随义务研究》，西南政法大学博士学位论文，2006 年，第 42、48 页。

　　③ ［日］椿寿夫、右近健男：《德国债权法总论》，如本评论社 1988 年版，第 15～16 页。转引自韩世远：《合同法总论》，法律出版社 2004 年版，第 291 页。

　　④ 侯国跃博士在论述安全保障义务与契约履行中的附随义务（广义的附随义务）的共同性时又指出，二者适用主体范围不同。契约法上附随义务仅对于已进入契约之接触关系的当事人发生，易言之，此乃于特定人间存有意欲之特别关系时，为维护相对人之法益，对特定当事人所课之义务；反之，安全保障义务则对一般人均承认之，当事人间并没有特别关系，自始即非以特定人为对象，此乃二者于形式上之差异所在。笔者赞同侯国跃先生的基本观点，即安全保障义务与契约履行中的附随义务在内容上的一致性，但对其主体上之区别论持不同观点。侵权行为法上的注意义务确实是不得损害其他人的合法权益，并对一般人均有约束力。但对于新近我国确立的安全保障义务而言，则未尽然。根据最高人民法院《司法解释》的规定，安全保障义务是从事住宿、餐饮、娱乐等经营活动或者其他社会活动的自然人、法人、其他组织，应尽的合理限度范围内的使他人免受人身损害的义务。不管其中的"他人"是消费者、潜在的消费者还是进入其服务场所或社会活动场所的人，这些人一旦进入义务人所控制范围内的场所领域，即与义务人之间形成一种特殊的社会接触和结合关系，并非如侯国跃先生所讲的一般关系。因此，笔者认为，在主体关系上，安全保障义务与契约法上的附随义务亦无本质区别，均是发生于具有特别接触和结合的特定当事人之间，均以维护相对方的人身和财产等固有利益为目标。侯国跃：《契约附随义务研究》，西南政法大学博士学位论文，2006 年，第 152～153 页。

　　从总体上来看，这些新类型民事义务还具有一个重要的特征就是义务的独立性。这些义务均以维护相对人的完整权益为目的，这些义务因当事人事实上的交易接触而产生，不因当事人之间是否存在契约关系以及契约关系是否有效而不同，具有独立性。从历史发展的角度看，这四种新类型的民事义务也具有历史发展的共性。在近代民法所处的自由主义时期，法律强调的是契约自由和"不作为不承担责任"。随着自由资本主义向垄断资本主义的过渡、转型及定型，诚实信用原则的崛起使得民法实现了从抽象平等到具体平等、形式正义到实质正义的变迁，古典契约亦朝着关系契约迈进。① 超出书面约定，实现超越表面契约自由的实质正义和公平逐渐成为立法者和司法者所追求的目标。从而体现社会本位和具有利益衡量功能的先契约义务、契约附随义务和后契约义务也就呼之而出。对于侵权行为，当时的立法者认为，让当事人为其不作为承担责任，会阻碍个人的发展，且在因果关系认定上十分困难，道德上也不可行。随着时代的发展，人们对社会事物认识的深入，以及工业的发展而产生的危险增多，民事主体经济地位的不平等已成为一个不容忽视的普遍存在，② 因此，要求处于优势地位的民事主体积极保护处于其控制范围内的人的人身和财产安全的安全保障义务也就刻上了现代社会的烙印。总而言之，新类型的民事义务具有历史发展的共性。

　　对新类型民事义务诸多共性的探讨，更进一步说明了将它们统一起来的可行性。同时，不难从这些民事义务中抽象出一个共同的法律特征，即产生基础并非私法自治下当事人的契约约定，也不是侵权行为法规范的法定要求，而是民事主体之间基于特别结合关系，而产生的一方当事人对他方人身和财产应负的保护性义务。根据此种义务的性质，不妨将之称为民法上的"保护义务"。

---

　　① 关于近代民法到现代民法的变迁，梁慧星教授作了详尽的论述。梁慧星：《从近代民法到现代民法——20 世纪民法回顾》，见《民商法论丛》（第 7 卷），法律出版社 1997 年版，第 228～246 页。
　　② 柳经纬：《当代中国民事立法问题》，厦门大学出版社 2005 年版，第 6 页。

三、保护义务的基本理论

（一）保护义务的概念

从保护义务的产生基础和目的出发，保护义务的概念可界定为：处于特别结合关系的当事人之间，基于身份上的信赖关系而负有的保护对方人身和财产完整性的民事义务。

（二）保护义务的法理基础

任一法律制度的存在，必有其得以存在的法理基础。保护义务的产生，并非当事人之约定，亦非法律之明确规定，而是根据诚实信用原则而加以确定的。但因诚实信用原则作为适用于全部民事法律关系的民法基本原则，[①] 仅以该原则作为保护义务的法理基础，不能全面反映保护义务的个性特征。

保护义务当事人之间始终存在一种特别结合关系，如缔约阶段的接触与磋商关系，契约履行阶段的给付与接受关系，后契约阶段的协助与保护关系，特定场所内的管理与被管理关系等。正是由于这种特别结合关系的存在，当事人之间拥有了各自特定的身份，如缔约阶段的要约身份与被要约身份，契约履行阶段的履行义务身份与接受履行身份，后契约阶段的关照身份与被关照身份，特定场所内的管理者身份和被管理者身份。基于这种特定身份关系的存在，使得当事人之间产生一种信赖关系，相信相对方会尽必要合理的注意维护自己的人身和财产等固有利益的安全。因此，保护义务的理论基础包括三个逐次递进的层面，即特别结合关系下，当事人之间基于特定身份的要求而产生相互间的信赖。

1. 特别结合关系

保护义务当事人之间始终存在一种特别结合关系。这种特别结合关系不同于侵权责任当事人之间的关系，自不待言，因为侵权行为法规范的是

---

① 徐国栋：《民法基本原则解释——以诚实信用原则的法理分析为中心》（增删本），中国政法大学出版社 2004 年版，第 60 页。

一般社会成员之间的权利义务关系。虽然契约法规范的也是具有特别结合关系即契约关系的当事人之间的权利义务关系，但这种关系较为明确，是以有效契约关系为纽带，以履行利益的实现为目的，完全属于契约法的调整范畴。对于保护义务来讲，则未尽然。且不说缔约上过失和后契约责任中当事人之间不存在契约关系，而只是缔约阶段的接触磋商和契约关系消灭后的协助保护等关系。就加害给付责任和违反安全保障义务的责任来讲，当事人之间除了具有契约关系外，还存在特殊的结合关系。之所以称之为特别结合关系，是因为这种结合关系虽然是因契约关系的发生而成立，但又是独立于契约关系之外的。即使契约关系被宣告无效或撤销，当事人之间的特别结合关系因为事实行为的发生而依然存在。因此，保护义务当事人之间的这种特别结合关系完全超出了传统契约责任和侵权责任的调整范畴，不同于契约关系和侵权行为关系，我们称之为特别结合关系。

这种特别结合关系的理论基础即在于社会接触说。该说是由德国著名学者汉斯·德勒（Hans Dölle）所倡。德勒针对缔约上过失理论指出，缔约上过失责任并非基于从事契约磋商而发生，而是基于当事人因发生了"事实上的社会接触"。为达到社会接触的目的，当事人有意识地将自己的法益置于对方的影响之下，委由他方保护、注意，因而足以发生保护、通知、维护等义务。①德勒提出的社会接触理论虽然只是针对缔约上过失责任，但对加害给付责任、后契约责任，乃至违反安全保障义务的责任皆有适用余地。因为这些责任类型与缔约上过失责任具有明显的同质性，即当事人之间因特定的社会接触而产生相互维护对方完整利益的义务，而与当事人之间是否存在契约关系无关。以社会接触说作为特别结合关系的理论基础，具有客观性和一般性，符合保护义务的本质特征。

2. 特定的身份

保护义务当事人之间的特别结合关系不是信赖产生的直接原因，而是因为这种特别结合关系赋予了当事人特定的身份要求。当然，这里所谈的"身份"必然不同于英国学者梅因在《古代法》中所界定的"身份"，当时的"身份"指的是以人格的不平等为基础而导致的人身依附关系，而此处所讲的"身份"则是在人格平等、不存在人身依附关系的基础上，于特

---

① Hans Dölle, Aussergesetzliche Schuldpflichten, ZStW 103, 1943. 67 – 102.

定的社会经济活动中，因对信息、物理空间的掌握优、劣势而产生的特定
身份。古典契约法理论认为，交易中的人都是理性人，享有完全的自主性
和意志自由，实际上是将社会生活中的个体抽象化，漠视了人与人之间存
在的现实差别。现实交易往来中，当事人之间基于主、客观因素的影响而
导致的事实上的不平等是客观存在的。如顾客入住某宾馆，则宾馆经营者
与顾客之间除了具有住宿契约关系外，还存在特别结合关系，即宾馆经营
者作为场所的管理者，在控制场所安全、掌握相关信息方面肯定优于作为
被管理者的顾客。因此，从诚实信用原则出发，基于这种不平等的身份要
求，宾馆应当尽到合理的注意义务，保证处其控制范围内的人的人身和
财产安全，这就是特定身份的要求。又如契约履行过程中，债务人作为一
种特定身份，其为给付时应尽必要的注意，避免因其给付造成债权人固有
利益的损害。当然，债权人作为接受给付一方，其在接受给付时有协助的
义务，当他提供协助便利时，也应当保证其所提供的便利设施不会造成债
务人固有利益的损害。不同的身份决定了相互间负有不同的义务要求。这
种保护义务甚至能够跨越契约关系而延及契约第三人。如某甲与评估师乙
之间具有不动产委托评估关系，甲和朋友丙及评估师乙赴现场考察。乙分
析认为该不动产具有较大的升值空间。而后甲没有购买，但其朋友丙因信
任评估师的分析而购买了该不动产。由于评估师乙的评估失误，造成丙购
买的不动产价值严重下跌。虽然丙和评估师之间并不存在契约关系，但他
们基于特殊的社会结合关系，使得丙对乙产生了身份上的信赖。基于这种
身份上的信赖关系，评估师乙对丙负有保护义务。因此，乙应对丙的固有
利益损失承担赔偿责任。因此，可以说，这种特定的身份是当事人之间基
于事实上的接触导致相互间的信赖而产生的身份要求。

3. 信赖关系

仅有特别结合关系尚不足以形成债之关系。因为当事人之间的特别结
合关系之态样无穷，难令债务人仅基于单纯之社会接触，即负特别责任。[①]
信赖责任理论认为，当事人基于特别结合关系，对于法律行为有效性或生
命财产安全性之信赖，始为此种特别责任发生之原因。此项债法上之法律

① Claus-Wilhelm. Ansprüche wegen "positiver Vertragsverletzung" und "Schutzwirkung
für Dritte" bei nichtigen Verträgen. Juriszeitung, 1965, 3 (2): 475.

行为并非建立在因拘束之意思表示所生义务，而是建立在被请求之信赖或给予。①

传统契约法以有效契约为纽带，当事人之间的交易往来基于契约本身的约束。虽然当事人基于契约的有效性，有理由相信对方会依约履行，但当事人均是理性的经济主体，他们会理性地考虑到不能将全部希望寄托于对相对人的信赖上。因为"契约自由"仍旧是契约法的基本原则之一，当事人有订约的自由，同时也有违约的自由。债务人完全可以通过一定的代价终止契约关系，这也是市场经济的商业风险所在。因此，现代契约中往往都有违约责任的规定，即使债务人不履行契约，或履行契约不符合约定，债权人还可以根据契约约定追究对方的违约责任。因此，传统契约责任是以当事人之自愿的自我约束为正当化基础。就传统侵权责任来讲，当事人之间负有的是"不得损害他人合法权益"的义务，这是相对较低程度的义务要求。一旦违反了这一规定，受害人可以基于侵权之诉主张损害赔偿。因此，侵权行为责任以违反一般人可认知、可实践的较低注意程度的规范为基础。②

保护义务当事人之间则完全不同。当事人之间的特别结合关系赋予了不同的身份要求，基于特定的身份使得当事人之间产生信赖关系，并将自己的人身、财产利益置于对方的影响之下，即提高对他方法益影响的可能性。如缔约阶段，当事人由于抱着缔约的共同目的而接触磋商，即由一般的普通关系进入特殊的结合关系，相互之间建立了一种特殊的信赖关系。③此时，契约尚未生效，不存在对契约约束的信赖；而当事人之间不仅相信对方不会以积极的行为加害于自己，而且会因这种特别结合关系而信赖对方会根据诚实信用原则采取积极措施保护自己。又如在特定的经营场所内，虽然当事人之间可能事先存在一定的契约关系（如住宿契约、消费契约关系等），契约当事人一方也有理由相信基于契约的法律效力，对方会

---

① Claus-Wilhelm Canaris. Die Vertrauenshaftung im deutschen Privatrecht. München: C. H. Beck Verlag, 1971. 1-5.

② 林惠贞：《附随义务与民事责任之发展》，台湾大学博士学位论文，2005 年，第 192 页。

③ 王泽鉴：《缔约上之过失》，见《民法学说与判例研究》（第 1 册），中国政法大学出版社 2005 年版，第 91 页。

积极地履行自己的契约义务。但同时对于身处特定经营场所内的当事人来讲，其更相信对方当事人会根据诚实信用原则的要求，采取积极的措施保护自己的人身和财产免受损害，包括外来力量的损害。此时，让当事人产生信赖的，不是双方当事人之间的契约约束，也不是侵权行为法所规定的"不得损害他人合法权益"的禁止性规范之约束，而是基于这种特别结合关系而在双方当事人之间所产生的合理信赖，系赋予当事人就因其信赖该法律状态所生之损害以赔偿请求权。① 此时的信赖，即不同于纯粹契约关系中的信赖，也不同于一般社会生活中他人不会损害自己合法权益的信赖，而是居于特别结合关系，相信对方会采取积极的措施保护自己的信赖。相对于一般人之间的信赖而言，保护责任中当事人之间的信赖是一种特定主体之间较高程度的信赖。

（三）保护义务的判断要件

保护义务的判断要件有二：一为客观方面，即当事人在时间和空间上的客观判断；二为主观方面，即当事人间基于特定身份而产生信赖关系的主观判断。主客观判断要件的结合，是保护义务区别于契约法上的给付义务和侵权行为法上的一般注意义务的重要因素。

1. 时空相对性的判断

这一判断包括时间上的相对性和空间上的相对性，即保护义务要么产生于特定的时间段，要么产生于特定的空间范围内。从时间上来讲，主要就契约发展过程而言，分为三个时期。一是缔约阶段时期。就缔约上过失责任而言，该时间段是自当事人进入契约缔结磋商之际至契约生效止，此时当事人以缔结契约为目的开始接触，当事人之间互负保护对方当事人人身和财产完整利益的义务。例如，出租人在签订租赁契约之际，未将业已存在严重污染并未彻底有效防治及当地环保部门要求治理的情况如实告知承租人，造成承租人经济损失。二是契约履行时期。就加害给付责任而言，该时间段是自契约生效之际至契约履行完毕止，此时当事人以契约履行为目的，且在履行过程中负有保护对方人身和财产安全的义务。例如，

---

① Claus-Wilhelm Canaris. Die Vertrauenshaftung im deutschen Privatrecht. München: C. H. Beck Verlag, 1971. 5.

见证律师在履行委托代理协议过程中，未尽代理人应尽的职责，给委托人及遗嘱受益人造成经济损失，应承担赔偿责任。三是契约终了后时期。就后契约责任而言，即从契约履行完毕时起，此时契约权利义务关系终止，当事人仍应依据诚实信用原则履行通知、协助等保护义务。

从空间上来讲，主要指的是处于一定空间范围内的当事人之间，场所的所有者（管理者）或社会活动的组织者负有保护进入该场所范围或活动范围内的相对人的人身和财产等完整利益的义务。例如，旅行社在组织旅游活动中，没有合理安排行程，造成原告的人身损害。而经营旅游景点的旅游公司没有管理好旅游景点，也是造成原告人身伤害的原因。二者均应承担相应的损害赔偿责任。

从时间与空间的结合来看，还涉及契约外第三人的保护问题，指的是在一定的时空范围内，契约当事人对于与对方当事人具有特殊关系的第三人应承担的保护其人身和财产等完整利益的义务。例如，某房产公司在履行租赁契约中，未能提供清洁的生活用水，导致承租人之妻用水中毒，遭受人身损害。承租人之妻为租赁契约外之第三人，但其基于特定身份进入并使用租赁场所，出租人也应在合理限度内保护其人身和财产安全。因此，该房产公司应对承租人之妻的损害承担赔偿责任。

总的来讲，保护义务在时间和空间上的判断，要求当事人之间处于特定的时空范围内，要么是在契约发展的全过程中，要么是处于特定的场所之内。这种时空范围上的要件，也是判断当事人之间是否存在信赖关系的基本前提。

2. 信赖的判断

保护责任的信赖建立在当事人之特定身份的基础上。对于已经存在契约关系的情况下，当事人之间已经存在着以契约这一载体为基础的特别结合关系。基于这种特别结合关系，当事人之间有理由相信对方会按照契约的约定履行相应的义务，并且在履行契约的过程中，会保护自己的人身和财产安全，此为应有之意。这也是本书将契约附随义务纳入保护义务的基本理由。

对于不存在契约关系的当事人之间是否存在信赖的问题，应在前文所述的时间和空间的判断要件基础上，进一步判断当事人之间是否存在特别结合关系。一般来讲，对于处于特定时空范围内的当事人之间均存在一定的社会联系并产生各自的特定身份，要么通过某种事实上的接触产生彼此间的信赖，如契约缔结前的接触磋商行为即是；要么通过从事特定的法律行为以获得信赖，如金融专家给客户提供投资意见、价格评估师给银行出具房产估价意见等；甚或特定法律行为终止后，当事人之间仍然负有彼此协助、通知的保护义务，如后契约义务。总之，一定时间和空间范围内的当事人之间，基于特别结合关系的存在，以及相互间在信息掌握、知识能力、空间范围控制等方面存在一定的不均衡，使得当事人之间产生不同的身份，从而导致信赖的产生。

需要明确的一点是，某些时候，负有保护义务的当事人一方不需要具体知道对其产生信赖关系的对方当事人是谁，而是只要知道有这样的人存在就可以了。这种情况主要表现为契约履行过程中对特定第三人的保护。比如甲委托房地产评估师为其出具一个为贷款使用的房产价值评估证明。在委托协议中明确约定该评估证明将提供给 A 银行，但后来因为其他原因，甲没有向 A 银行贷款，而是与 B 银行合作，并将有关的房产评估意见提供给 B 银行。由于这份评估意见明显失误，导致 B 银行经济上损失。此时，B 银行也可以基于对评估师的信赖请求损害赔偿。从这个意义上说，保护义务人承担责任的对象可以不是某个特定的人，而是义务人的行为可能导致对其产生信赖的抽象的不特定的"人"。上述案件中，无论是 A 银行还是 B 银行抑或另外的 C 银行，都在这个抽象的"人"的范畴之内。虽然该抽象的契约外第三人在空间上可能与保护义务人没有关联，但其是在契约履行过程中，与当事人一方存在特定关联的并可以被保护义务人所预知。因此，从根本上说，这种契约外第三人与保护义务人也存在一种特别结合关系。

（四）保护义务的法律特征

1. 以诚实信用原则为判断依据

首先，保护义务不是约定义务。约定义务是当事人协商一致的义务。从法律特征上看，保护义务并非如约定义务般自始确定。当事人在订立契约时很难准确预见到契约关系的发展情况，无法准确预见具体阶段的具体义务要求。也就是说，保护义务是不可能由当事人约定产生的，而只能根据诚实信用原则并依据契约关系的发展来进行确定。如果当事人在契约中明确约定了通知、保密、协助等义务，虽然这些义务在内容上与保护义务相同，但其已经转化为当事人的约定义务，而不再是我们所讲的以诚实信用为法理基础的保护义务。

其次，保护义务也不同于一般法定义务。一般法定义务是法律上有明确规定的义务，包括作为或不作为的具体要求。但保护义务源于德国判例法，主要是法官根据诚实信用原则，依据个案的具体情况进行个别判断的。对于具体的义务类型，法官不可能事先预见，立法者也不可能事先预见。所以，法律不可能对保护义务作出具体的规定。我国法上亦然。虽然我国《合同法》第 60 条第 2 款规定了合同履行中的附随义务，但并不能因此而得出该附随义务是一般法定义务的结论。因为该条是关于合同履行的一个原则性规定，并不是具体地设定某项义务。另外，从规定的内容来看，该条文仅规定了"通知、协助、保密"等义务，但实践中此种义务的种类相当丰富，并不是一条义务性规范所能完全容纳，还必须结合其他因素才能确定。再如，后契约义务只有《合同法》第 92 条的原则性规定，而没有具体的义务种类要求。而一般法定义务则不同。如我国《民法通则》第 125 条规定："在公共场所、道旁或者通道上挖坑、修缮安装地下设施等，没有设置明显标志和采取安全措施造成他人损害的，施工人应当承担民事责任。"此即为典型之一般法定义务。从理论上来看，以契约附随义务为例，王利明教授认为违约行为包括对各种法定的、约定的以及依诚实信用产生的义务的违反。[①] 虽然在观点上其认为违反契约附随义务也属于违约行为，但其将契约附随义务与约定义务、一般法定义务并列而论，至少从性质上认可了契约附随义务与约定义务、一般法定义务的不同。在实践中，保护义务是依据诚实信用原则并根据当事人特别结合关系的性质、目的和交易习惯等具体情况始加以确定。因此，保护义务既非约定义务，也不是一般法定义务，而是根据诚实信用原则进行判断的义务类型。

2. 以积极的作为义务为规范对象

契约法规范的主要是当事人履行契约的积极作为义务，但这种作为义

---

① 王利明、崔建远：《合同法新论·总则》，中国政法大学出版社 2000 年版，第 687 页。

务是基于当事人的约定产生的，而且该作为义务的目的是为了契约履行利益的实现。而保护义务的积极作为义务是依据诚实信用原则并根据当事人特别结合关系的性质、目的和交易习惯等具体情况始加以确定的。这种作为义务的目的是保护相对方的完整利益。侵权行为法规范的是不特定当事人之间"不得损害他人合法权益"的不作为义务，但特殊情况下，也规范民事主体的作为义务。根据传统民法理论，侵权行为法上的作为义务主要产生于以下三种情形：一是在法律上有作为义务，而不作为时；二是在契约上有作为义务，而不作为时；三是不作为则违反公序良俗时。① 如前文所分析，保护义务并非一般法定义务，更无约定，也不因公序良俗而生。再者，从这三种情形来看，之所以在以不作为义务为普遍的传统侵权行为法上又规定了上述三种作为义务，其实质还是在于以作为的方式"不得损害他人合法权益"，而不是以作为的方式去积极保护他人合法权益。这一点又明显区别于保护义务。

3. 法律上的独立性

保护义务具有法律上的独立性，指的是保护义务是基于当事人之间事实上的特别结合关系而产生并存在，与当事人之间的契约关系无关。如在缔约阶段，保护义务自当事人之接触磋商时起即为产生。由于此时契约尚未成立，当事人之间并无契约关系之存在，可见保护义务之独立性。又如在契约履行阶段，债务人在履行义务过程中构成加害给付，造成债权人固有利益的损失。此时，若由于其他原因导致契约关系之无效或被撤销，契约关系不复存在，但保护义务并不随契约关系之消灭而消灭，债务人仍须对债权人完整利益的损失承担损害赔偿责任。因此，保护义务作为因当事人事实上之交易接触而产生的民事义务，其完全脱离于当事人之意思表示而独立存在。不管是缔约阶段、契约履行阶段还是契约终了后之阶段，当涉及当事人完整利益之侵害时，当事人之间是否存在契约关系已不重要，保护义务依然存在，只是表示所受侵害的时点不同。再如，在安全保障义务场合，由于管理上的疏忽造成第三人轻易进入宾馆，并杀害某入住之顾客。纵使顾客与宾馆之间的住宿契约因其他原因导致无效，宾馆仍须对顾客的人身损害承担补充赔偿责任。

---

① 郑玉波：《民法债编总论》，中国政法大学出版社 2004 年版，第 125 页。

陈自强教授对先契约义务、契约附随义务和后契约义务研究后认为，以信赖思想为基础而发生的保护义务，不以契约有效存在为前提，可说是信赖关系中的行为义务，相较于基本法律关系中的一般行为义务，不仅要求高，其所保护的法益也更周延与丰富。信赖关系的发生，与契约成立与否无关，而是始于缔约谈判磋商，纵然谈判无果，契约未成立，或契约虽然成立，但无效、被撤销或有其他不生效力的情形，甚至在契约给付义务消灭后，保护义务依然有存在余地，则保护义务是否仍然为"契约关系"内容的一个构成部分，或已经成为以信赖责任为基础的法定债之关系内容，有待深入研究。① 由此可见，导致保护义务产生和存在的不是契约关系，而是当事人之间的特别结合关系。当事人之间的特别结合关系因事实行为而产生，具有法律上的独立性，而由这种特别结合关系而产生的保护义务当然也具有独立性。

四、保护义务与保护责任

至此，我们已将现代民法上新扩展的新类型民事义务，包括先契约义务、契约附随义务、后契约义务和安全保障义务，在理论和实践上实现了统一。如前分析，目前契约责任和侵权责任界限模糊，甚至出现一定程度上的交叉与重叠，正是由于民法上所扩张的上述四种民事义务所致。因此，将这四种民事义务统一起来，尝试建立一独立的民事责任，并进行具体制度上的设计，不失为一种可行的办法。但这不是最终目的。社会不断发展，新问题、新情况也将不断出现，上述四种义务只是现阶段特定民事义务扩张的具体表现，但不能保证今后是否还会出现与上述四种民事义务同性质的义务类型。如果今后再度出现的话，势必还要重新再做一番分析、归纳和统一的工作。为了避免这一情况的发生，可以从这四种民事义务中抽象出一个具有普遍性的新类型民事义务特征，即特别结合关系下，当事人之间基于特定身份的要求而产生相互间的信赖，并以此为基点，探索了既源于这四种民事义务，但又较之更广、更具普遍性的保护义务，从而扩展了旧有的民事义务类型。这不仅可以丰富现有民事义务体系，更为今后社会的发展需求预留了民事法律制度空间。

---

① 陈自强：《民法讲义Ⅱ：契约之成立与生效》，法律出版社2004年版，第81页。

民事义务的违反必然导致民事责任的产生，保护义务亦然。在探讨违反保护义务责任之前，我们有必要简要回顾一下传统社会所建构的民事责任体系的现代化历程。传统契约责任以私法自治下当事人的自我约束为其正当化基础，侵权责任以违反一般社会成员之间"不得损害他人合法权益"的法定义务为正当化基础。二者法律基础不同，调整领域不同，归责原则不同，赔偿范围亦不同，在民事责任领域各司其职、互不干涉。在契约法领域，契约自由被奉为最高准则，一切民事行为均取决于当事人自己的意思，不受国家和他人的干预。只有在纠纷发生而不能解决时，国家才以法院的身份出面进行裁决，而裁决时仍应以当事人的约定为准，一般不得对当事人的约定随意变更。至于当事人之间的利害关系，订立契约时是否一方利用了自己的优势或对方的急需或缺乏经验等，均不予考虑。[①] 在侵权行为法领域，奉行自己责任和过错责任原则，即行为人只对自己具有过错的行为所造成的损害承担责任。受害人不能证明行为人主观上具有过错时，行为人即不承担责任。另外，一般人对他人之行为所导致的损害后果也不承担责任。同时，近代法关注的是行为人的作为而不是不作为。除非法律或者惯例强加被告以积极作为义务，否则，他们无须就其不作为行为导致的损害承担侵权责任。[②] 因此，在自由主义盛行的近代社会，受害人对其所受损害，除了寻求契约法上和侵权行为法上的救济外，别无他诉，传统"契约—侵权"两分法的民事责任体系也足以应对近代社会之需求。

但随着近代社会向现代社会的推进，契约自由受到限制，法律对契约的调整不再局限于有效契约，而是通过诚实信用原则，对契约缔结、契约履行甚至契约履行之后，当事人之间的权利义务关系进行调整，并考虑到契约发展过程中当事人在地位上实质性的不平等，对处于优势地位的当事人课以一定的义务要求。由此，逐渐发展出缔约上过失责任、加害给付责任和后契约责任。侵权行为法也不再专注于从主观上进行行为人过错的判

---

① 梁慧星：《从近代民法到现代民法——20 世纪民法回顾》，见《民商法论丛》（第 7 卷），法律出版社 1997 年版，第 235、238 页。

② 张民安：《侵权法上的作为义务：〈中华人民共和国消费者权益保护法〉第 18 条规定的义务还是交往安全义务——以肖某某诉石广饭店及其休闲中心人身损害赔偿案件为背景》，见《民商法学家》（第 2 卷），中山大学出版社 2006 年版，第 96 页。

断，民事主体在一定条件下对他人致人损害的行为承担赔偿责任也有了法律上的规定。安全保障义务及其责任可谓是其主要体现。这些新类型民事责任的出现，在体系上使得契约责任和侵权责任界限逐渐模糊，甚至出现了相互间的交叉与重叠，在赔偿范围上无法使受害人得到周全的法律救济。两分法民事责任体系在现代社会中遇到前所未有的困境。

保护义务的统一成为化解这一困境的重要手段。保护义务集传统契约法和侵权行为法领域发展起来的新类型民事义务于一身，对保护义务的违反所产生的责任跨越了契约责任和侵权责任领域，正好将游离于传统契约责任和侵权责任边缘的责任类型囊括其中，净化了传统契约责任和侵权责任的应然空间，解决了传统契约责任和侵权责任无法单一解决的时代难题。从保护义务的目的出发，我们不妨将违反保护义务的责任称为民法上的"保护责任"。

第三节 保护责任与二元民事责任结构之变革

一、保护责任概述

保护责任是民事主体违反保护义务所应承担的法律后果。作为一种新类型的民事责任，有必要结合保护义务的法律性质和基本特征，对保护责任的有关方面作一探讨。

（一）保护责任的归责原则

民事责任的归责原则，指确定行为人应否承担责任的法律原则，通常以行为人的主观方面为其标准。[①] 迄今为止，关于民事责任的归责原则主要有三种：一为过错责任原则，以过错为责任要件，加害人只有在有过错的情况下才可能负责；二为严格责任原则，只要加害人的行为造成他人损

---

① 张广兴：《债法总论》，法律出版社 1997 年版，第 289 页。

害，除了特定的免责事由外，加害人要承担损害赔偿责任；[①] 三为公平责任原则，按照合乎法律宗旨和社会常情理念，由各方当事人合理地分担损失的原则。这些归责原则散见于契约责任和侵权责任之中，对于确定民事责任的构成要件，决定举证责任的内容和损害赔偿的范围等，具有重大的法律意义。随着保护责任在民事责任领域的设立，对其归责原则的思考已经是一个非常现实且迫切的问题。为了更好地保护受害人的合法权益，维护和谐的市场经济秩序，保护责任应以过错责任原则为归责原则，同时在法律技术上实行过错推定。

第一，制度基础。从保护责任产生的制度基础来看，缔约上过失责任、加害给付责任、后契约责任和违反安全保障义务的责任中，行为人违反了依据诚实信用原则所产生的保护相对方完整利益的义务，这体现为一种客观过失。这些制度实行过错责任原则为保护责任归责原则提供了制度基础。

第二，道德基础。保护义务衍生于诚实信用原则，而诚实信用原则是对行为人心理状态的考察和要求，具有较强的道德评价。一个人对自己的行为所造成的损害承担责任是因为其行为是道德所谴责的。过错是行为人主观心理上的故意或过失，并在伦理上或道德上具有可非难性，亦称为人格过失或道德过失。[②] 保护责任适用过错责任原则与我国民法的宗旨保持一致。正如法学家耶林所言："使人负损害赔偿责任的，不是因为有损害，

---

① 在此需要说明的是，不少学者将严格责任等同于无过错责任原则。无过错责任原则是一个特定的概念，指在损害发生后，既不考虑加害人的过错，也不考虑受害人过错的一种法定责任形式，它是一种结果责任。其实，从《民法通则》的相关规定来看，仅第 123 条规定的某些高度危险责任适用无过错责任原则，其他大部分的特殊侵权责任皆为过错责任，只是在推理上采取了过错推定。从《合同法》的规定来看，《合同法》第 107 条规定："当事人不履行合同义务或者履行合同义务不符合约定的，应当承担违约责任。"依此，我国合同法规定的契约责任应为严格责任，其构成仅以不履行为要件，对于不履行是否有过错与责任无关。因此，无过错责任原则虽然在本质上同于严格责任，但其并不能当作一项独立的归责原则，而是依法律的特殊规定而存在的责任现象，仅适用一些例外的情况。参见梁慧星：《从过错责任到严格责任》，见《民商法论丛》，法律出版社 1997 年版，第 1 页；王利明：《违约责任论》，中国政法大学出版社 2000 年版，第 60 页；王利明、杨立新：《侵权行为法》，法律出版社 1996 年版，第 40 页。

② 王利明：《违约责任论》，中国政法大学出版社 2000 年版，第 47 页。

而是因为有过失。其道理就如同化学上之原则，使蜡烛燃烧的不是光而是氧一般的浅显明白。"[1]

第三，目的要求。主观过错或客观过错的确定，能够对当事人起到教育和指引的作用，并为当事人提供了一个明确的行为标准和范围，使当事人得以在确定的注意标准范围内进行社会活动。保护责任具有较广的适用范围，如果适用严格责任的话，势必约束了民事主体的行为自由，阻碍社会交易，违背保护义务本身的宗旨，背离法律鼓励交易的精神。

第四，外国法的借鉴。德国债法改革后，《德国民法典》第280条第1款规定了债务违反的归责原则："债务人违反基于债务关系而发生的义务的，债权人可以请求赔偿因此而发生的损害。义务违反不可归责于债务人的，不适用前句的规定。"[2] 至于行为人违反一般安全注意义务时如何确定其过错的问题，德国主流观点倾向于"推定证明说"。此种观点认为，外部注意义务的违反推定内部注意义务的违反，至少可以作为过错的推定证明。[3] 德国法上同类性质民事义务的违反后果的处理原则，对保护责任归责原则的确立提供了立法借鉴。

鉴于此，保护责任应实行过错责任原则。至于这种过错责任在举证方式上是一般的过错责任还是过错推定，则是一种利益衡量。本书赞同过错推定，因为推定行为人有过错具有客观事实的依据。推定违反保护义务的行为人有过错的依据，是行为人违反保护义务的客观行为，由其客观的违法行为推定其有过错是合理的。再者，过错推定是过错责任的一种特殊情况，是在实行过错责任原则的时候，在法律有规定的场合，对行为人的过错实行推定的方式确定，而不是采取认定的方法来确认过错条件。[4] 其特殊性在于举证责任的不同。一般的过错责任原则举证责任在受害人（原告），而在过错推定原则下实行举证责任倒置。[5] 受害人遭受侵害，能够证

---

[1] 王泽鉴：《侵权行为法之危机及其发展趋势》，见《民法学说与判例研究》（第2册），中国政法大学出版社2005年版，第125页。

[2] 陈卫佐译注：《德国民法典》（第2版），法律出版社2006年版，第92页。

[3] 周友军：《社会安全义务理论及其借鉴》，见梁慧星：《民商法论丛》（第34卷），法律出版社2006年版，第207页。

[4] 佟柔：《中国民法》，法律出版社1990年版，第570页。

[5] 王卫国：《过错责任原则：第三次勃兴》，浙江人民出版社1988年版，第180页。

明行为人违反保护义务已属不易，再令其举证证明行为人的主观过错，实为强人所难，有可能使受害人的赔偿权利无法实现。实际上，司法实践中实行过错推定，能够根据民事案件的特点和规律，将加害行为和无过错的证明责任分配给最知情又最能主动详尽地提供情况的当事人，有助于最有效率地、全面地获取证据，查明案件事实，明确责任承担。因此，适用过错推定原则，既能合理规范行为人的行为，又能使受害人摆脱举证责任的刁难，应该是个正确的选择。

（二）保护责任的构成要件

保护责任的构成要件，是指需要具备哪些条件才能使行为人承担保护责任。结合保护义务的性质和法律特征，保护责任的构成要件包括以下几个方面：

1. 违反保护义务

保护义务是特别结合关系中，当事人应积极采取措施保护他人完整权益的义务类型，主要表现为积极的作为。保护责任的认定首先就要分析是否存在违反义务的行为。按照一般的社会生活常识和行业标准，处于特别结合关系中的人没有采取积极的行为，没有尽到保护义务并造成相对方完整权益损失的，即视为存在违反保护义务的行为。这是对违反保护义务行为的外在判断。从该行为的内部来讲，其实已经包含了对义务人之"过错"的判断。现代各国对于民事责任大都采取了"过失客观化"之标准，即以"善良管理人"社会生活上之注意义务，作为过失判断的根据。举凡行为人之损害行为，违反注意义务，除有法定的无责任情事外，即认为过失成立，不再论究行为者之注意能力是否预见该损害之理论。[①] 负有保护义务之民事主体，于应为之时而不为，足以推定其主观上具有过错。因此，"违反保护义务的行为"这一构成要件实际上包含了主、客观两个方面的内容：一是客观上的违反保护义务的行为，二是行为人主观过错。

2. 损害事实

损害事实，是指一定的行为致使权利主体的人身权利、财产权利以及

---

① 邱聪智：《从侵权行为归责原理之变动论危险责任之构成》，中国人民大学出版社 2006 年版，第 51 页。

其他利益受到侵害，并造成财产利益和非财产利益的减少或灭失的客观事实。① 保护责任的损害事实表现为，当事人违反保护义务致使相对人完整权益受到侵害，包括固有利益、信赖利益和履行利益，甚至非财产利益遭受损害的客观事实。保护责任的损害事实区别于契约责任的损害事实的最主要的表现在于，其包括了契约关系以外第三人所遭受的权利侵害和利益损害；区别于侵权责任的最主要的表现在于，其包括了侵权责任尚不能延及的纯粹经济损失。②

3. 因果关系

保护责任的因果关系要件，指的是把行为人违反保护义务的行为作为原因，受害人的损害事实作为结果，二者之间存在前者引发后者的客观联系。对于这种因果关系的判断，理论和实践中存在条件说、原因说、积极说和消极说等不同观点。③ 笔者认为，保护责任中因果关系的认定，应区分两种情况：一是违反保护义务的行为与损害结果之间具有直接因果关系的（即所谓的一因一果），可以直接确认其因果关系；二是有第三人原因介入的，应当按照通常的社会见解（专业领域的应当进行专业鉴定），按照一般的知识经验和行业要求，只要行为人采取一定的措施就可以避免损害发生的话，就可以认定因果关系。

（三）保护责任的赔偿范围

违反保护义务所造成的损害往往跨越契约责任和侵权责任领域。从损害的范围而言，其最主要的就是造成受害人固有利益的损失。但是，在先契约阶段还可能造成受害人信赖利益的损失；在具有契约关系的情况下，可能存在履行利益的损失；有些情况下还可能会存在纯粹经济损失和精神损害，完全超出了单一契约责任或侵权责任的损害赔偿范围。如安全保障义务场合，旅游过程中由于导游的失误，将游客带入危险动物区，致使游客遭到凶猛动物的攻击而受伤。由于旅游公司未尽安全保障义务造成游客的身体伤害属于固有利益的损失，当然在赔偿之列。但因身体伤害住院治

---

① 杨立新：《侵权法论》，人民法院出版社 2005 年版，第 169 页。

② 关于这两点，请参见下文"保护责任与我国民事责任之发展"部分。

③ 参见马俊驹、余延满：《民法原论》，法律出版社 2005 年版，第 1017～1019 页。

疗，造成旅游合同的目的无法实现，原来已缴纳的旅游费用是否退还，或旅游公司是否应采取具体措施使受伤的顾客达到相当于旅游合同得到完全履行的状态？此即为履行利益的损失部分。

传统民事责任体系在赔偿范围上的限制使得受害人的损失无法得到完全赔偿，这是二元民事责任结构存在的一大弊端。不管是两大法系通过扩大契约责任或侵权责任的方式，还是我国学界和立法界所提出的解决思路，均导致受害人的损害赔偿受到契约法和侵权行为法赔偿范围上的限制，使得受害人无法得到周全的法律救济。值得关注的是，德国的积极侵害债权制度的损害赔偿范围即包括债权人履行利益和固有利益的损失。[①]而修正后的《德国民法典》第311条第2款明确规定缔约阶段也存在保护义务，使得缔约上过失的赔偿范围不再受履行利益的限制，延及固有利益，从而实行完全赔偿。这是一个重大的立法变化。保护责任的提出，在很大程度上也是为了解决目前两分法民事责任体系在赔偿范围上的不足。以《德国民法典》中积极侵害债权和缔约上过失赔偿范围的扩大为借鉴，保护责任应实行完全赔偿原则，其赔偿范围应包括受害人的固有利益、信赖利益和履行利益的损失，一定条件下还可请求精神损害赔偿。[②]

保护责任实行完全赔偿原则，不仅是实践上的需要，也是民法理论的基本要求。首先，完全赔偿原则与民法的根本任务相一致。民法以权利为中心，以保护民事权利得以实现或不受侵犯为己任。不管是履行利益还是固有利益都属于民法的保护范畴。但现行民事责任体系将其分而治之，实行单一赔偿。显然，这种救济机制无法兼顾受害者的全部损失赔偿。其次，完全赔偿原则与民事责任的基本功能相一致。民事责任的基本功能是填补受害方所遭受的损害。所谓"损害者，权利或法益受侵害时所生之损失也。损害事实发生前之状况，与损害事实发生后之情形，两相比较，被害人所受之损失，即为损害之存在。故负有损害赔偿责任者，应恢复他方损害发生前之状况"。恢复原状，或恢复原状有重大困难者，"付赔偿义务

---

① ［德］迪特尔·梅迪库斯著，杜景林、卢谌译：《德国债法总论》，法律出版社2004年版，第318页。

② 如对加害给付，目前因责任竞合而导致损害赔偿之不足，黄茂荣教授即提出应依循完全填补原则。参见黄茂荣：《债法总论》（第2册），中国政法大学出版社2003年版，第219页。

之人，应以金钱赔偿债权人之损害"。① 这是损害赔偿的最低要求。依德国学者诺尔（Neuner）的见解，"因违约发生损害赔偿者，损害即契约标的物所受之损害。因侵权行为发生损害赔偿者，损害即直接被毁标的物所受之损害"。此损害即直接损害，"直接损害在任何情形下均应填补之"②。再者，完全赔偿原则符合民事义务与责任相一致的原则。民事责任是民事主体违反民事义务，而应承担对受害人的请求做出一定给付以示救济的法律后果。责任与义务密切相关，一一对应。适用法律的准则，就是使行为人承担的责任与其不履行义务的程度相适应，即"义务与责任相一致"。

二、保护责任与二元民事责任结构的关系

"对人的生命和身体完整性的保护，是所有文明社会共同的任务，这是人的一种自然权利，也是每个人所享有的一种绝对性权利，无论是契约法还是侵权行为法均应确保人的此种权利的不受侵犯。"③ 经考察可以看出，不管是大陆法系德国采取的扩大契约责任的解决方式，还是英美法系采取的扩大侵权责任的解决方式，均不足以应对传统民事责任体系在现代社会中的困境。日本学者宫本健藏更进一步指出，"契约责任的扩张化并不只是来源于德国侵权行为法的不完备，它也是古典民事责任法中只有契约责任与侵权责任等两种类型责任的狭隘性的产物"④。基于法律背景的不同，我国目前采取了"一分为二"的方式，将缔约上过失、预约责任、加害给付责任和后契约责任置于契约法范畴，而将违反安全保障义务之责任置于侵权法范畴。这种做法不仅存在理论上的障碍，实践中也无法为受害人提供周全的法律救济。通过对保护义务的分析，保护义务在产生上不同于契约义务，因为契约义务是约定义务；也不同于侵权法上的"不得损害他人合法权益"的消极不作为义务和特殊情况下的作为义务，同时保护义务还具有法律上的独立性。这些前提的存在，必然使得我们重新审视传统

---

① 梅仲协：《民法要义》，中国政法大学出版社 1998 年版，第 219 页。
② 曾世雄：《损害赔偿法原理》，中国政法大学出版社 2001 年版，第 125 页。
③ 张民安：《现代法国侵权责任制度研究》，法律出版社 2003 年版，第 34～35 页。
④ 参见侯国跃：《契约附随义务研究》，西南政法大学博士学位论文，2006 年，第 230 页。

民事责任和二元民事责任结构的局限性，重新考虑这些新类型民事责任在民事责任体系中的定位问题。

保护责任的提出，重新梳理了传统契约责任和侵权责任的调整领域，净化了各自的法律空间，并将二者所无法顾及的范围整理出来，重新开辟了一片不同于传统契约责任和侵权责任的领域，以保护义务为基础，赋予处于特别结合关系的当事人之间，基于身份上的信赖关系而负有的保护相对方人身和财产等固有利益的民事义务。当事人违反该义务，产生保护责任。这就使得处于特别结合关系的社会成员共处于一个相互紧密联系的社会关系之中，每个人对他人都负有积极保护的义务，以防止他人遭受不当损害。相应地，别人对他同样也负有类似的保护义务，因为他同样也信赖别人在同等情形下会采取同等的措施来保护自己。这就像一个大家都共同遵守的游戏规则，一定范围内的人处于由游戏规则所编制的共同体里面，并在规则的指引下，每个人既保持了合理的活动自由，又能够以一颗善良的心去对待他人，维护人际关系的稳定和整体社会的和谐，充分实现了社会安全与行为自由的平衡。现代社会分工越来越精细，交易关系日趋复杂，人与人之间的交往更为密切。这种特别结合关系导致利益损害事件在一定程度上逐渐增多。由于传统民事责任体系在责任类别上的不足，契约责任调整的是当事人违反约定义务的法律后果，侵权责任调整的是一般社会成员之间违反不得侵害他人合法权益的义务的法律后果，这两种民事责任显然无法涵盖现实社会生活中的所有损害赔偿之需求，而保护义务、保护责任的提出，至少在法律层面上弥补了这一不足之处。同时，保护责任的法律要求也体现了一定程度上民法对社会道德的诉求，体现了有别于个体正义和全体正义的共同体正义。① 对于弘扬积极向上的社会风尚，维护社会稳定，促进经济发展不无意义。当然，这种法律化的道德要求并不是

---

① 个体正义是将损害行为看作是完全陌生人之间发生的关系，加害人和受害人之间并不存在不可分离的个性纽带。在发生事故之前并没有值得为对方考虑的必要，在事后也无相互协作的可能，二者是针尖对麦芒的关系。而在传统契约关系中，基于契约自由原则，契约当事人之间关注的是契约履行和契约目的的实现，而在契约发展过程中，超出履行利益的互助协作并不是他们所关注的，从而发生互相推诿和道德沦丧的现象也在所难免。而全体正义的主要目的是将损失分担社会化，其哲学基础在于分配正义而非矫正正义，它必然丧失赔偿作为传统矫正正义所具备的道德功能。

无边无界的，毕竟不能要求每个社会成员都成为"好撒马利亚人（Good Samaritan）"。① 所以，我们对保护责任进行了一定的限定，其所调整的是处于特别结合关系的当事人之间，违反基于各自身份上的信赖关系而负有的保护对方完整权益义务的法律后果。

三、"契约—侵权—保护"三元民事责任结构

德国"统一保护义务关系"学说之提出，明确指出了一个第三类型民事责任之正当化基础。这是一个值得尝试的方案。我国民法典的制定工作正在进行，这也使得我们有充分的时间与空间去践行这一尝试。对于这种尝试，已有学者走在了前面。林诚二教授在对先契约保护义务进行详细分析的基础上，肯定了违反此义务的责任实质为介于契约责任与侵权责任之间的中间型民事责任。② 但他同时又考虑到现行民事责任体系（指契约责任与侵权责任）已完整，认为无必要再另定中间类型之民事责任，否则因增订所衍生出其他问题，诸如如何划分侵权行为责任与中间类型民事责任？时效如何适用？赔偿范围如何？等等，均不易克服。③ 林诚二教授的顾虑有无必要，确值斟酌。在有必要建立新类型的民事责任的前提下，该民事责任制度具体设计上的困难与否，不能成为阻碍的理由。更进一步提出第三种民事责任的是林惠贞博士。林惠贞博士在其《附随义务与民事责任之发展》一文中，通过对我国台湾地区现行"民法"中缔约上过失和不

---

① 这是圣经路加福音 10 章 25 节的记载。当一律法师问耶稣"谁是我的邻舍"时，耶稣回答说："有一个人从耶路撒冷下耶利哥去，落在强盗手中。他们剥去他的衣裳，把他打个半死，就丢下他走了。偶然有个祭师从这条路下来，看见他就从那边过去了。又有一个利未人来到这个地方，看见他，也照样过去了。惟有一个撒马利亚人行路来到那里，看见他就动了慈心，上前用油和酒倒在他的伤处，包裹好了，扶他骑上自己的牲口，带到店里去照应他。第二天拿出二钱银子来，交给店主，说：'你且照应他；此处所费用的，我回来必还你。'你想，这三个人哪一个是落在强盗手中的邻舍呢？"他说："是怜悯他的。"耶稣说："你去照样行吧。"王泽鉴教授就此认为，好撒马利亚人显现着对悲惨垂死者的怜悯，亲切和温暖的照顾，将崇高的道德标准表明到极点。但从法律的观点言，我们一方面仍应宽容祭师和利未人的无情；他方面应认为好撒马利亚人怜爱受伤的，乃个人道德的实践，不应成为法律强制的对象。参见王泽鉴：《侵权行为法》（第 1 册），中国政法大学出版社 2003 年版，第 93 页。
② 林诚二：《民法理论与问题研究》，中国政法大学出版社 2000 年版，第 118 页。
③ 林诚二：《民法理论与问题研究》，中国政法大学出版社 2000 年版，第 120 页。

完全给付的研究，认为纯粹经济损失是对传统民事责任体系的重大冲击。①
她在肯定应给予纯粹经济损失法律保护的基础上，提出以缔约上过失和附
保护第三人作用契约建立第三类型的民事责任。② 但其认为这种第三类型
民事责任介于契约责任和侵权责任之间，并没有明确此种第三类型民事责
任在现行民事责任体系中的具体定位，也没有展开进一步的论述。

　　继续进行这种努力是必要的，也是社会发展的客观需求。我们所要建
立的，是独立于传统契约责任和侵权责任并与之并列的新类型民事责任。
我们所研究的，是因应现代社会需要而在传统契约法和侵权行为法上发展
起来的新类型民事义务与民事责任。这些义务和责任是从先契约义务、契
约附随义务、后契约义务和安全保障义务以及对这些民事义务的违反而分
别形成的缔约上过失责任、预约责任、加害给付责任、后契约责任和违反
安全保障义务的民事责任中抽象并发展出来的。这样，民法上就形成"契
约—侵权—保护"为基础的三元民事责任结构。保护责任的建立，至少从
民事责任体系上将缔约上过失责任、预约责任、加害给付责任、后契约责
任和违反安全保障义务的民事责任分别从现行契约法和侵权行为法上剥离
出来，解决了这些新类型民事责任与传统民事责任体系在理论上不相融的
难题。这样，民事责任就形成了三分天下的局面：契约责任专注于调整以
约定义务为基础的当事人之间的权利义务关系，侵权责任解决的是一般社
会成员之间违反不得损害他人合法权益的义务的损害赔偿问题，而保护责
任调整的是处于特别结合关系的当事人之间，违反基于身份上的信赖关系
而应积极保护对方完整权益的民事义务的法律后果。三种不同的民事责任
对民事责任领域进行了重新梳理，明确了各自的职责，理论上更显清晰，
实践中也更为周全地保护受害人的合法权益，更为有效地发挥着定纷止争
的社会作用。

---

　　① 林惠贞：《附随义务与民事责任之发展》，台湾大学博士学位论文，2005 年，
第 148 页。
　　② 林惠贞：《附随义务与民事责任之发展》，台湾大学博士学位论文，2005 年，
第 176～187 页。

第四节　保护责任与我国民事责任之发展

一、特定第三人的权益保护

以保护义务为基础，建立起有别于契约责任和侵权责任的保护责任，目的在于给予特别结合关系中当事人完整权益周全的法律保护。同时，保护责任的建立，可将契约关系外特定第三人的权益保护及纯粹经济损失纳入其范畴，进一步丰富和发展我国民事责任。

债的相对性是契约法的基本原则之一。主要表现为：契约仅对缔约方产生效力，除契约当事人以外，任何人不得享有契约上的权利，也不承担契约上的责任。[①] 我国合同法亦坚持了这一原则。但随着我国市场经济的纵深发展，交易逐渐呈现连续性与相关性。不仅契约当事人可以通过契约设定相互间的权利义务关系，而且特定的第三人也因契约而与缔约当事人发生事实上的接触产生紧密的结合关系，并可能因此而导致人身或财产损害。例如，李某与某房产公司签订房屋租赁契约。因出租人对生活用水未进行必要的消毒，造成承租人李某及其妻饮水中毒，造成人身损害。这种情况下，租赁契约当事人李某当然可以基于责任竞合原理主张契约责任或侵权责任获得赔偿，但其妻并非租赁契约当事人，自然无法主张出租人的违约责任。那是否可以向出租人主张侵权责任呢？出租人对生活用水未进行消毒之行为是否构成侵权行为尚有疑问，即使以侵权之诉处理的话，必然受到短期诉讼时效（1 年）的限制，同时，由受害人举证证明加害人主观上的过错也确实是一件相当困难的事。因此，对契约外特定第三人的权益保护成了传统民事责任体系下因债的相对性原则而产生的现实问题。

面对这一问题，德国学者和立法者较早做出了回应。德国学界曾提出了三种不同的修正意见：第一，改革侵权行为法；第二，修正契约法；第

---

① 参见黄立：《民法债编总论》，中国政法大学出版社 2002 年版，第 13 页。

三，建立新的责任种类。① 就新《德国民法典》而言，立法者主要采纳了第二种意见，着眼改革契约法，对契约责任进行了重构，突破了债的相对性原则，肯定附保护第三人作用契约，扩张了契约责任的主观范围，承认了契约责任可扩至第三人。鉴于此，我国也有学者提出在我国附保护第三人作用契约，以解决对契约外特定第三人保护不足的问题。②

对任一新制度的借鉴首先需要考察两国的法律制度背景和我国是否具备引入的条件。德国学者冯·巴尔曾指出，附保护第三人作用契约只有在三个前提条件下才能实现：第一，必须有允许契约相对性原理存在例外的契约法；第二，在一国法律中，对他人人身和财产的保护并非为侵权法独有的领地，否则在第三人与当事人没有契约关系的情况下，他不可能得到契约法的保护；第三，必须是侵权行为法存在缺陷，第三人依据侵权法不能得到救济，才可能求助于合同法。③ 德国法之所以通过确立附保护第三人作用契约制度，是因为其侵权行为法采取的是递进列举式的规定而非一般规定，在适用范围上较为狭隘，这一特征使得其不得不转而通过扩大契约责任予以解决。同时，受德国法学家费里德里希·卡尔·冯·萨维尼和伯恩哈德·温德沙依德的意思理论的影响，德国契约法从其诞生之日起就不受严格的债的相对性的约束。④ 这使得德国法上当侵权行为法不足以应对时，判例和学说能够将契约法的适用范围扩至与契约当事人具有特别结合关系的第三人，从而实现对第三人的保护。

相对而言，我国民事责任制度与德国存在较大不同。我国侵权行为法采取的是一般规定，在适用范围上并不似德国侵权行为法般狭隘，而且我国合同法始终贯彻债的相对性原则，至今尚无任何这方面的突破。在我国法上，人身和财产等固有利益的损害一般都属于侵权行为法的调整范畴。虽然《合同法》第 113 条规定，因当事人一方的违约行为造成对方损失

---

① Michael Coestter, Basil Markesinis. Liability of Financial Experts in German and American Law: An Exercise in Comparative Methodology. *American Journal of Comparative Law*, 2003, 51 (2): 291.

② 马强：《合同法新问题判解研究》，人民法院出版社 2005 年版，第 394 页。

③ ［德］克雷斯蒂安·冯·巴尔著，张新宝译：《欧洲比较侵权行为法》（上卷），法律出版社 2004 年版，第 583~585 页。

④ 王泽鉴：《民法总则》，中国政法大学出版社 2001 年版，第 83 页。

的，损失赔偿额应当相当于因违约所造成的损失，但同时又规定这种损害赔偿应受到可预见原则的限制。这就在很大程度上限制了契约责任损害赔偿的范围。因此，我国现行法尚不具备直接引入附保护第三人作用契约的制度基础。但如前所述，契约外特定第三人的权益保护已成为亟待解决的现实问题，其解决思路必然涉及我国现行民事责任体系的发展。

从体系上看，契约外特定第三人的权益保护问题，已经跨越了传统契约责任和侵权责任领域，不管是以侵权责任还是扩大契约责任的方式解决，在理论和实践上都难以自圆其说。而保护责任的提出，则不仅在理论上为其在民事责任体系中进行了正确定位，而且在实践中也可以有效解决受害第三人的权益保护问题。当然，对契约外第三人的保护不是漫无边际的，必须严格控制第三人的主体范围。具体来讲，契约外第三人受到保护的前提条件有三：一是该第三人与契约债权人具有特定关系，如债权人的亲属、受雇人等，并且因为这种特定关系的存在使得在契约履行过程中，该第三人与契约债务人之间产生一种特别结合关系。第三人基于这种特别结合关系对契约债务人产生信赖，债务人因此而负有保护该第三人人身和财产等固有利益的义务。二是该第三人与契约债务人的履行行为具有利害关系，并且因为债务人的履行行为不当，其合法权益受到侵害。如与承租人共同居住的亲属即与出租人的履行行为息息相关，出租人的任何不当的履行行为均可能影响到债权人亲属的权益保护。三是债务人在履行债务时，可以预见或者应当可以预见到其不当履行行为与第三人密切相关，且可能造成第三人的人身或财产损害。这种预见是一个以正常的理性人的标准来加以判断的。基于这种特别结合关系下的信赖关系，债务人对于该第三人负有维护其固有利益的义务，也即保护义务。债务人对该义务的违反，则构成保护责任。

由于我国现行民事责任体系不存在直接移植德国法上附保护第三人作用契约的制度准备，以保护责任来解决契约外特定第三人的损害赔偿问题，不仅维护了契约相对性的基本原则，而且实践中也能给予契约外特定第三人的固有利益法律保护。

二、纯粹经济损失

纯粹经济损失这一概念在我国民法上尚属陌生，却已悄然产生于现实生活当中。例如，被继承人之律师没有尽到遗嘱见证中的必要提示义务，导致遗嘱由于缺乏两个以上见证人这一法定形式要件而为无效，从而造成遗嘱原定继承人无法得到其应有的继承份额，其中继承份额的差额部分就属于纯粹经济损失。又如证券市场上，注册会计师、律师为上市公司出具虚假的审计报告、法律意见书，导致股民投资受损（如2001年的银广厦案）；报纸错误报道，造成大型演唱会公众退票，演出举办者遭受经济损失（如2002年的山西日报社被诉赔偿案），[①] 诸此等等。虽然目前我国理论上对纯粹经济损失研究甚少，但现实生活中普遍存在的客观现象却不得不引起我们的重视。

冯·巴尔教授在考察纯粹经济损失的概念时，总结出两大主要流派：其一是指那些不依赖于物的损害或者身体及健康损害而发生的损失；其二是指非作为权利或受到保护的利益侵害结果存在的损失。[②] 其实这两种概念描述大同小异，只是第一种突出了纯粹经济损失的物理性质，而第二种则揭示了其法律内涵，是一种制度性的描述。相比较而言，第二种概念描述更为妥当，因为其厘清了权利侵害和纯粹经济损失之间的关系。王泽鉴教授较为精确地界定了纯粹经济损失的概念，即纯粹经济损失系指被害人直接遭受财产上不利益，而非因人身或者物被侵害而发生。[③]

从两大法系观之，纯粹经济损失大致包括四种类型：一是过失不当陈述（英美法称为 negligent misrepresentation，德国法称为 Anskunftshaftung），

---

① 该案基本案情为：太原市外企服务公司定于2000年5月25日在太原举办"华夏之夜"大型演唱会，并邀请歌星毛阿敏出席。5月17日，《山西晚报》引用其他媒体关于毛阿敏于日本突患急性阑尾炎并取消了另外两场演出的消息。刊文称"毛阿敏八成不来太原，一睹毛阿敏风采的愿望恐怕也要泡汤了"。但5月25日，毛阿敏如约出现在"华夏之夜"演出现场。事隔三个月后，服务公司一纸诉状将《山西晚报》所属的"山西日报社"推上被告席，称由于被告刊发的不实消息，致使演唱会退票款达89万元，因此，要求被告赔偿其退票费等损失共计145万元。2001年初，太原市中级人民法院作出一审判决，认定被告山西日报社《山西晚报》登载的《毛阿敏八成不来太原》一文，构成了对原告外企公司合法权益的侵犯，判令赔偿太原市外企公司退票损失78万元及增加的广告费经济损失8万多元，合计87万元。

② ［德］克雷斯蒂安·冯·巴尔著，焦美华译：《欧洲比较侵权行为法》，法律出版社2004年版，第32页。

③ 王泽鉴：《挖断电缆的民事责任：经济上损失的赔偿》，见《民法学说与判例研究》（第7册），中国政法大学出版社2005年版，第68页。

指提供资讯的人，接受资讯而为陈述，然而该陈述却与事实不符，以至于信赖陈述的人受到纯粹经济上损失。二是过失履行专业服务（negligent performance of service），例如，因律师的过失，致使受害人无法获得遗嘱人所本欲赋予的权利。三是产品自伤，指产品制造人因过失制造有瑕疵的产品，致产品本身因该瑕疵而毁损或灭失，造成受害人受有纯粹经济上损失。四是因侵害第三人的人身或所有权所造成的纯粹经济上损失（relational economic loss），例如，加害人因过失致第三人足球明星死亡，造成该明星所属球团遭受纯粹经济上损失；又如，加害人因过失挖断第三人电力公司所有的电缆，造成受害人炼铁厂因能源中断，而受有纯粹经济上损失。①

从纯粹经济损失的定义及其种类来看，纯粹经济损失与文章所探讨的保护责任的调整范围有相似之处。纯粹经济损失具有三个方面的特征：一是当事人之间可能具有契约关系，可能不具有契约关系但存在一定的媒介关系，总的来讲，即存在一定的特别结合关系；二是此类损失属于一种直接的单纯的经济利益损失，或者称之为财产上的不利益，其并非是因为受害人的人身或有形财产遭受侵害而引起的；② 三是此类损失具有直接性，它是加害行为在受害人处所直接导致的后果，而不是受害人的人身或有形财产遭受损害后间接引起的损失③。

对于纯粹经济损失的损害赔偿问题，两大法系典型国家经历了一个从

---

① 邱琦：《纯粹经济上损失之研究》，台湾大学博士学位论文，2002年，第10页。

② 如果受害人的经济损失是由于权益受侵害而引起的，则属于加害行为导致的间接损失，而非纯粹经济损失。如前述之"见证遗嘱律师违反提示义务案"中，如律师与其他继承人恶意串通，将本应由继承人继承的财产转移到其他继承人名下，继承人无法承受，当场晕倒，花去医疗费用5 000 元。此时，继承人的继承权受到侵害造成财产损害，视为直接损失，而支出的医疗费用则为间接损失。可以看出，纯粹经济损失之所以区别于间接经济损失，"纯粹"一词起着核心作用，因为纯粹经济损失除了使受害人的钱包受损外，别无他物受损。如果经济损失与受害人的人身或财产受到的任何损害发生联系（假设其他责任条件均已满足），那么这种损失就是间接经济损失，从而整个损害都毫无疑问属于可获赔的范围。因此，国外有学者认为，纯粹经济损失和间接损失并不是在种类和原则上有差异，而是因为它们各自赖于发生的情形以及被加之于其各自可获赔与否上的技术性限制，才彼此区分开来。 ［意］毛罗·布萨尼、［美］弗农·瓦伦丁·帕尔默主编，张小义、钟洪明译：《欧洲法中的纯粹经济损失》，法律出版社2005 年版，第7 页。

③ 李昊：《纯经济上损失赔偿制度研究》，北京大学出版社2004 年版，第7~8 页。

不接受到逐步扩大赔偿范围的过程，并在两分法民事责任体系内采取了两种不同的解决思路。① 我国侵权责任法虽然采取了一般条款式的规定，但以物权、人身权、知识产权等绝对权利为规范对象，而纯粹经济损失不是实有财产，不属于绝对权范畴，因而很难受到侵权行为法的保护，也无法为纯粹经济损失的赔偿提供法律依据。我国契约法在损害赔偿上受"可预见原则"的限制，这就成为一定程度上的制约。虽然契约义务类型的扩大使得对纯粹经济损失的保护成为可能，但正如前文分析，这种解决方式终究还是无法摆脱传统契约责任的限制。以缔约阶段受害人的纯粹经济损失为例，如买卖契约之缔约阶段甲恶意磋商，不仅造成相对人乙信赖契约能够成立生效而支出的信赖利益的损失 1 000 元，还使乙丧失一更好的缔约机会，从而多支出购买成本 2 000 元。该 2 000 元的成本支出即属于乙的纯粹经济损失部分。我国《合同法》虽然确立了缔约上过失，但对于缔约上过失的赔偿范围理论和实践上一般限于信赖利益的直接损失，从而使当事人"处于合同从未订立之前的良好状态"，② 且"经济利益损失以不超过履行利益为限"，③ 从而造成受害人于缔约阶段之纯粹经济损失无法得到法律救济。

保护责任的提出，为纯粹经济损失的赔偿提供了制度依据。如上述"过失不当陈述型"和"过失履行专业服务型"的纯粹经济损失，大都属于专家责任类型，而专家与受害人之间基于特别结合关系，使得专家对受害人负有维护其完整利益的保护义务，对该保护义务的违反可纳入保护责任范畴。又如，加害人因过失致第三人足球明星死亡，而该明星在人身关系上属于某球团，这就使得加害人与该球团之间因球员这一中介而具有了特别结合联系。这些加害人均负有维护受害人完整利益的保护义务，对该义务的违反，同样构成保护责任。因此，将纯粹经济损失纳入保护责任范畴，实现了民事责任在保护客体上的发展。

---

① 参见［德］克里斯蒂安·冯·巴尔、乌里希·德罗布尼希主编，吴越等译：《欧洲合同法与侵权法及财产法的互动》，法律出版社 2007 年版，第 24～26 页。

② 王利明：《违约责任论》，中国政法大学出版社 2000 年版，第 737 页。

③ 马强：《合同法新问题判解研究》，人民法院出版社 2005 年版，第 86 页。

结　论

我国的民事立法进程与社会转型密切关联。从清末民国时期的"拿来主义"立法，到新中国成立初期扫除一切"私观念"、排除私法存在，到承认我国社会发展过程中必须经历的商品经济阶段，再到在计划体制之下有目的、有保留的民事单行立法，最后达至从尊重私法发展规律并从私法本身内在的逻辑出发建立一个与公法体系相对的自治的私法体系，这一渐进的过程清晰地表明了私法的完善与中国社会的转型之间所具有的不可分离的联系：伴随着私法的制定和完善，中国社会自清末、民国以及新中国成立六十多年的转型过程中，已逐渐从高度集中的政治国家中分化出了私法所调整的对象——中国的市民社会，而作为私法调整对象的市民社会的良性发展，又需要一个科学的私法规则群作为支撑。

市民社会是以人的私人行为和私人交往为基础的社会实体，分散的私人利益必然产生多元化的价值需求。各具特色的生活方式构成了市民社会异彩纷呈的外观，但这一看似分散、凌乱的外观之下有着内在的稳定性，亦即一种以平等适用的私法作为调整工具的私法秩序。私法肩负着调整私法秩序的重要功能，但这一功能的履行必须以私法内在的逻辑和特质为基础。换言之，我们的私法立法必须建立在尊重私法自身规律的基础上。私法的根本功能仅仅是为私法秩序下的平等主体提供一个平等的科学的行为模式，并为这一行为模式提供一个法律上的框架，亦即一个不受不当干预的、确获保障的私人空间。在此空间之内，每个私法主体都可以按照自己的价值观和意愿去规划自己的生活，因而政治国家不能以政府的管理目的为理由任意打破私法的自治性，更不能以某种特定社会结果的实现作为私法实施的首要目标，否则，私主体仍旧无法在与他人交往的私人生活中真正获得一个良好的、公正的发展环境。不可否认，这一观念上的转变源于我国的改革开放。

改革开放以来，从与经济法的论战开始，我国私法在中国社会独特的国情下快速发展起来，民法学派以商品经济关系正当性的论证作为突破口，从单行法规《民法通则》、《合同法》再到《物权法》、《侵权责任法》，已经在构架上初步形成了中国私法体系。中国私法在经过近三十年的坎坷发展以后，已经整体上具备了根基。就中国社会转型以后的私法发展而言，不应该仅仅从私法规则制定这一层面来看待改革开放三十多年的私法发展成就。社会转型前，我国实行计划经济体制和高度集中的经济管理体制，使国家有可能凭借所控制的全部社会资源，在经济领域实行全面和直接的控制。在这种社会结构中，法律（主要指公法）成为国家推行其意志的工具或手段。因此，工具性就成为法律的根本特征，法律丧失其作为法律规范应有的独立性、确定性、安定性特征，也就没有民法生成的社会基础——市民社会存在的空间。随着计划经济体制向市场经济体制的转轨，经济体制改革引发了我国社会结构的整体变革，二元结构的社会正在形成。主要体现为：一是社会自由度不断扩展。随着国家对各种资源和社会活动空间的垄断不断弱化，社会日益成为一个与国家共存的、相对独立地提供资源和机会的源泉，这种资源和机会的提供与交换，主要是以市场形式进行的，从而释放出一定的"自由流动资源"和"自由活动空间"。二是相对独立和自主的社会自身领域逐步扩大。改革后，在独立的经济自由进一步扩大的基础上，社会的自身领域势必会逐步扩大，社会的自主性和自治程度都会进一步增强。三是社会自治组织程度逐渐增强。在改革前的总体性社会里，社会生活的特点是他组织性，不具备产生带有自治特点的民间社团的可能性。随着社会的自身发育和社会环境的改善，社区建设与社团、各种中介组织得到进一步发展，民间资源与民间力量逐渐聚合，社会自组织程度逐渐增强。总之，从国家与社会的关系这个视角考察改革以来的中国社会转型，则可以得出这个结论：改革前，国家与社会的关系的模式是"强国家—弱社会"，改革后，国家与社会的良性互动关系正在建立，市民社会已初具规模并在加速发展。

与此同时，法律本身也正在经历一场性质上的变化，中国立法转型的必要性及其向度从根本上是由中国社会变迁的内容和向度决定的。因此，关于中国社会变迁的分析，实际为探讨立法转型提供了分析的基础。根据以上关于社会变迁的研究，可以得出的一个基本判断是中国正处在以深刻的剧烈的社会变动为特征的社会转型时期。社会转型时期的根本特征是，社会变迁已经发生但新的社会（制度、体制、规范等）尚未完全确立，是连接变革前社会和变革后社会的中间环节，既有着变革前社会的痕迹，又有着新的社会的因素。在社会转型时期，中国的立法现状实际上存在着两个方面的问题：一是适应旧的计划经济体制的旧的立法体制和理念尚未根除；二是适应新的时代需要的立法理念、体制和模式还在摸索之中。这一现状导致在现行法律体系中，一方面，陈旧的落后于社会生活的法律还大量存在，对社会生活的规范作用已"捉襟见肘"，甚至成为社会进步的制约性因素；另一方面，适应市场经济需要的大量法律还未制定，社会生活的许多方面无法可依。这些问题的解决，必须依靠立法理念和体制的革新才能解决。

从六十多年的民事立法进程看，基本上已经解决了计划经济体制下民事立法存在的问题和弊端，包括国家本位、义务本位、政府本位、重"身份"轻"行为"、缺乏立法民主性等，这是一大历史性进步，但并非完美无缺，当前我国的民事立法至少还存在以下几个问题：一是立法主体众多，法出多门，法律冲突加剧。目前我国拥有立法权（有大有小）的主体较多，容易产生重复立法，甚至法律冲突的情况，如关于产品质量的问题，人大、质量监督、工商管理、安全生产等部门均参与执行相关规定。二是在"宜粗不宜细"、"有比没有好"的指导思想支配下，片面追求法律的数量，立法质量有待提升，如《劳动合同法》、《残疾人保障法》等法律可操作性不足，致使其实施效果大打折扣。三是立法存在"头痛医头，脚痛医脚"现象，经常发生短期行为式的立法后，再进行后期大量的补救与解释工作，不断"打补丁"，导致副法体系过分膨胀，如我国的民法通则总共才有 156 条，而最高人民法院为了执行《民法通则》，出台的关于贯彻执行民法通则的若干问题的意见，就有 200 多条。

当前社会呈现出明显的多元化特征，相应地，民事主体的利益主张也必然趋向多元化。为维护正常有序的社会秩序，除根据时代需求完善民事立法、充分发挥私法规范私行为的基本功能外，如何正确界定违法行为的法律后果以起到填补损失、救济损害的目的，也是至关重要的。这也是本书重点研究的内容。

民事责任从最初原始社会的复仇到奴隶社会的人身强制再到以财产责

任尽可能替代人身责任，是人类社会脱离野蛮，走向文明的标志之一。近代社会的契约责任以平等民事主体间之自我约束为其正当化基础，是私法自治原则的切实体现。其涉及的是一个直接、直观、客观的法律关系，无须再另外寻求正当化基础，即可径予承认一个独立的民事责任形式。侵权责任则以违反一般人所认知的、可实践的"不得损害他人合法权益"之较低注意程度的行为规范为基础。此项义务系一般人均应负之，加害人与受害人之间无须具有特别结合关系。此即为传统社会民事责任之简单模式，契约责任在于维护债权人之履行利益，侵权责任旨在保护一般人之固有利益，二者泾渭分明，各司其职。随着社会经济的不断发展和新类型民事义务的不断涌现，传统社会建立的二元民事责任体系已日渐不足以应对，从而产生责任体系内部的调整和变迁。虽然现代社会民事责任体系仍然保持了"契约—侵权"的二元结构模式，但大陆法系和英美法系典型国家在合同法和侵权法产生了介于契约责任和侵权责任具有独立性的第三类型的民事责任。尤其是大陆法系的德国基于诚实信用原则，借由"附随义务"的概念在缔约上过失、积极侵害债权、契约附保护第三人作用理论等领域的发展，建构了具有独立性的新类型的民事责任。

我国在社会转型过程中，不仅继受了大陆法系的民事责任概念和二元民事责任结构，受德国法的深刻影响，以诚实信用原则为基础，在契约责任和侵权责任领域内又分别融入了诸多不协调和不相融的因素，如以约定义务为基础的契约责任领域出现了独立于本约约定义务的缔约上过失责任、预约责任、加害给付责任和后契约责任，以"不得损害他人合法权益"之法定义务为基础的侵权责任领域出现了违反"积极保护他人合法权益"之安全保障义务的民事责任类型。这些新类型民事责任在传统民事责任体系内的扩张，不仅在理论上带来了契约责任与侵权责任界限上的模糊，而且实践中也产生了对受害人保护不足的后果。

因此，进行超越传统社会所形成的民事责任和二元民事责任结构的思考是必然的选择，而德国法上的"统一保护义务关系"学说直接引发了我们进行这样的思考。该学说以当事人之间"被要求之信赖赋予"为基础，将契约前后的先契约义务、契约附随义务及后契约义务予以统一处理，认为这些义务类型自身可脱离原契约关系而独立存在，谓之"保护义务"，并主张建立一介于契约责任和侵权责任之间的第三责任领域，以解决缔约上过失、积极侵害债权、后契约责任，乃至产品责任和附保护第三人作用契约之理论基础问题，有效解决受害人的损害赔偿问题。2002 年新修订的《德国民法典》第 241 条第 2 款将契约发展过程中的保护义务作一体规定，并提出在违反该保护义务时适用第 280 条第 1 款（因违反义务而损害赔偿）进行救济。这种立法上的安排，可以说一定程度上接受了统一保护义务关系学说，也为我国民法典的制定提供了一定的立法借鉴。

经过考察，我国现行法上近年来根据诚实信用原则新发展起来的先契约义务、契约附随义务、后契约义务和安全保障义务在义务主体上均始终存在一种特别结合关系，并因为这种特别结合关系而在当事人之间产生信赖；在义务类型上，均为积极的作为义务。这就使得它们在性质上区别于传统的契约责任和侵权责任。而在损害后果上，对这些义务的违反均将造成固有利益的损失，还可能造成信赖利益或履行利益的损失，但多数情况下同时造成多重利益的损失。相对于传统契约责任造成履行利益损失、侵权责任造成固有利益损失的不同，这种损失在范围上具有不确定性。如果单纯通过契约责任抑或侵权责任，势必难以对此类损害提供周全的法律救济。因此，传统社会所构筑的"契约—侵权"二元民事责任结构难以容纳这些新类型的民事义务。反而，基于上述共性的存在，使得这四种民事义务具有了一个共同的法律特征，即民事主体之间基于事实上的特别结合关系而产生身份上的信赖，从而导致一方对另一方应负担的照顾、协助等保护性的义务，我们将之称为保护义务。保护义务所具有的这一法律特征既不同于约定义务，也异于一般注意义务。因此，可以保护义务为基础，建立起第三类型的民事责任，即保护责任。我国正处于民法典编纂阶段，使得保护责任的建立具有了相当的后发优势。而保护责任的建立，既理顺了现行民事责任体系中契约责任与侵权责任的内部结构，同时也提供了充分的空间进行制度上的设计，以适应社会发展的需要。这样，"契约—侵权—保护"的三元结构较为清晰地展现了现代社会民事责任的全貌：契约责任以当事人之间的本约约定义务为基础，目的在于保护债权人的履行利益，实现市场经济条件下的财货安排；侵权责任以一般社会成员间"不得侵害他人合法权益"的义务为基础，目的在于保护当事人的固有利益，实现社会的安定祥和；保护责任以"积极保护他人合法权益"之义务为基础，其目的在于为受害人提供周全的法律救济，实现利益衡平与社会和谐。

　　需要进一步说明的是，以保护义务为基础，实现民事责任结构从二元到三元的转变，并不是解决传统社会民事责任和二元民事责任结构在现代社会中所面临困境的唯一途径。扩大契约责任或扩大侵权责任皆不失为可能之解决思路，但如何做到既保持契约责任制度和侵权责任制度的纯净，又能够从理论和实践上对上述新类型民事责任进行正确的定位，才是本书孜孜以求的目的所在。

参考文献

一、著作

（一）中文著作

[1] 陈朝璧：《罗马法原理》，法律出版社 2006 年版。

[2] 陈自强：《民法讲义Ⅱ：契约之内容与消灭》，法律出版社 2004 年版。

[3] 崔建远：《合同法》，法律出版社 2000 年版。

[4] 戴东雄：《中世纪意大利法学与德国的继受罗马法》，中国政法大学出版社 2003 年版。

[5] 丁玫：《罗马法契约责任》，中国政法大学出版社 1998 年版。

[6] 董安生：《民事法律行为》，中国人民大学出版社 2002 年版。

[7] 傅静坤：《二十世纪契约法》，法律出版社 1998 年版。

[8] 管欧：《法学绪论》，台湾蓝星打字排版有限公司 1982 年版。

[9] 郭明瑞主编：《民事责任论》，中国社会科学出版社 1991 年版。

[10] 韩世远：《合同法总论》，法律出版社 2006 年版。

[11] 韩世远：《违约损害赔偿研究》，法律出版社 1999 年版。

[12] 何宝玉：《英国合同法》，中国政法大学出版社 1999 年版。

[13] 何勤华：《外国民商法导论》，复旦大学出版社 2000 年版。

[14] 黄风：《罗马私法导论》，中国政法大学出版社 2003 年版。

[15] 黄立：《民法债编总论》，中国政法大学出版社 2002 年版。

[16] 黄茂荣：《债法总论》（第 1 册），中国政法大学出版社 2003 年版。

[17] 黄松有主编：《最高人民法院人身损害赔偿司法解释的理解与适

用》，人民法院出版社 2004 年版。

　　［18］江平、米健：《罗马法基础》（第 3 版），中国政法大学出版社 2004 年版。

　　［19］李国光主编：《合同法解释与适用》，新华出版社 1999 年版。

　　［20］李昊：《纯经济上损失赔偿制度研究》，北京大学出版社 2004 年版。

　　［21］李开国：《民法总则研究》，法律出版社 2003 年版。

　　［22］李宜琛：《日耳曼法概说》，中国政法大学出版社 2003 年版。

　　［23］李宜琛：《民法总则》，正中书局 1943 年版。

　　［24］李永军：《合同法》，法律出版社 2005 年版。

　　［25］李永军：《合同法原理》，中国人民公安大学出版社 1999 年版。

　　［26］梁慧星主编：《中国民法典草案建议稿》，法律出版社 2003 年版。

　　［27］梁慧星：《民法总论》，法律出版社 1996 年版。

　　［28］梁慧星：《民法学说判例与立法研究》，中国政法大学出版社 1993 年版。

　　［29］林诚二：《民法债编总则——体系化解说》，中国人民大学出版社 2003 年版。

　　［30］林诚二：《民法理论与问题研究》，中国政法大学出版社 2000 年版。

　　［31］刘承韪：《英美法对价原则研究：解读英美合同法王国中的"理论与规则之王"》，法律出版社 2006 年版。

　　［32］柳经纬：《当代中国民事立法问题》，厦门大学出版社 2005 年版。

　　［33］柳经纬主编：《我国民事立法的回顾与展望》，人民法院出版社 2004 年版。

　　［34］柳经纬：《民法总论》，厦门大学出版社 2000 年版。

　　［35］马俊驹、余延满：《民法总论》，法律出版社 2006 年版。

　　［36］马强：《合同法新问题判解研究》，人民法院出版社 2005 年版。

　　［37］梅仲协：《民法要义》，中国政法大学出版社 1998 年版。

　　［38］潘维大、刘文琦：《英美法导读》，法律出版社 2002 年版。

［39］齐晓琨：《德国新、旧债法比较研究——观念的转变和立法技术的提升》，法律出版社 2006 年版。

［40］邱聪智：《从侵权行为归责原理之变动论危险责任之构成》，中国人民大学出版社 2006 年版。

［41］邱聪智：《民法研究》（第 1 册），台湾五南出版社 2000 年版。

［42］沈宗灵：《法理学》，北京大学出版社 2000 年版。

［43］史尚宽：《民法总论》，中国政法大学出版社 2000 年版。

［44］史尚宽：《债法总论》，中国政法大学出版社 2000 年版。

［45］苏永钦：《走入新世纪的私法自治》，中国政法大学出版社 2002 年版。

［46］孙森炎：《民法债编总论》，法律出版社 2006 年版。

［47］陶希晋：《民法债权》，法律出版社 1998 年版。

［48］佟柔：《中国民法》，法律出版社 1990 年版。

［49］佟柔主编：《中华人民共和国民法通则简论》，中国政法大学出版社 1987 年版。

［50］王伯琦：《民法总则》，台湾国立编译馆 1979 年版。

［51］王建平：《民法法典化研究》，人民法院出版社 2006 年版。

［52］王军：《侵权法上严格责任的原理和实践》，法律出版社 2006 年版。

［53］王利明：《侵权行为法归责原则研究》（第 2 版），中国政法大学出版社 2004 年版。

［54］王利明：《违约责任论》，中国政法大学出版社 2000 年版。

［55］王利明：《民法》，中国人民大学出版社 2015 年版。

［56］王利明、杨立新：《侵权行为法》，法律出版社 1999 年版。

［57］王利明、崔建远：《合同法新论·总则》，中国政法大学出版社 1996 年版。

［58］王利明主编：《民法·侵权行为法》，中国人民大学出版社 1993 年版。

［59］王培韧：《缔约上过失研究》，人民法院出版社 2004 年版。

［60］王卫国：《过错责任原则：第三次勃兴》，中国法制出版社 2000 年版。

［61］王泽鉴：《民法学说与判例研究》（第 1～8 册），中国政法大学出版社 2005 年版。

［62］王泽鉴：《法律思维与民法实例》，中国政法大学出版社 2001 年版。

［63］王泽鉴：《民法总则》（增订版），中国政法大学出版社 2001 年版。

［64］王泽鉴：《侵权行为法》（第 1 册），中国政法大学出版社 2001 年版。

［65］王泽鉴：《债法原理》（第 1 册），中国政法大学出版社 2001 年版。

［66］王作堂主编：《民法教程》，北京大学出版社 1983 年版。

［67］谢邦宇、李静堂：《民事责任》，法律出版社 1991 年版。

［68］谢怀轼：《外国民商法精要》，法律出版社 2002 年版。

［69］谢良权：《合同法新释与例解》，同心出版社 2000 年版。

［70］徐爱国：《英美侵权行为法》，法律出版社 1999 年版。

［71］徐涤宇：《原因理论研究——关于合同（法律行为）效力正当性的一种说明模式》，中国政法大学出版社 2005 年版。

［72］徐国栋：《诚实信用原则研究》，中国人民大学出版社 2002 年版。

［73］徐国栋：《民法基本原则解释——以诚实信用原则的法理分析为中心》（增删本），中国政法大学出版社 2004 年版。

［74］杨立新主编：《类型侵权行为法研究》，人民法院出版社 2006 年版。

［75］杨立新：《侵权法论》，人民法院出版社 2005 年版。

［76］杨立新：《中华人民共和国合同法解释与适用》，吉林人民出版社 1999 年版。

［77］杨桢：《英美契约论》，北京大学出版社 1998 年版。

［78］杨振山主编：《中国民法教程》（修订本），中国政法大学出版社 1999 年版。

［79］姚志明：《诚实信用原则与附随义务之研究》，台湾元照出版公司 2003 年版。

［80］姚志明：《债务不履行——不完全给付之研究》，中国政法大学出版社 2003 年版。

［81］易继明：《私法精神与制度选择——大陆法私法古典模式的历史含义》，中国政法大学出版社 2003 年版。

［82］尹田：《法国现代合同法》，法律出版社 1995 年版。

［83］余能斌、马俊驹主编：《现代民法学》，武汉大学出版社 1995 年版。

［84］曾世雄：《损害赔偿法原理》，中国政法大学出版社 2001 年版。

［85］张广兴：《债法总论》，法律出版社 1997 年版。

［86］张俊浩主编：《民法学原理》（第 3 版下册），中国政法大学出版社 2000 年版。

［87］张民安：《现代法国侵权责任制度研究》（第 2 版），法律出版社 2007 年版。

［88］张民安：《过错侵权责任制度研究》，中国政法大学出版社 2002 年版。

［89］张新宝：《侵权责任法原理》，中国人民大学出版社 2005 年版。

［90］张严方：《消费者保护法研究》，法律出版社 2003 年版。

［91］郑玉波：《民法债编总论》，中国政法大学出版社 2004 年版。

［92］周枏：《罗马法原论》，商务印书馆 1994 年版。

［93］朱勇主编：《中国民法近代化研究》，中国政法大学出版社 2006 年版。

［94］刘勇、高化民：《大论争——建国以来重要论争实录》（下册），珠海出版社 2001 年版。

［95］季卫东：《宪政新论》，北京大学出版社 2002 年版。

［96］张善恭主编：《立法学原理》，上海社会科学院出版社 1991 年版。

［97］郑杭生、李强：《当代中国社会结构和社会关系研究》，首都师范大学出版社 1987 年版。

［98］袁方等：《社会学家的眼光：中国社会结构转型》，中国社会出版社 1998 年版。

［99］尹伊君：《社会转型的法律解释》，商务印书馆 2003 年版。

（二）译著

［1］［英］P. S. 阿狄亚著，赵旭东、何帅领、邓晓霞译：《合同法导论》，法律出版社 2002 年版。

［2］［德］克里斯蒂安·冯·巴尔、乌里希·德罗布尼希主编，吴越等译：《欧洲合同法与侵权法及财产法的互动》，法律出版社 2007 年版。

［3］［德］K. 茨威格特、H. 克茨著，潘汉典、米健、高鸿均、贺卫方译：《比较法总论》，法律出版社 2003 年版。

［4］［法］勒内·达维著，潘华仿、高鸿均、贺卫方译：《英国法与法国法：一种实质性的比较》，清华大学出版社 2002 年版。

［5］［法］莱昂·狄骥著，徐砥平译：《拿破仑法典以来私法的普通变迁》，中国政法大学出版社 2003 年版。

［6］［德］马克西米利安·福克斯著，齐晓坤译：《侵权行为法》，法律出版社 2006 年版。

［7］［法］雅克·盖斯旦、吉勒·古博著，陈鹏等译：《法国民法总论》，法律出版社 2004 年版。

［8］［英］A. G. 盖斯特著，张文镇等译：《英国合同法和案例》，中国大百科全书出版社 1998 年版。

［9］［古罗马］盖尤斯著，黄风译：《法学阶梯》，中国政法大学出版社 1996 年版。

［10］［德］罗伯特·霍恩、海因·科茨、汉斯·G. 莱塞著，楚建译：《德国民商法导论》，中国大百科全书出版社 1996 年版。

［11］［苏］格里巴诺夫、科尔涅耶夫主编，中国社会科学院法学研究所民法经济法研究室译：《苏联民法》（上册），法律出版社 1984 年版。

［12］［奥］凯尔森著，沈宗灵译：《法与国家的一般理论》，中国大百科全书出版社 2003 年版。

［13］［德］海因·克茨著，周忠海等译：《欧洲合同法》（上卷），法律出版社 2001 年版。

［14］［德］迪特尔·梅迪库斯著，杜景林、卢谌译：《德国债法总论》，法律出版社 2004 年版。

［15］［英］梅因著，沈景一译：《古代法》，商务印书馆 1995 年版。

［16］［英］S. F. C. 密尔松著，李显冬等译：《普通法的历史基础》，中国大百科全书出版社 1999 年版。

［17］［英］巴里·尼古拉斯著，黄风译：《罗马法概论》，法律出版社 2000 年版。

［18］［苏］巴格里·沙赫马托夫著，韦政强等译：《刑事责任与刑罚》，法律出版社 1984 年版。

［19］［英］约翰·史密斯著，张昕译：《合同法》，法律出版社 2004 年版。

［20］［德］迪特尔·施瓦布著，郑冲译：《民法导论》，法律出版社 2006 年版。

［21］［美］孟罗·斯密著，姚梅镇译：《欧陆法律发达史》，中国政法大学出版社 2003 年版。

［22］［苏］B. T. 斯米尔诺夫著，黄良平、丁文琪译：《苏联民法》（上册），中国人民大学出版社 1987 年版。

［23］［意］桑德罗·斯契巴尼选编，徐国栋译：《债·私犯之债（Ⅱ）和犯罪》，中国政法大学出版社 1998 年版。

［24］［意］桑德罗·斯契巴尼选编，丁玫译：《契约之债与准契约之债》，中国政法大学出版社 1998 年版。

［25］［美］文森特·R. 约翰逊著，赵秀文等译：《美国侵权法》，中国人民大学出版社 2004 年版。

［26］［美］艾伦·沃森著，李静冰、姚新华译：《民法法系的演变及形成》，中国政法大学出版社 1997 年版。

［27］［古罗马］优士丁尼著，徐国栋译：《法学阶梯》（第 2 版），中国政法大学出版社 2005 年版。

［28］［德］马克斯·韦伯著，林荣远译：《经济与社会》（下卷），商务印书馆 1997 年版。

［29］［英］罗杰·科特威尔著，潘大松等译：《法律社会学导论》，华夏出版社 1989 年版。

（三）外文著作

［1］Aloris von, Brinz. Lehrbuch der Pandekten（Band 2）. Erlangen:

Verlag von Andrems Dciwert, 1879.

[2] Claus-Wihelm Canaris. Die Vertrauenshaftung im deuschen Privatrecht. München: C. H. Beck Verlag, 1971.

[3] D. J. Ibbetson. *A Historical Introduction to the Law of Obligations*. Oxford: Oxford University Press, 1999.

[4] Esser Josef, Schmidt Eike. Schuldrecht (Band I) Allgemeiner Teil. Heidelberg: C. F. Müller Verlag, 1992.

[5] Francesco Parisi. Liability for Negligence and Judicial Discretion. Berkeley: University of California at Berkeley, 1992.

[6] Friedrich Carl von, Savigny. Das Obligationrecht als Theil des heutigen römischen Rechts (Band 1). Berlin: Deit und Comp, 1851.

[7] Harm Perter Westermann. Das Schuldrecht 2002: Systematische Darstellung der Schuldrechtsreform. Berlin: Richard Boorberg Verlag, 2002.

[8] Heinrich Mitteis. Deutsches Privatrecht. München: Beck, 1981.

[9] Horst Heinrich Jakobs Und Werner Schubert. Die Beratung des Bürgerlichen Gesetzbuchs in systematischer Zusammenstellung der unveröffentlichen Quellen. Berlin: Walter de Gruyter, 1996.

[10] Joachim, Gernhuber. Das Schuldverhältnis: Begrungdung und Anderung Pflichten und Strukturen und Drittwirkung. Tubingen: J. C. B. Mohr, 1989.

[11] Josef Esser, Eike Schmidt. Schuldrecht (Band I Allgemeiner Teil). Heidelberg · Karlsruhe: C. F. Müller Juristischer Verlag, 1976.

[12] Jürgen Schmidt Rantsch. Das neue Schuldrecht: Einführung-Texte-Materialien (Buch 1). Köln: Bundesanzeiger Verlag, 2002.

[13] Marina, Frost. "Vorvertragliche" und "Vertragliche" Schutzpflichten. Berlin: Duncker & Humblot, 1981.

[14] Markesinis & Lorenz & Dannemann. *The German Law of Obligations* (Volume I). Oxford: Clarendon Press, 1997.

[15] Otto von, Gierke. Deutsches Privatrecht (Band 3: Schuldrecht). München und Leipzig: Verlag von Duncker&Humblot, 1917.

[16] Otto von, Gierke. Schuld und Haftung im älteren deutschen Recht,

Breslau：M & H Marcus，1910.

[17] Peter, Krebs. Sonderverbindung und außerdeliktische Schutzpflichten. München：Beck Schriften des Instituts für Arbeits-und Wirtschaftsrecht der Universität Köln，2000.

[18] Reinhrad Zimmermann. *The Law of Obligations-Roman Foundations of the Civil Tradition*. Oxford：Oxford University Press，1996.

[19] Richard A. Epstein. *Cases and Materials on Torts*. Beijing：Citic Publishing House，2003.

[20] Robert Joseph Pothier. *A Treatise on the Law of Obligations，or Contracts*. New Jersey：The Lawbook Exchange，LTD，2005.

[21] Stephan Lorenz, Tomas Riehms. Lehrbuch zum neuen Schuldrecht. München：C. H. Beck，2002.

[22] Uwe Diederichsen, Wolfgang Sellert. Das BGB im Wandel der Epochen. Göttingen：Vandenhoeck und Ruprecht，2002.

[23] Vincent, Mayr. Schtzpflichten im deutschen und französischen Recht. Berlin：Peter Lang，2005.

[24] Volker Emmerich. Das Recht der Leistungsstörungen（6. Auflage）. München：C. H. Beck. 2005.

[25] W. F. Harvey. *A Brief Digest of the Roman Law of Contracts*. New Jersey：Fred B. Rothman & Company，1984.

[26] Wlofgang Kupper. Das Scheitern von Vertragsverhandlungen als Fallgruppe der culpa in contrahendo. Berlin：Dunckerd & Hamblot，1988.

二、论文

（一）中文论文

[1] 陈现杰：《最高人民法院关于审理人身损害赔偿案件适用法律若干问题的解释的若干理论问题与实务问题解析》，载《法律适用》2004 年第 2 期。

[2] 程啸、张发靖：《现代侵权行为法中过错责任原则的发展》，载《当代法学》2006 年第 1 期。

［3］程啸：《侵权法中"违法性"概念的产生原因》，载《法律科学》2004 年第 4 期。

［4］道文：《试析合同法上附随义务》，载《法学杂志》1999 年第 10 期。

［5］丁海俊：《私权救济论——以民事责任制度为中心》，西南政法大学博士学位论文，2005 年。

［6］丁玫：《大陆法系合同责任领域的"共同法"——罗马法》，载《比较法研究》1996 年第 3 期。

［7］杜景林、卢谌：《论德国新债法积极侵害债权的命运——从具体给付障碍形态走向一般性义务侵害》，载《法学杂志》2005 年第 2 期。

［8］范军：《论先合同义务与相关义务之关系》，载《复旦学报》2006 年第 1 期。

［9］费安玲：《论合同法中的附随义务》，载《中国司法》1999 年第 10 期。

［10］顾昂然：《关于〈中华人民共和国民法（草案）〉的说明》，http：//law-thinker. com/show. asp？id = 1501，2002 – 12 – 26/2007 – 04 – 25.

［11］韩世远：《中国的履行障碍法》，见韩世远、［日］下森定主编：《履行障碍法研究》，法律出版社 2006 年版。

［12］侯国跃：《契约附随义务研究》，西南政法大学博士学位论文，2006 年。

［13］黄海峰：《违法性、过错与侵权责任的成立》，见梁慧星：《民商法论丛》（第 17 卷），金桥文化出版有限公司 2000 年版。

［14］江平：《民法中的视为、推定与举证责任》，载《政法论坛》1987 年第 4 期。

［15］江平、程合红、申卫星：《论新合同法中的合同自由原则与诚实信用原则》，载《政法论坛》1999 年第 1 期。

［16］焦富民：《后合同责任制度研究》，载《河北法学》2005 年第 11 期。

［17］金红：《试论建立统一的安全保障义务——对合同责任扩大化的反思》，见杨立新：《侵权司法对策》（4、5），人民法院出版社 2005 年版。

[18] 李昊：《交易安全义务制度研究》，清华大学博士学位论文，2005 年。

[19] 李军：《法律行为理论研究》，山东大学博士学位论文，2005 年。

[20] 李伟：《安全保障义务论》，华侨大学硕士学位论文，2004 年。

[21] 李显东：《从〈大清律例〉到〈民国民法典〉的转型》，中国政法大学博士学位论文，2003 年。

[22] 李玉林：《民事义务论——法定义务的变化、扩张及确立为中心》，北京大学博士学位论文，2004 年。

[23] 梁慧星：《从近代民法到现代民法——20 世纪民法回顾》，见梁慧星：《民商法论丛》（第 7 卷），法律出版社 1997 年版。

[24] 梁慧星：《当前关于民法典编纂的三条思路》，见徐国栋：《中国民法典起草思路论战》，中国政法大学出版社 2001 年版。

[25] 梁慧星：《统一合同法：成功与不足》，载《中国法学》1999 年第 3 期。

[26] 廖焕国：《侵权法上注意义务比较研究》，武汉大学博士学位论文，2005 年。

[27] 林惠贞：《附随义务与民事责任之发展》，台湾大学博士学位论文，2005 年。

[28] 林美惠：《侵权行为法上交易安全义务之研究》，台湾大学博士学位论文，2000 年。

[29] 刘春堂：《缔约上过失之研究》，台湾大学博士学位论文，1983 年。

[30] 刘海奕：《加害给付研究》，见梁慧星：《民商法论丛》（第 4 卷），法律出版社 1998 年版。

[31] 刘士国：《安全关照义务论》，载《法学研究》1999 年第 5 期。

[32] 刘言浩：《宾馆对住客的保护义务——王利毅、张丽霞诉上海银河宾馆损害赔偿上诉案评析》，载《法学研究》2001 年第 3 期。

[33] 邱琦：《纯粹经济上损失之研究》，台湾大学博士学位论文，2001 年。

[34] 涂文：《债法现代化要论》，武汉大学博士学位论文，2004 年。

［35］王洪亮：《缔约上过失制度研究》，中国政法大学博士学位论文，2001 年。

［36］王利明：《侵权行为概念之研究》，载《法学家》2003 年第 3 期。

［37］王利明：《违约责任和侵权责任的区分标准》，载《法学杂志》2002 年第 5 期。

［38］王利明：《再论违约责任和侵权责任的竞合——兼评合同法第 122 条》，载《中国对外贸易》2001 年第 2 期。

［39］魏振瀛：《〈民法通则〉规定的民事责任——从物权法到民法典的规定》，载《现代法学》2006 年第 3 期。

［40］魏振瀛：《论民法典中的民事责任体系——我国民法典应建立新的民事责任体系》，载《中外法学》2001 年第 3 期。

［41］吴俊贤：《附保护第三人作用契约之研究》，辅仁大学硕士学位论文，2002 年。

［42］肖永平、霍政欣：《英美债法的第三支柱：返还请求权法探析》，载《比较法研究》2006 年第 3 期。

［43］熊进光：《侵权行为法上的安全注意义务研究》，西南政法大学博士学位论文，2006 年。

［44］徐涤宇：《合同概念的历史变迁及其解释》，载《法学研究》2004 年第 2 期。

［45］徐杰：《合同法中的违约责任制度》，载《中国法学》1999 年第 3 期。

［46］许伯仁：《大陆地区合同法之研究——总则部分为中心》，台湾中国文化大学硕士学位论文，2001 年。

［47］许德风：《对第三人具有保护效力的合同与信赖责任——以咨询责任为中心》，见易继明：《私法》，北京大学出版社 2004 年。

［48］杨丽君：《论英美法合同相对性原则》，见梁慧星：《民商法论丛》（第 12 卷），法律出版社 1999 年版。

［49］杨垠红：《侵权法上安全保障义务之研究》，厦门大学博士学位论文，2006 年。

［50］杨幼炯：《比较民法学导论》，见郑玉波、刁玉华：《现代民法基

本问题》，台湾汉林出版社 1981 年版。

［51］詹文馨：《契约法上之附随义务——以德国法契约责任之扩大为中心》，台湾大学硕士学位论文，1990 年。

［52］张岚：《产品责任法发展史上的里程碑——评美国法学会〈第三次侵权法重述：产品责任〉》，载《法学杂志》2004 年第 3 期。

［53］张生：《民国初期民法的近代化——以固有法与继受的整合为中心》，中国政法大学博士学位论文，2000 年。

［54］张新宝、唐青林：《经营者对服务场所的安全保障义务》，载《法学研究》2003 年第 3 期。

［55］郑强：《合同法诚实信用原则比较研究》，载《比较法研究》2000 年第 1 期。

［56］郑玉波：《民事责任之分析》，见《民法债编论文选辑》（上），台湾五南图书出版公司 1984 年版。

［57］诸葛鲁：《债务与责任》，见郑玉波：《民法债编论文选辑》（上），台湾五南图书出版公司 1984 年版。

［58］何伟：《试论社会主义社会的商品发展阶段》，载《经济研究》1980 年第 10 期。

［59］何伟：《论社会主义制度下的商品经济兼论企业的独立性》，载《经济研究》1979 年第 3 期。

［60］季卫东：《社会变革与法的作用》，载《开放时代》2002 年第 1 期。

［61］胡玉鸿、彭东：《试论法律社会渊源的理论基本》，载《中国法学》2000 年第 3 期。

［62］刘祖云：《社会转型：一种特定社会发展过程》，载《华中师范大学学报》（哲学社会科学版）1997 年第 6 期。

［63］熊毅军：《关于当代中国社会转型研究的法哲学立场——从“礼俗社会”与“法理社会”之划分谈起》，载《法制与社会发展》2005 年第 4 期。

［64］马长山：《社会转型与法治根基的构筑》，载《浙江社会科学》2003 年第 4 期。

［65］付子堂：《转型时期中国的法律与社会论纲》，载《现代法学》

2003 年第 2 期。

　　[66] 李培林：《另一只看不见的手：社会结构转型、发展战略及企业组织创新》，见袁方等：《社会学家的眼光：中国社会结构转型》，中国社会出版社 1998 年版。

　　[67] 陆学艺：《农民问题：中国社会现代化的最大问题》，见韩明谟等：《社会学家的视野：中国社会与现代化》，中国社会出版社 1998 年版。

（二）译文

　　[1] [意] 毛罗·布萨尼、[美] 弗农·瓦伦丁·帕尔默主编，张小义、钟洪明译：《欧洲责任体系——表象及内部构造》，见《欧洲法中的纯粹经济损失》，法律出版社 2005 年版。

　　[2] [美] 格兰特·吉尔莫著，曹士兵、姚建宗、吴巍译：《契约的死亡》，见梁慧星：《民商法论丛》（第 3 卷），法律出版社 1995 年版。

　　[3] [意] R. 科尼特尔：《罗马法与民法的法典化》，见杨振山、[意] 斯奇巴尼主编：《罗马法·中国法与民法法典化》，中国政法大学出版社 1995 年版。

　　[4] [意] 桑德罗·斯奇巴尼著，黄风译：《论债渊源的体系和契约的范畴》，载《法学译丛》1992 年第 4 期。

　　[5] [意] 桑德罗·斯奇巴尼著，费安玲、张礼宏译：《罗马法律制度中的契约外责任：过错和类型》，见杨振山、[意] 桑德罗·斯奇巴尼主编：《罗马法·中国法与民法法典化》，中国政法大学出版社 1997 年版。

　　[6] [日] 穗积陈重著，黄尊三等译：《法律进化论》，中国政法大学出版社 1997 年版。

（三）外文论文

　　[1] Andrew Robertson. On the Distenction Between Contract and Tort. Andrew Robertson. *The Law of Obligations*：*Connections and Boudaries*. London：UCL Press，2004.

　　[2] Charles L. B. Lowndes. The Province of the Law of Tort. (Book Reiview). *Verginia Law Review*，1932，18（6）.

　　[3] Claus-Wilhelm Canaris. Schutzgesetze-Verkehrspflichten- Schutzpflich-

ten. Claus-Wihelm Canaris. FS Larenz. München: C. H. Beck Verlag, 1983.

［4］Claus-Wilhelm Canaris. Ansprüche wegen "positiver Vertragsverletzung" und "Schuzwirkung für Dritte" bei nichtigen Verträgen. Juristenzeitung, 1965. 3（2）.

［5］Claus-Wilhelm Canaris. Die Vertrauenshaftung im Lichte der Rechtsprechung des Bundesgerichtshofs. 50 Jahre Bundesgerichtshof. Festgabe aus der Wissenschaft. München: C. H. Beck, 2000.

［6］E. Allan, Farnsworth. Precontractual Liability: Fair Dealing and Negotiation Failure. *Columbia Law Review*, 1987, 87（2）.

［7］Eduad Picker. Positive Forderungsverletzung und culpa in contrahendo. Archiv für die civilistische Praxis, 1983, 183.

［8］Ernst von, Caemmerer. Wandlungen des Deliktsrechts. FS 100 Jahr DJT Band II. Karlsruhe: C. F. Müller Verlag, 1960.

［9］Hans Dölle. Aussergesetzliche Schuldpflichten, ZStW 103, 1943.

［10］Heinrich Stoll. Abschied von der Lehre von der Positive Vertrsgsverletzung, Archiv für die civilistische Praxis, 1932. 136.

［11］Hermann, Isay. Schuldverhältnis und Haftungsverhältnis im heutigen Recht. Jehring Jahrbücher für die Dogmatik des Bürgerlichen Rechts, 1904, 58.

［12］James Gordley. Myths of the French Civil Code. *The American Joural of Comparative Law*, 1994, 42.

［13］Karl. F, Kreuzer. Anmerkung zum Urteil des BGH vom 28. 1. 1976. Juristenzeitung. 1976, 31（23/24）.

［14］Kindereit. Wer fühlt nicht, daβes hier einer Schadensersatzklage bedarf-Rudolf von Jhering und die "culpa in contrahendo. Thomas Hoeren（Hersg.）Zivilrechtliche Entdecker. München: C. H. Beck, 2001.

［15］Kurt Ballerstedt. Zur Haftung für culpa in contrahendo bei Geschäftsabschluβ durch Stellvertreter. Archiv für die civilistische Praxis 1951, 151.

［16］Michael, Coestter, Basll Markesinis. Liability of Financial Experts in

German and American Law：An Exercise in Comparative Methodology. *American Journal of Comparative Law*, 2003, 51, (2).

［17］ Peter Krebs, Manfred G. Lieb, Arnd Arnold. Kodifizierung von Richterrecht. Barbara Dauner-Lieb Hrsg. Das neue Schuldrecht in der anwaltlichen Praxis. Bonn：Deutscher Anwaltverlag, 2002.

［18］ Rudolf von Jering. Culpa in contrahendo oder Schdensersatz bei nichtigen oder nicht zur Perfection gelangten Verträgen. Jahrbücher für die Dogmatik des heutigen römischen und deutschen Rechts 4, 1861, 4.

［19］ von Schwerin. Schuld und Haftung in geltenden Recht. Beiträge zur Erläuterung des deutschen Rechts, 1911, 55.

［20］ Wolfgang Thiele. Leistungssörung und Schutzpflichtverletzung. Juriszeitung, 1967, 3 (4).

［21］ Wolfgang Wiegand Bern. Zur Entwicklung der Pfandrechtstheorien im 19. Jahrhundert. Zeitschrift für Neuere Rechtsgeschichte, 1981, 23 (1).

［22］ Yoav Ben Dror. The Perennial Ambiguity of Culpa in Contrahendo. *The American Journal of Legal History*, 1983, 27 (2).

（四）辞书

［1］ 杜景林、卢谌译编：《德汉法律经济贸易词典》，法律出版社1997年版。

［2］ 黄风编：《罗马法词典》，法律出版社2002年版。

［3］ 黄新成、胡宗荣、柏令茂、刘盛仪主编：《法汉大词典》，上海译文出版社2002年版。

［4］ 潘再平主编：《新德汉词典》，上海译文出版社2000年版。

［5］ 薛波主编：《元照英美法词典》，法律出版社2003年版。

［6］《简明大不列颠百科全书》，中国大百科全书出版社1986年版。

［7］ Bryan A. Garner, ed. *Black's Law Dictionary*. 2004.

（五）资料

［1］ 陈卫佐译：《德国民法典》（第2版），法律出版社2006年版。

［2］ 郑冲、贾红梅译：《德国民法典》，法律出版社1999年版。

［3］罗结珍译：《法国民法典》，法律出版社 2005 年版。

［4］黄道秀、李永军、鄢一美译：《俄罗斯联邦民法典》，中国大百科全书出版社 1999 年版。

［5］梁慧星主编：《中国民法典草案建议稿》，法律出版社 2003 年版。

［6］孙建江、郭站红、朱亚芬译：《魁北克民法典》，中国人民大学出版社 2005 年版。

［7］《邓小平文选》（第 3 卷），人民出版社 1993 年版。

［8］王利明主编：《中国民法典草案建议稿及说明》，中国法制出版社 2004 年版。

［9］徐涤宇译注：《最新阿根廷共和国民法典》，法律出版社 2007 年版。

［10］徐国栋主编：《绿色民法典草案》，社会科学文献出版社 2004 年版。

［11］最高人民法院中国应用法学研究所：《人民法院案例选》（2000—2006 年），人民法院出版社。

［12］全国人大法工委：《中华人民共和国民法（草案）》。

［13］中共中央文献研究室编：《三中全会以来重要文献选编》（上），人民出版社 1982 年版。

［14］Édition Originale ET Seule Officielle. Code civil des Francais. Pairs：De L'imprimerie la République，1804.